소통의
인문치료

정성미 저

북스힐

머리말

인문치료학은 인문학과 치유의 관계를 연구하는 학문으로서 인문치료의 이론과 방법에 관한 체계적 연구이다. 인문치료는 행복한 삶과 건강한 마음을 추구하기 위해 인문학적 정신과 방법으로 인문학과 관련 학문의 치료적 자원을 학제적으로 활용하여 개인과 사회의 인지적, 정서적, 사회적 고통과 문제를 예방하고 치료하는 실천 활동으로 인문치료의 이론을 토대로 이루어진다.

인문치료에서 행복한 삶과 건강한 삶을 구현하기 위한 본질적 요인 중 하나가 소통이다. 자신을 잘 표현하고 타인을 이해하는 소통이 없다면 행복한 삶, 건강한 삶은 장담할 수 없어서 인문치료에서 소통의 문제를 살피는 것은 매우 중요하다.

동서양의 의사소통과 인문치료

의사소통의 어원은 명확하지는 않지만, 라틴어 'common'과 그 동사형 'communicare'에서 유래되었다. 'communicare'는 '공통적인 것을 만들다'라는 의미이다. 의사소통은 사회학, 심리학, 문화인류학, 교육학, 언어학, 철학 등 다양한 분야에서 다루는 학제로, 다양하게 정의된다. 의사소통이란 음성적 또는 비음성적인 메시지로 표현된 느낌이나 생각을 주고, 받고 이해하는 의식적, 무의식적, 의도적, 우연적인 과정의 총체이다(벌코 외, 2003). 또한 의사소통은 상징을 통하여 의미를 만들어 내기도 하고 해석하기도 하면서 서로 상호 작용하는 체계적인 과정이다(이경우 · 김경희, 2006).

동양의 의사소통은 언어에 대해 부정적인 입장에 서 있다. 동양의 의사소통은 인간과 자연의 조화, 육체와 정신의 통합체로서의 몸, 비언어적 직관에 의한 인식을 강조해 왔다. 동양의 유교, 불교, 도가에서는 언어에 대한 평가가 불신에 가깝다. 불교에서는 명상을 통한 의사소통을 가장 큰 과제로 생각하고, 그 깨달음의 내적 경험을 말로써 세울 수 없다(不立文字)고 하였다. 도가에서는 언어는 도를 해칠 수 있다(言語道斷)고 하면서 언어를 사용하는 것은 진정한 의사소통을 가로막는다고 하였다. 유가에서는 모양을 만들어 뜻을 전한다(立象盡意)고 하면서 언어의 표피에만 집착하지 말고 발화자의 원래 의도를 파악하는 것이 더 중요하다고 하였다. 유가에서는 불교와 도가에서 완전히 언어를 불신한 것에 비해 언행일치의 언어를 강조하면서 언어의 효용성을 제한하였다. 동양에서는 언어중심의 의사소통보다는 명상, 직관, 조화 중심의 의사소통을 중시하며 기표와 기의의 분리가 아닌 통합을 의사소통의 이상으로 삼았다(김정탁, 2005:233-5). 특히 유가에서의 언어는 수행적 행위 측면을 강조하였다. 유교의 의사소통 주체는 서구의 의사소통 모델에서 정보만을 주고받던 주체가 아니라 소통의 도덕성을 지닌 주체이다. 유가의 언어는 완전한 군자의 언어, 성숙한 언어를 의미한다.

서양의 의사소통 모델에서는 화자-청자로 분리되어 있어서 근본적으로 소통가능성을 봉쇄하고 있다. 또한 주체간의 효율적인 메시지 교환이라는 기능적 측면만을 중요시하였다(김정탁, 2005: 232).

치유적인 의사소통에서는 타인에 대한 배려보다는 자기표현이 더 선행되어야 하고 자기표현을 통해 의사소통의 문제가 해결될 때에는 타인을 배려하고 이해하는 의사소통을 통해 자기를 확장할 수 있다. 서양의 개인 중심의 의사소통은 표현적인 측면에서 강점이 있다. 동양의 타인 중심의 의사소통은 이해적인 측면에서 강점이 있다.

표현하기와 이해하기는 건강하지 않은 경우에는 이해하기에 어려움이 있으므로 표현하기의 정도성이 높아지고, 건강한 경우는 타인을 수용하고 이해하기의 정도성이 높아지는 상호 유동적인 관계를 맺고 있다고 생각한다. 이런 의미에서 서구의 의사소통 모델 중 교류적 모델은 교류자 내에 화자와 청자가 공존하므로 표현과 이해의 유동적인 관계를 반영할 수 있는 모델이라고 생각한다. 교류적 모델이 메시지의 기능적 측면을 중요시하는 효율성의 한계에서 벗어나지는 못했지만 서양의 분리된 주체를 보완하고 있다는 점에서 동서양의 의사소통관이 합류될 수 있는 가능성을 열어놓고 있다.

소통의 리비도는 표현의 리비도, 타인에게 이해받고 싶은 리비도, 자신을 알고 싶은 리비도라고 달리 표현할 수 있을 것이다. 소통의 욕구는 자신을 표현하고 싶은, 그래서 자신을 알고, 그런 자신을 타인이 알아주기를 바라는 욕구이다. 자기표현은 타인에게 이해받기 위해서, 자신을 알기 위해서 매우 중요하다. 여기에 자기표현의 치유적인 면이 있다.

자기표현을 통해 첫째 자신에 대해 알 기회를 얻게 된다. 자기표현을 할 때 스스로에 대한 새로운 지각을 얻게 되고 자신의 행동에 대해 더 잘 이해할 수 있게 된다. 둘째 자기표현은 자기 스스로의 문제를 다루는 데 도움을 준다. 특히 어떤 일을 저질렀을 때, 자기표현을 하고, 거부적인 태도보다 지지적인 태도를 가지다 보면 그 일을 더 잘 처리할 수 있게 된다. 셋째 효율적인 의사소통을 하게 된다. 자기표현은 의사소통을 증진시키는 데 도움이 된다. 타인이 나에 대해 더 많이 알게 된다면 더 많이 이해받게 될 것이다. 넷째 자기표현은 두 사람의 관계를 의미 있게 만들어 준다. 자기표현은 다른 사람에 대한 신뢰와 존경을 바탕으로 한다. 따라서 의미 있는 관계를 유지하는 데 도움을 주는 요소가 된다.

치유언어와 병리언어의 모델

대상관계이론은 사람의 행동의 주요 동기를 대상 즉 주로 주 양육자인 부모와의 관계추구로 본다. 인간의 생물학적 욕구보다 인간관계가 더 중요하다고 보는 것이다.

위니컷은 부모가 긍정적이고 자아실현적인 환경을 제공해 줄 때 참다운 나가 형성된다고 보았다. 진짜 타고난 자기 모습이 형성된다는 것이다. 그런데 부모가 자신들의 요구대로 아이를 양육할 때 아이는 부모에게 잘 보이기 위해서 참다운 자기가 아닌 부모에게 잘 보이기 위한 거짓된 자기를 만들어 살아가는데 이것이 심리적 장애라고 보았다. 치료는 상담자가 내담자의 원래의 참된 모습을 찾을 수 있도록 욕구를 인정해주고, 충족시켜주면서 적당한 좌절을 주어서 원래의 참 자신의 모습을 찾도록 도와주는 것이다.

위니컷은 자기형성에 있어 부모라는 환경을 강조했으며, 환경이 충분히 좋을 때 유아의 성숙과정이 촉진된다고 보고 발달단계를 3단계로 나누었다. 첫 단계는 최초 몇 주의 '절대적 의존기'로 어머니의 돌봄이 절대적으로 필요한 시기이다. 유아는 어머니의 돌봄을 통해 전능성을 경험하는데 이 전능성의 환상으로부터 건강하고 참다운 자기가 출현한다. 두 번째 단계는 6개월에서 24개월 사이의 '상대적 의존기'로, 유아는 자신을 엄마로부터 독립하여 인식하면서 불안을 느낀다. 이때 필요한 것은 보살피고 지지해주는 환경으로, 이것은 통합을 촉진하고, 외부 대상이 존재함을 인식하게 돕는다. 마지막 단계인 '독립을 향해가는 시기'는 성인기까지 계속되는데, 실제적인 도움 없이도 스스로 행동할 수 있으며, 개인 존재로서 독립을 추구하는 '참 자기'를 확립할 수 있다. 특히 위니컷은 유아의 성격발달에 있어 촉진적 환경을 제공하는 부모의 기능을 강조하며 '충분히 좋은 엄마'라는 개념을 통해 설명하는데, 엄마가 아이의 전능성의 환상을 충족시켜주지 못할 때, '거짓 자기'가 발전하게 된다고 하였다.

이 글에서는 위니컷의 '충분히 좋은 엄마' 개념을 언어에 적용하여 부모어를 치유언어의 모델로, 유아어는 병리모델의 삼고자 한다.

치유언어의 모델은 부모어에서 찾을 수 있다. 안전하고 행복한 소통환경은 병리적, 미성숙의 언어가 성장, 변화하도록 지지하는 환경이다. 유아가 부모의 보살핌을 통해 성장하듯이 언어도 지지하는 언어를 통해 성숙한 언어로 변화하게 된다.

부모어는 아이의 수준에 맞춰져 있다. 아이의 이해를 위해 현장 중심의 말을 하고, 말의 길이가 아이 수준을 고려해서 짧고 느리다. 치료자의 말도 내담자의 언어에 맞춰져 있어야 한다. NLP에서는 주장하는 바와 같이 관계 형성을 위해 몸짓언어를 일치시키고, 지지하는 비언어와 언어를 통해 내담자가 자기를 표현할 수 있는 안전한 소통 환경을 조성한다. 또한 자존감이 약한 내담자의 경우는 긍정적인 언어를 반복적으로 사용해서 지지할 필요가 있다. 이때 치료자와 참여자는 소통 환경의 일부가 된다. 안정적인 소통 환경을 통해 자기를 표현할 수 있게 돕는다.

병리언어의 모델은 유아어에서 찾을 수 있다. 유아어는 자기중심적이다. 자신의 말을 타인이 들어주거나, 들어주지 않거나 상관없이 자신의 생각을 표현한다. 유아는 어떤 물건을 찾다가 발견되면 "여기 있다."라거나 어떤 일을 하다가 지루해지면 "에이 그만 해야지"라고 말을 한다. 주위에 누가 있기 때문에 말을 하지만 꼭 대답을 바라면서 하는 말은 아니다. 다시 말해 타인의 존재가 말을 하게 하는 자극의 원천은 되지만 상대의 반응을 고려하지는 않는다. 유아는 타인의 요구를 무시하고 타인의 관점을 이해하지 못한다. 유아어는 반복적이고, 언어 표현이 구체적이지도 않다. 유아어는 과잉일반화나 축소화의 특징을 지니고 어른의 교정을 받아들이지 않고 자기의 문법을 주장한다. 나이가 들면서 성숙해 지면 유아어는 사회적 의미를 이해해 감에 따라 자기 중심적 언어에서 사회화된 언어로 변화하게 된다.

소통의 문제가 있는 사람의 언어는 유아어와 유사한 특징을 보인다. 이 언어는 현실과 감정, 몸과 감정, 감정과 감정표현, 말과 감정표현 등이 모순을 보이는 불일치의 언어이며 구별이 결여되거나 모호하고 혼돈된 언어이다. 인문치료를 소통적인 측면에서 정리하면 병리적인 언어(정신병리적 언어, 우울증의 언어, 문제상황의 언어), 미성숙의 언어를 건강하고 성숙한 소통의 언어로 변화하도록 돕는 것이다.

뇌과학으로 이해하는 소통

언어가 지닌 치유적 속성을 뇌과학적 입장에서 살펴보는 것이 필요하다. 뇌과학적 입장에서 언어는 생각이나 느낌, 의도를 나타내거나 타인에게 전달할 때 작용하는 뇌기능이다. 뇌기능을 이해하는 것은 언어를 이해하는 길이다.

언어를 배우면서 아이에게 시지각 대상들로 구성된 시각장이 만들어지고, 시각장에는 시간이 멈춘 순간적 광경이 펼쳐진다. 하지만 청각에는 시간적 속성이 있다. 청각적 신호가 가지는 특성 때문에 청각장에서는 시간이 순차적으로 흐르게 된다. 그래서 언어는 시간장을 생성하고 청각의 주의장에는 과거, 현재, 미래로 구성된 시간장이 만들어진다. 언어의 사용으로 시각장과 청각장을 거쳐 시간에 대한 의식이 생겨난다(박문호, 2013:680-682).

과거의 경험에 대해 언어로 표현하게 되면 과거의 시간은 비로소 흐르게 되고, 글을 쓰고 있는 나와 만나게 된다. 이때 과거에 대한 새로운 이해가 이루어질 수 있다. 인문치료에서 과거의 기억을 언어로 표현하는 것은 과거와 현재라는 시간의 연속성 속에서 과거에 대한 새로운 관점을 얻어 새로운 이해의 길을 열어주는 것이다.

또 언어를 통해 시간의 흐름에 대한 의식이 생겨났기 때문에 과거의 경험 기억을 바탕으로 현재의 감각 입력을 비교하여 자신의 행동을 선택할 수 있게 된다(박문호, 2013:682). 언어의 시간의식이 과거-현재 속에서 미래의 선택을 돕는다. 그러므로 인문치료에서 말과 글로 자신의 문제를 표현하게 되면 문제 해결력을 증가시킬 수 있다. 이런 글쓰기의 정신적 이점은 행동선택의 주체에 대한 의식인 자아가 선택의 축적을 통해 확고해 진다는 것이다. 언어를 통해 시간의식이 형성되고 인간의 행동을 선택하며 자아의식을 생성하는 것이다(박문호, 2013:682).

인간의 기억은 반도체의 기억과 다르다. 인간의 기억은 변화하는 역동적 기억이다. 인간의 기억과 반도체 기억 장치의 기억은 방식이 다른데, 반도체 기억은 기억이 저장되는 주소와 저장되는 기억 내용이 서로 독립된 실체이고 항상 정확한 기억이 유지된다. 그러나 인간의 기억은 한 생각이 다른 생각을 불러와서 기억의 연쇄인 생각의 흐름이 가능해 진다. 인간의 기억은 정확한 기억이 아닌 동적으로 변화하는 기억이다(박문호, 2013:689-690). 과거의 부정적 기억이 왜곡된 기억일 수 있고, 새로운 기억으로 변화할 수 있다는 것은 뇌기능적으로 마음치유의 가능성을 보여준다.

뇌의 기능은 행동, 감각, 언어의 기능으로 나눌 수 있다. 언어는 감각이나 행동에 비해 구체적이고 시간의식과 자아의식, 목적의식 등 의식적인 차원의 접근에 더 용이하다. 그래서 무의식에 접근할 때에는 언어보다는 시각적, 동작적인 매체가 더 유리하다. 그러나 무의식을 의식화할 때에는 감각과 동작에서 시작해서 언어의 단계를 거쳐야 한다. 그러므로 예술치료에서도 비언어적인 표현 방법을 주로 활용하면서도 언어적인 요소를 부분적으로 활용한다. 비언어는 강력한 소통력이 있고, 카타르시스적인 요소도 강하나 비언어가 지닌 맹점은 구체적이지 않고 모호하다는 점이다. 무의식, 과거의 경험기억 등을 의식화하여, 삶의 총체적 관점에서 이해하기 위해서는 언어화의 과정이 필요하다. 언어는 비언어에 비해 카타르시스적인 요소가 약하지만 언어가 지닌 구체성, 시간의식, 자아의식으로 삶의 문제를 통합적인 관점에서 성찰할 수 있게 한다.

인문치료는 인문학과 관련 학문의 치료적 자원을 학제적으로 활용하므로 다양한 시각적, 동작적, 언어적 요소를 고르게 융합시키는 것이 필요하다. 시각적인 것이 언어적인 것에, 동작적인 것이 언어적인 것으로 서로 영향 관계를 주고받으면서 자기 자신과 자신의 문제에 대한 통찰을 얻게 된다.

이 책의 구성은 크게 3부로 구성되어 있다. 1부에서는 소통의 인문치료 이론을 글쓰기와 말하기, 듣기 관련 연구를 중심으로 고찰하였고, 2부에서는 인문치료의 언어인 은유, 연상어휘, 애도의 치유의 언어, 자아정체성의 언어를 다루었다. 3부는 소통의 인문치료 사례 연구 구성하였다.

1부 1장에서는 '북한이탈주민의 언어표현과 치유'(우리말교육현장연구, 2015), '과정 중심 글쓰기 관점에서 본 치유의 글쓰기'(우리말교육현장연구, 2016), '북한이탈주민의 인문치료 글쓰기 어휘분석'(어문론집 58, 2014)을 토대로 수정, 보완되었다. 1부 2장은 '부부갈등대화 분석연구'(어문론집 62, 2015), 3장은 '인문치료에서 남녀의 듣고 재생하기 특징과 오류 양상'(인문학연구 45, 2013)를 토대로 구성되었다.

2부에서는 '감성과 인문치료의 언어, 은유'(인문과학연구 24, 2010), '은유의 치료적 활용'(어문론집 42, 2009), '연상어휘검사 개발을 위한 예비적 연구-대학생과 여성결혼이민자의 연상어휘 비교'(인문과학연구 33, 2012), '연상어휘 의미관계 고찰: 여성결혼이민자의 연상어휘를 중심으로'(다문화콘텐츠연구 12, 2012), '애도와 치유언어의 언어적 특징'(언어학연구 19, 2011), '자기 삶 이야기와 자아정체성'(어문론집 69, 2017)을 토대로 해서 구성되었다.

3부에서는 '북한이탈주민의 문화적응 스트레스 완화를 위한 인문치료'(어문론집 52, 2012), '북한이탈주민의 소통능력 증진을 위한 인문치료'(다문화콘텐츠연구16, 2014)를 수정 보완하였다.

13 편의 연구는 궁극적으로 의사소통과 치유의 연관성을 탐색한 것이다. '소통의 인문치료'는 의사소통의 치유성을 근거로 인문치료의 치료 목표를 의사소통에 두고 있다. 의사소통은 사람을 사람답게 하며, 사람은 의사소통을 통해 삶을 영위하는 존재이다. 또한 의사소통은 인식론적으로 주관적인 제약을 벗어나 새로운 관점, 새로운 자아정체성, 마음치유에 도달할 수 있게 한다.

2017년 8월

글쓴이 정 성 미

차례

제1부

소통의 인문치료 이론

1장

인문치료 글쓰기

1. 인문치료 글쓰기의 정체성

1.1 표현예술치료와 인문치료에서의 글쓰기

정신적, 정서적 치료의 다양한 방법 중에 미술치료, 음악치료, 연극치료, 표현예술치료, 글쓰기치료, 독서치료, 문학치료, 인문치료 등이 있다. 이러한 치료 방법들은 자신의 감정, 삶의 문제, 트라우마에 대한 자기 표현을 다양한 방법으로 시도함으로써 치유에 이른다는 것이 공통점이다.

이중 인문치료학은 인문학과 치유, 인문학의 주변 학문과 치유의 관계성을 밝히는 새로운 인문학의 응용 학문이다. 인문치료학은 다양한 치유의 방법을 수용하여 통합시킬 뿐 아니라 인문치료의 이론적 근거를 체계화하는 것이다. 인문학이 언어와 불가분의 관계를 맺고 있듯이 인문치료학에서도 언어는 중요한 위치를 차지하고 있다. 언어를 통해서 자신의 삶의 문제, 그에 따르는 감정의 문제들, 관계를 표현하게 된다.

표현예술치료는 예술을 활용하여 감정을 발견하고 표현하게 함으로써 정서적 치유에 이르게 하고 창조성을 일깨우는 치료이다. 특히 인본주의적 원리를 토대로 한 표현예술치료는 예술을 진단과 분석 도구로 이용하는 의학적인 예술치료의 모델과 구별되며 표현예술치료에서 표현은 비언어적이고 은유적인 표현을 의미한다(나탈리 로저스, 2007:1-2).

표현예술치료에서도 언어에 의한 표현을 활용하지만, 가장 주된 표현의 방법은 비언어적이고 은유적인 방법, 즉 미술, 음악, 동작을 활용한 방법이다. 인문치료에서는 언어로 표현하는 것이 주된 표현의 방법이지만, 표현을 활성화 시키는 초기 단계에서는 비언어적인 표현도 활용한다.

비언어적 표현은 언어적 표현에 비해 상징과 은유로 인한 안전성을 지닌 것이 장점이다. 그래서 비언어적 방법은 표현하기 어려운 트라우마, 무의식을 표현할 수 있게 하여서 감정의 카타르시스를 경험하게 한다.

그러나 자기 이해나 문제 해결 등에서 비언어적인 방법은 한계가 있다. 이봉희(2014:288)에서 정신분석가인 페니켈은 언어로 구체화하는 것이 불안 등과 같은 모호한 정서적 문제를 더 잘 직면하게 하여서 해방감을 준다고 하였다. 또한 페니베이커(1999:143-4)도 경험을 언어로 바꾸는 것이 신체적 건강과 행동 변화에 도움이 된다고 하였다. 페니베이커는 64명의 학생을 대상으로 3일 동안 10분씩 심리적 외상을 '몸 움직임'으로 표현한 집단과 몸을 움직이고 10분 쓰기를 한 집단을 비교하였는데 글쓰기로 심리적 외상을 표현한 집단만이 신체적 건강과 학점이 향상되었다(페니베이커 J. W, 1999: 148-9).

그 외에도 언어적 표현은 명확한 자기 인식, 문제나 갈등의 전모를 파악하는 데 유리하고, 특히 글쓰기는 자신의 감정을 '물리적인 실재'로 제공하여서, 글쓴이의 목소리를 강화시켜주는 효과를 주는데, 이는 감정, 심상, 기억들로부터 새로운 의미를 발견하게 한다(이봉희, 2014:288-9). 참여자가 일단 개방하기 시작하면 비언어보다는 언어에 의존하는 접근이 더 효과적이다(페니베이커 J. W, 1999:145).

인문치료 초기 단계에는 비언어적 표현 방법을 통해 무의식을 활성화하고, 의식을 표현하는 데 이완하는 방법을 취한다. 인문치료에서는 주로 물건 만지기, 음악 듣기, 그림 그리기, 찰흙 빚기, 콜라주, 호흡명상 등의 비언어적 방법으로 표현을 촉진하였다. 또한 자기이해, 자기통찰을 위해서 대화문 쓰기, 일기 쓰기, 감사편지 쓰기, 시다시쓰기, 시 쓰기 등과 자유롭게 말하기, 한 문장으로 말하기, 한 단어로 말하기 등 언어적 방법을 활용하였다.

1.2 표현주의 글쓰기교육과 인문치료에서의 글쓰기

교육으로서의 글쓰기와 치료로서의 글쓰기는 목표, 글쓰기 이론, 평가, 검열 등에서 차이가 있다(정성미, 2011:87). 글쓰기교육의 목표는 글쓰기 능력 향상에 있는 반면에 인문치료에서의 글쓰기는 글쓰기 능력을 향상 시키는 것과는 무관하다. 인문치료에서의 글쓰기는 자기 탐색, 자기 발견, 자기 이해를 통한 내적 성숙과 성장에 목표를 두고 있다. 그러므로 인문치료에서의 글쓰기에서는 글쓰기 능력 향상을 위한 글쓰기 이론을 제시하지 않는다. 또한 글쓰기 결과에 대한 어떠한 평가나 검열도 없다.

인문치료에서의 글쓰기는 1970년대와 80년대 형식주의쓰기 이론을 비판하면서 등장한 표현주의 쓰기이론과 유사하다. 표현주의 쓰기이론[1])은 글쓴이, 독자, 내용, 언어, 맥락 등 글쓰기의 여러 상황요소 중에서 글쓴이에게 주목한다. 글쓴이의 내적 성찰과 정신적, 심리적, 사회적 성장을 목표로 하며, 타자와의 의사소통적 글쓰기보다는 자기 표현적인 글쓰기를 중시한다. 표현주의 쓰기에서는 글쓰기 방법으로 자유 쓰기, 저널 쓰기, 숙고적 글쓰기, 소집단 활동에서의 대화를 통한 글쓰기 등을 강조한다. 하지만 표현주의 쓰기이론은 글쓰기 행위의 과학화를 저해하며, 글쓰기 교육 내용이나 방법이 명확치 않고, 의사소통적 글쓰기에 약점이 있으며, 글쓰기의 다른 상황요소에 대한 측면이 고려되지 못한 점 등을 한계점으로 비판 받는다(이재승, 2010:278-281).

그러나 이러한 비판은 교육적인 차원에서 표현주의 글쓰기의 한계점이고 치유적인 차원에서는 표현주의 쓰기이론의 한계점이 크게 문제되지 않는다. 인문치료에서의 글쓰기는 글의 완성, 즉 결과보다는 과정이 중시되며, 글쓰기의 교육 내용이나 방법이 크게 중요하지 않다. 또한 인문치료에서의 글쓰기는 논리적이거나 체계적이지 않아도 가능하고 규칙에 대해서도 자유롭다.[2]) 인문치료의 글쓰기는 타인을 의식하지 않으면서 자신과 소통하기 위한 사적인 글쓰기(이봉희, 2014:286)이다. 표현주의 글쓰기의 한계로 지적된 의

1) 표현주의 쓰기 이론의 대표 학자로는 Elbow나 Murray, Macorie, Kinneavy 등이 있다(이재승, 2010:276).

2) 그러나 치유의 글쓰기는 잘 쓰는 글에 대한 부담을 약화시켜서 글 쓸 기회를 제공한다는 장점이 있고, 자신의 생각을 진솔하게 표현할 가능성을 열어두므로 간접적으로는 글쓰기 능력이 향상되는 결과와 전혀 무관하지는 않다. 다만 글쓰기 능력 향상을 목표로 하지 않는 것이 글쓰기교육과의 차별점이라 할 수 있다.

사소통적 글쓰기의 약점은 인문치료 글쓰기의 목표가 일차적으로 자기표현을 통한 자기이해, 자기발견에 있으므로, 타인을 의식한 의사소통적 글쓰기는 부차적인 것이다.

1.3 인문치료에서의 말하기와 글쓰기

인문치료에서는 말하기와 글쓰기의 언어 표현을 주요한 표현으로 활용하는데, 글쓰기는 말하기와 비교하여 표현과 치유의 관점에서 몇 가지 장점이 있다. 볼튼(G. Bolton)은 글쓰기는 글쓰기만이 지닌 정신적, 정서적, 영적 영역을 탐구하며, 글쓰기가 아니면 표현할 수 없는 것을 표현하도록 해준다고 하였다.[3)]

또 글쓰기는 말하기보다 좀 더 자아 의존적이다. 글을 쓸 때는 자기 자신과 자기 생각에 집중하지만 말을 할 때에는 자신의 생각과 상대방의 생각을 같이 고려해야 한다. 글쓰기는 자기와 대화하면서 자기를 알아가는 과정으로, 글을 쓰는 사람은 창의적인 글쓰기를 하게 된다. 이 과정에서 창의성은 자의식을 얻게 한다.

글쓰기는 문자를 통해 기록되므로 사고력, 표현력, 상상력을 통해 자신을 탐색할 기회를 제공하고 과거, 현재, 미래의 세 가지 시점을 통합해서 구체적 경험을 현재 관점으로 되돌아보게 한다.

물론 글쓰기에는 부작용이 있다. 첫째, 통제할 수 있는 상황에서는 글쓰기보다는 직접 행동으로 시도하는 것이 중요하다. 둘째 글쓰기를 자기성찰로 활용하는 것이 아니라, 지적 차원으로 접근할 수 있다. 셋째 글쓰기를 단순한 불평의 방법으로 활용하는 것이다.

---

3) 이봉희(2014:289)에서 재인용.

불평은 자신보다는 타인 중심으로 문제를 해석하는 것으로, 글쓰기에서는 타인보다 글쓴이에 집중하는 것이 중요하다. 또 글쓰기가 깊은 성찰 없이 감정적으로만 몰입할 수도 있고, 글쓰기 자체가 친구의 대체물이 되기도 한다(페니베이커 J. W,1999:274-7).

인문치료에서의 말하기에서도 자기표현을 통한 자기이해가 이루어질 수 있다. 인문치료에서의 말하기는 실제 말하기와 달리 치료 환경으로서 구조화가 필요하다.

인문치료 과정에서의 말하기는 경청, 공감과 지지의 말하기, 대화량의 조절 등의 원칙을 통해 구조화하였다. 우선 경청은 참여자가 자신의 문제를 탐색할 수 있도록 치료자와 집단 구성원의 역할이 중요하다. 참여자의 표현에 대한 지지와 공감의 피드백을 통해 참여자가 표현에 대한 부담감을 덜고 자신 있게 표현할 수 있도록 돕는다. 참여자들의 대화량은 대화의 격률 중 양의 격률에 따라 특정인이 독점하지 않도록 한다.

2. 치유의 글쓰기 과정

치유의 글쓰기는 저널 치료, 표현적 글쓰기, 글쓰기치료, 감정적 글쓰기, 자기 성찰적 글쓰기, 반성적 글쓰기 등 다양하게 언급되어 있고, 심리 상담치료, 인문치료, 문학치료, 교육 분야에서 활발하게 활용되고 있다.

저널 테라피(journaltheraphy)의 홈페이지[4]에 소개한 저널치료의

4) http://www.journaltherapy.com

정의를 정리하면 저널 테라피는 신체적, 정신적, 영적인 건강과 행복을 목적으로 하는 반성적 글쓰기이다. 저널 테라피는 글쓰기를 목적 지향적으로 활용함으로써 혼란스러운 문제, 갈등 등을 명료하게 한다. 전통적인 일기쓰기를 자기경영적, 창의적인 치유 방법으로 활용하는 것이다(김준희, 2010:64).

표현적 글쓰기를 통해 자기를 내적으로 탐색하고 소통하는 것으로 어떤 대상이나 세상에 대한 자신의 의견과 반응을 표출하는 것을 중요 목적으로 하는 글쓰기라고 하였다(최숙기, 2007:206-7).

글쓰기치료는 치료를 목적으로 글쓰기를 도구로써 활용하는 것이다. 글쓰기치료는 자신에 대해 이해를 명확히 하고, 인생의 목표나 인생의 위기를 극복하는 데 유용한 실천 방법으로서의 글쓰기를 의미한다. 글쓰기치료를 읽기와 통합된 문학치료와 동일하게 보기도 한다(채연숙, 2010:20-25). 글쓰기치료는 시치료에서 발전된 개념인데, 미국의 시치료협회(NAPT) 홈페이지[5]에서는 시치료에 대해 독서치료, 저널치료, 치료적 스토리텔링, 영화치료, 다른 치료 양상을 토대로 한 언어를 포함한다고 하였다.

다양한 명칭의 치유의 글쓰기는 치유의 목적을 이루기 위해 글쓰기를 도구로 활용한다는 것이 공통적이다. 여기서 치유의 의미는 인문치료의 치료 의미와 동일한 것으로 발달적, 예방적 차원의 자기 성장, 자기 탐구를 포함한다.

치유의 글쓰기는 결과를 중시하는 형식주의 글쓰기 교육과 달리 글쓰기 과정을 더 중시한다. 이는 표현주의 글쓰기와 흡사하며 과정 중심의 글쓰기 이론과도 맥을 같이 한다.

---

5) http://www.poetrytherapy.org

과정 중심의 글쓰기는 1970년대부터 80년대에 조명을 받았던 표현주의 이론과 함께 형식주의 쓰기 이론에 대한 강한 비판과 함께 등장했다(이재승, 2010:274-7). 과정 중심의 글쓰기는 미국 대학에서 1970년대에 글쓰기 위기의 유일한 방안으로 시작되었으며 글쓰기의 과정을 글쓰기의 결과보다 중요하게 여긴다(이재승, 2014:79-80).

이 글의 목적은 치유의 글쓰기 과정이 별도의 과정이라기보다는 일반적 글쓰기 과정과 유사한 과정으로 진행된다고 전제하고, 기존의 과정 중심의 글쓰기 모형에서 중요 개념을 활용하여 치유의 글쓰기 과정을 고찰하는 데에 있다.

그러므로 2.1에서는 치유의 글쓰기 과정에 대한 기존 논의를 살펴보고, 2.2에서는 일반적 글쓰기 과정에서 치유의 글쓰기 과정과 연관된 중요 개념을 살펴볼 것이다. 2.3에서는 치유의 글쓰기 과정을 단계로 살펴본 후, 구체적인 사례를 통해서 치유의 글쓰기 과정을 살펴볼 것이다.

2.1 치유의 글쓰기 과정에 대한 기존 논의

치유의 글쓰기에 대한 연구에서는 '과정'에 대한 고찰은 별로 없다. 채연숙(2010:98)에서는 4단계의 글쓰기치료 과정을 제시하였다. 첫째는 감정이입 단계로 방어기제를 완화하고, 감정을 이입하는 준비 단계이다. 둘째는 환기 단계를 포함한 실행 단계로, 글쓰기치료의 소재나 도입 단계에 대한 환기 단계이다. 셋째는 통합 단계이다. 통합단계에서는 글쓰기가 이루어지고, 글쓰기를 통해 자아 발견과 상처와의 화해 그리고 자아와 세계와의 관계를 재조종하게 된다.

마지막은 새 방향 설정 단계로, 자아의 변화를 확인한다. 이는 문학치료의 도입 단계, 작업 단계, 통합 단계, 새 방향 설정 단계의 4단계를 글쓰기 중심으로 정리한 것이다.

그러나 치유의 글쓰기 과정에서는 단계의 기능에 대해서는 설명하고 있지만, 치유가 일어나는 원리나 인지 과정에 대해서 설명하지 못하고 있다.

최숙기(2007:217-8)에서는 자기 표현적 글쓰기를 두 유형으로 구분하고, 제1유형은 글쓰기 과정으로, 자신의 삶의 경험 탐색, 의미 있는 사건의 발견, 자기 표현적 쓰기의 내용 선정, 표현하기, 개인적 내면화 5단계를 설정하였다. 제2유형의 과정은 제1유형의 5단계와 동일하지만 예상 독자, 글의 형식, 표현 등 글쓰기 맥락을 더 고려하고 있다.

제2유형은 치유의 글쓰기 과정을 설명하는 데 글쓰기교육적인 글쓰기 과정의 한계를 보여 주고 있고, 개인적 내면화의 원리를 설명하지 못하고 있다.

치유의 글쓰기 과정에 대한 연구에서는 치유의 글쓰기가 일반적인 글쓰기 과정과 어떤 차별 점을 갖는지, 어떻게 치유가 일어나는지를 설명해야 한다. 2.2에서는 일반적 글쓰기의 글쓰기 과정 모형을 중심으로 치유의 글쓰기 과정을 설정하고 설정 원리를 설명할 것이다.

2.2 글쓰기 과정의 모형에서 본 치유의 글쓰기 과정

이 장에서는 치유의 글쓰기 과정을 다음과 같이 설정하였다.

표 1.1 치유의 글쓰기 과정

준비 → 텍스트 탐색 → 텍스트 선택 →쓰기 → 검토→통합
↑ ↑ ↑ ↑ ↑ ↑
반성적 사고

<표 1.1>은 글쓰기 과정 모형의 주요 개념을 토대로 구성하였다. 치유의 글쓰기 과정을 과정 중심의 글쓰기 모형[6]과 연관된 개념을 중심으로 검토해 보았다.

<표 1.2>는 과정 중심의 글쓰기 모형에서 치유의 글쓰기 과정을 설명하는 중요 개념들이다.[7]

표 1.2 과정 중심의 글쓰기 모형

<table>
<tr><th>Graves(1975)</th><th colspan="2">Linda Flower 와 John Hayes(1977, 1980, 1981)</th><th>Hayes(2000)</th><th colspan="3">Bereiter & Scardamalia(1987)</th></tr>
<tr><td rowspan="2">준비(rehersal)</td><td rowspan="2">계획하기</td><td rowspan="5">점검하기</td><td rowspan="2">텍스트 해석,</td><td rowspan="5">담화지식</td><td>기억탐색</td><td rowspan="5">내용지식</td></tr>
<tr><td>기억재생</td></tr>
<tr><td></td><td></td><td>숙고</td><td>적합성 검증</td></tr>
<tr><td>구성(composing)</td><td>작성하기</td><td>텍스트 생산</td><td>쓰기</td></tr>
<tr><td>쓰기후(postwriting)</td><td>검토하기</td><td></td><td>수정</td></tr>
</table>

먼저 Graves(1975)의 '준비'(rehersal)[8]는 '쓰기 전(prewriting)'보다

6) 과정 중심의 글쓰기 연구는 인지심리학에 이론적 배경을 두고 글쓰기 과정을 문제 해결 과정 또는 의미 구성 과정으로 파악하였는데, 글쓰기 과정에서 이루어지는 인지행위를 밝히는 데에 도움이 되었다(이재승, 2014:79).

7) <표 1.2>의 회색 부분은 치유의 글쓰기 과정과 연관되는 개념이다.

8) Graves(1975)는 글쓰기의 과정을 준비(rehersal), 구성(composing), 쓰기 후(post-writing)로 구성하였다.

포괄적인 개념으로, 글쓰기 활동과 직접적인 관련성이 없다고 하였다. '준비'는 다양한 형태로 이루어지는데, 예를 들어서 일기 쓰기의 경우 다양한 일상적인 삶 자체가 일기 쓰기를 위한 리허설이라고 한다. Graves는 준비 활동에 상당한 의미를 부여한다고 하였다(이재승, 2014:69).

치유의 글쓰기가 글쓰기 자체보다는 삶의 문제에 더 강조점을 두고 있어, Graves(1975)의 '준비'는 치유의 글쓰기와 삶의 직접적인 관련성을 담아낼 수 있는 유용한 개념이다. 글쓰기가 '삶 쓰기'라고도 하는데, "글쓰기는 삶에 대해 진지하게 인식하고 적극적으로 사유하는 매우 실천적인 행위"(김성수, 2013:13)라는 의미이다.

치유의 글쓰기의 효과는 개인차가 많은데, 참여자들의 삶에서 글쓰기, 책 읽기, 사색 등 인문학적 경험들, 삶을 대하는 태도 등의 차이와 연관된다. 치유의 글쓰기는 자가 치료의 한 방법으로, 궁극적으로는 자기 스스로 삶 가운데 글쓰기를 통한 자기 치유, 자기 성장, 자아 발견을 하기 위한 것이다.

그러므로 Graves의 '준비'는 치유의 글쓰기의 과정을 설명하는 첫 번째 단계로, 치유의 글쓰기와 삶과의 관련성을 설명할 수 있다.

텍스트 탐색과 텍스트 선택은 Hayes(2000)의 텍스트 해석과 숙고, Bereiter & Scardamalia(1987)의 기억 탐색, 기억 재생, 적합성 검증과 연관된 개념이다.

특히 Hayes(2000)에서는 글쓰기의 문제 해결 모형을 글쓰기의 인지 과정, 기억, 정의적 요소 세 요소의 상호 작용으로 설정하였다.[9)]

---

9) Hayes(2000)는 크게 과제환경과 개인으로 구성되며, 과제환경은 사회적 환경, 물리적 환경으로 이루어진다. Hayes(2000)에서는 글쓰기의 환경을 설정하여

Hayes(2000)는 Linda Flower와 John Hayes(1977, 1980, 1981)의 문제 해결 모형에 비해서 개인 영역에서 기억의 중요성이 더욱 강조되어 있다. 치유의 글쓰기는 기억과 깊은 연관성이 있다.

제임스 페니베이커의 글쓰기 실험에서는 표현적 글쓰기에 참여한 대학생이 더 높은 점수를 받고 직장인들이 직장에서 업무 수행 능력이 좋아졌는데, 이것은 글쓰기가 작업 기억을 상승시켰기 때문이라고 한다. 해결해야 할 문제가 있다면 작업 기억은 저하되는데, 표현적 글쓰기를 통해 작업 기억을 해방시키는 효과를 볼 수 있다(이봉희 역, 2007:30). 글을 쓰는 것은 기억이나 상처를 새기는 것과 같아서 일상적인 기억을 강화시켜 준다(채연숙, 2010:23).

특히 치유의 글쓰기에서는 자전적 기억을 다루는 것이 중요하다. 자전적 기억은 자아, 정서, 목표, 개인적 의미 등이 통합되는 영역으로, 일반지식, 타인의 경험, 사건에 대한 기억 자체가 아니라 자아를 중심으로 구성된 도식이며 개인사이다. 자전적 기억은 자아를 형성하는 토대가 되고 또 형성된 자아는 새로운 사건을 경험하고 구조화하게 되므로(이정모 외, 2013:240)[10] 치유의 글쓰기에서 중요하게 다뤄지게 된다. 특히 과거의 상처 받은 기억은 평생 트라우마로 작용하기 때문에 글쓰기를 통해 장기 기억을 활성화하여 과거의 상처를 다시 새로운 관점으로 사고할 수 있게 한다.

사회적 관점을 반영했지만 여전히 인지적 관점의 틀 안에서 글쓰기 과정을 살피고 있다.

10) 자전적 기억은 개인적 사건, 사실에 대한 기억이다. 자전적 기억이 중요한 것은 자전적 기억은 자아 형성의 토대이고 정서를 조절하기 때문이다. 그러므로 자전적 기억에 따라 기분을 좋게 또는 나쁘게 할 수 있다(이정모 외, 2013:240).

치유의 글쓰기는 자전적 기억에 대한 해석과 숙고의 과정을 통해 텍스트를 생산하게 하는데, 그 과정에서 자전적 경험에 대한 탐색을 통해 자기 이해, 자기 성찰의 기회를 갖게 된다.

텍스트 해석은 치유의 글 읽기를 통한 해석도 포함할 수 있는 개념이다. 문학치료에서는 작품 서사와 자기 서사가 충돌하고 통합되는 과정을 통해서 치료가 이루어진다고 보고 있다(정운채, 2010). 조동일(1996:438-443)에서는 글 읽기를 통한 감동을 신기(神氣), 문기(文氣)를 통해 설명하고 있다.[11] Hayes(2000)의 텍스트 해석에서 이러한 치유의 글 읽기를 통한 해석을 포괄하면 치유의 글쓰기와 치유의 읽기의 통합을 설명하는 데 유용하다.

그러나 치유의 글쓰기에서 읽기는 글쓰기를 하기 위해 보조적으로 활용된다. 치유의 글쓰기에서 중요한 것은 자기 기억에 해당된다. Bereiter & Scardamalia(1987)의 기억 탐색, 기억 재생, 적합성 검증도 기억을 탐색하고 재생하고 검증하는 단계이다.

이 글의 치유의 글쓰기 과정에서는 읽기를 통한 타자의 텍스트와 자기 기억을 통한 자기 텍스트를 탐색하고 선택하는 것을 통합하기 위해서 텍스트 탐색과 텍스트 선택의 단계를 설정하였다. 반드시 텍스트 탐색과 선택이 단계적으로 진행되지는 않지만, 글이나 기억

---

11) 신기는 정신의 기(氣)로, 외계 사물의 활동운화(活動運化)를 자기 것으로 받아 들여 기화(氣化)를 겪은 것이고, 문기는 신기의 한 작용이면서 마음 속에서 형성되어 밖으로 드러낸 것으로, 글 자체에 들어가 있는 기라고 하였다. 그러므로 글에 의해 전달되는 문기(文氣)는 글 읽은 이의 신기(神氣)를 움직여서 감동을 받게 하는데, 글 읽는 사람의 신기가 글에 의해 수동적으로 작용하는 것은 아니고 원래 글을 읽는 사람의 마음 속에 신기가 활동운화를 하고 있다가 충격을 받고 활동이 더욱 강화된다고 하였다.

속의 텍스트를 탐색하고 선택하는 인지적 과정을 거치는 것을 구분하기 위해 설정한 단계이다.

쓰기 단계는 '구성', '작성하기', '텍스트 생산', '쓰기'로 다양하게 표현되고 있다. 치유의 글쓰기에서는 쓰기로 설정하였다.

Scardamalia(1987)의 지식 변형 모형은 글쓰기 과정에서 의식적인 점검과 통제행위를 강조한다. 지식 변형 모형은 과제표상을 통해 문제 분석과 목표 설정을 하게 되면 내용 문제 공간과 수사적 문제 공간의 상호작용을 통해 문제 변환이 일어나는데, 이를 수사적 문제공간을 통해 지식나열의 과정을 거쳐 글을 구성하는 모형이다.

Bereiter & Scardamalia(1987)의 담화 지식과 내용 지식의 상호작용 과정에서 지식 변형이 이루어지는 것은 치유의 글쓰기를 통한 새로운 이해를 설명하는 데 유용한 개념이다. 치유의 글쓰기 과정 중에 새로운 삶과 자신에 대한 이해가 이루어지면 자기 통찰과 삶의 의미 발견, 자아정체성의 변화를 가져올 수 있는데, 이 개념은 치유와 깊은 연관성을 지닌다.

치유의 글쓰기에서도 자전적 경험을 말하기, 글쓰기, 다양한 장르의 글쓰기 등 담화 지식의 변형을 통해 표현할 때, 내용의 상호작용을 통해 새로운 의미가 생성되는데 이 과정을 통해 참여자는 새로운 자기 이해의 기회를 갖게 된다.

쓰기 이후의 단계에 Graves(1975)는 '쓰기 후(postwriting)', Linda Flower와 John Hayes(1977, 1980, 1981)는 '검토하기', Bereiter & Scardamalia(1987)는 '수정'을 설정하였다. 이 단계에서는 쓰기 단계에서 구성된 글의 형식과 내용을 검토하는 것으로 글쓰기의 결과를 좋게 하기 위한 과정이다.

이 글의 치유의 글쓰기 과정은 쓰기 이후의 단계를 '검토'와 '통합'의 두 단계로 세분화하였다. 치유의 글쓰기에서는 글을 잘 쓰는 것을 목표로 하지 않기 때문에 검토 단계에서는 자기 발견, 자기 탐색, 자기 소통, 자기 인식의 기회를 갖는 것이 중요하다. 검토 단계에서는 거리를 두고 자기의 글을 읽음으로써 글 속에 표현된 자신에 대해 탐색할 기회를 갖는 것이 중요하다. '통합'은 각 단계에서 이루어진 자기 탐색의 결과를 통합적으로 정리해 보는 단계이다.

마지막으로 치유의 글쓰기의 전(全) 단계에 걸쳐 있는 반성적 사고이다. 반성적 사고는 각 단계에서 계속적으로 자기를 성찰하도록 하는 사고로, 치유의 글쓰기 과정에서 치유에 이르게 하는 핵심적 사고이다.

반성적 사고와 연관된 과정으로서의 글쓰기 모형은 Linda Flower와 John Hayes(1977, 1980, 1981)의 문제 해결 모형[12)]이다. Linda Flower와 John Hayes(1977, 1980, 1981)의 문제 해결 모형에서는 글쓰기 제어 원리로서 전체 과정을 통제하는 점검하기(monitor)를 설정하였다. 점검하기는 글쓰기 전체 과정에서 일어나는 반성적 사고를 반영해 주고 있다.

존 듀이는 반성적 사고가 인간이 문제를 해결하는 데 있어서 가장 신뢰성 있는 도구라 하였다. 반성적 사고는 경험을 재구성하여 경험의 성장에 중요한 역할을 한다고 하였다(박영근 · 천정미, 2003:2-3). Linda Flower와 John Hayes(1977, 1980, 1981)의 점검하

---

12) Linda Flower와 John Hayes(1977, 1980, 1981)의 문제 해결 모형은 글쓰기 과정을 계획하기, 작성하기, 검토하기의 세 단계로 설정하고 있다. 이 모형은 글쓰기 과정을 설명하는 가장 대표적인 모형이지만, 어떤 원리로 글쓰기가 진행되는지를 반영해 주지는 못했다.

기는 글쓰기의 내용뿐 아니라 형식, 표현에 대한 반성적 사고를 포함한다.

치유의 글쓰기에서는 내용에 대한 반성적 사고만을 의미한다. 내용에 있어서도 개인적인 경험, 삶과 연관된 내용으로 국한된다. 반성적 사고는 경험을 재구성하여 성장, 치유의 가능성을 열어준다. 그러므로 형식, 담화지식에 대한 반성적 사고는 자유롭게 검열을 풀어주는 것이 중요하다.

정리하면 이 글에서는 과정 중심의 글쓰기 모형의 주요 개념들을 토대로 치유의 글쓰기 과정을 '준비 → 텍스트 탐색 → 텍스트 선택 → 쓰기 → 검토 → 통합'의 6단계로 설정하였다. 2.3에서는 인문치료 글쓰기 사례를 통해서 치유의 글쓰기 과정을 살펴볼 것이다.

2.3 인문치료 글쓰기 과정

2.3에서는 치유의 글쓰기 과정을 인문치료[13)]의 치유의 글쓰기 사례를 중심으로 살펴보고자 한다.

---

13) 강원대학교 인문과학연구소가 내린 인문치료에 대한 정의는 다음과 같다(강원대학교 편, 2011:20)

"인문치료란 인문학적 정신과 방법으로 마음의 건강과 행복한 삶을 위해 인문학 각 분야 및 연계 학문들의 치료적 내용과 기능을 학제적으로 새롭게 통합하여 사람들의 정신적·정서적·신체적 문제들을 예방하고 치유하는 이론적 실천적 활동이다."

인문치료에서는 인문학을 치유적으로 활용하기 위해 학제적으로 통합된 이론적 실천적 활동이다. 인문치료에서는 예술치료 중심의 비언어적 표현, 철학치료, 상담학의 말하기 중심의 치료도 포함되지만, 가장 중심에 글쓰기치료가 자리잡고 있다.

2.3.1 준비 단계

준비 단계는 일상의 삶과 글을 연결해주기 위한 단계로 감정이입 단계이다. 치유의 글쓰기는 삶의 문제를 해결하고, 성숙하고 건강한 삶을 살기 위한 것이기에 일상의 삶을 성숙되게 살아가는 것이 치유의 글쓰기의 가장 기본적인 준비 단계이다.

자기 치유의 글쓰기는 삶 속에서 준비의 과정을 거치게 된다. 산책이나, 음악을 듣거나, 화분에 물을 주면서 이루어지는 삶 자체가 준비 과정이라 할 수 있다.

글쓰기 현장에서의 준비는 치유의 글쓰기를 하기 위한 감정이입의 단계이다. 심리적 방어기제를 완화하고, 집단에서 관계 맺기를 통해 치유의 글쓰기가 자연스러운 분위기에서 진행될 수 있도록 돕는다. 준비 단계에서는 치유의 글쓰기를 할 수 있도록 몸과 마음을 이완시키는 다양한 방법을 활용하게 된다.

준비 단계는 집단의 성격에 따라, 프로그램의 목적에 따라 다양하게 설정해서 진행할 수 있다. 예를 들어보면 별칭 소개하기, 간단한 게임이나 활동, 산책하기, 호흡 또는 걷기 명상, 음악 감상, 영화 감상, 관찰하기, 자기의 기분이나 기대감 표현하기 등이 있다.

(1) 별칭 짓기 후 말하기

꽃토끼[14) 간단명료해요. 제가 토끼띠, 그리고 제가 꽃을 코스모스를 좋아하거든요. 코스모스라고 하기에는 저하고 너무 안 어울릴 것 같고, 꽃토끼라고 하면 일단 신선할 것 같아서.

14) 프로그램에서 불린 별칭에 해당된다. 글자료에는 다양한 별칭이 제시되어 있다.

〈2013년 자활 인문치료[15] 전사 자료〉

(2) 칭찬활동 후 말하기

코끼리 칭찬을 이렇게 많이 받은 날이 오늘인 거 같고 기분이 붕 뜬다. 가장 마음에 드는 칭찬은 재미있다는 칭찬이다. 한우님이 해주셨다.

옥이 칭찬 받으니 좋고, 꽃토끼님이 해주신 깜찍발랄하다라는 칭찬이 좋았다.

주동행 꽃토끼님이 분위기가 있다고 하니 참 좋았다.

오징어 별로 칭찬을 많이 안 해 봐서 어색했는데 칭찬을 하니 좋은 말이 참 많았다. 터프하다라고 한 말이 가장 좋았다.

사랑 칭찬을 들으니 좋았고 조용해서 좋다는 말이 가장 좋았다.

기쁨 칭찬을 많이 못 들었는데 칭찬을 받아 좋았다. 희망님이 해주신 조용하고 차분해서 좋다는 칭찬이 좋았다.

〈2013 자활 인문치료 기록 자료〉

(3) 산책 후 관찰한 것 말하기

쩡이 처음에는 산책을 한다는 생각에 멍했는데 바다를 보니 스트레스가 한방에 날라 가고 모래사장에서 글씨도 써보고 발장난도 하다가 우연히 발견한 돌을 보니 좋았다.

꽃토끼 산책길 입구에 들어서자 울타리를 타고 뻗어있는 칡넝쿨을 보았다. 복슬강아지도 꺾어 손에 간지럼도 타보고 어린 시절이 어렴풋이 기억난다. 지금과 다른 환경에서 마음껏 뛰어놀던 그때가 그립다.

현주마미 한여름에 인파들이 쓸고 간 쓸쓸함, 한 계절의 씁쓸함.

---

15) <2013 자활 인문치료>는 ○○○자활센터 참여사업자를 대상으로 2013년 8월 2일부터 8월 23일 동안 5회기 걸쳐서 진행된 프로그램이다. 자료는 참여자들의 말하기 또는 글쓰기 자료이고, 말하기 자료는 전사 자료와 기록 자료를 포함한다.

비온 뒤의 싱그러움과 상쾌함이 좋다. 다시 돌아올 계절이지만 가슴 한켠이 짠한 느낌.

〈2013년 자활 인문치료 기록 자료〉

(4) 오늘 기분 나누기

불꽃　처음에는 어색했지만 지금은 낯설지 않다
문어　편안한 마음으로 왔다
사랑　먼 거리를 오느라 힘이 들었다
쏘　다시 오게 되어 기쁘다
행복　설레는 마음으로 왔다
5월　기분이 좋다

〈2015년 자활 인문치료 기록 자료[16]〉

(1)은 1회기 준비 단계에서 진행된 별칭 짓기 후 말하기이다. (2)는 칭찬 활동 후 말하기이다. (1), (2)는 집단의 관계 맺기에 도움이 되는 말하기이다. (3)은 산책 후 말하기이고, (4)는 기분 표현하기이다. (3), (4)는 심리적 방어기제를 완화하고, 감정을 이입하는 데에 도움이 되는 말하기이다.

2.3.2 텍스트 탐색 단계

텍스트 탐색 단계에서는 삶 텍스트 혹은 인문학 텍스트를 탐색하는 단계이다. 인문학 텍스트를 통해 삶의 기억을 활성화하거나, 감

---

16) <2015 자활 인문치료>는 ○○○자활센터 참여사업자를 대상으로 2015년 5월 12일부터 7월 21일 동안 5회기 걸쳐서 진행된 프로그램이다. 자료는 참여자들의 말하기 또는 글쓰기 자료이고, 말하기 자료는 전사 자료와 기록 자료를 포함한다.

정이입 단계에서의 이완을 통해 삶 텍스트를 탐색한다. 치유의 글쓰기에서는 자신의 자전적 기억을 탐색하는 것도 중요하지만, 인문학 텍스트가 자전적 기억 혹은 상처의 기억들을 만나는 지점을 찾는 것도 중요하다. 치유의 글쓰기와 치유의 읽기가 통합적으로 이루어질 수 있는 부분이다. 실제 치유의 읽기를 통해서 치유의 글쓰기 단계로 나아갈 단계이다.

텍스트 탐색을 위해서는 진행자가 선택한 텍스트를 충분히 탐색할 수 있도록 진행하게 된다. 시, 그림책을 읽어 주기, 인상적인 구절을 찾기, 시구 바꿔 쓰기, 글을 듣고 그림을 그리거나 연극으로 표현하기 등 텍스트를 충분히 탐색할 수 있도록 구성된다.

(5) 시 듣고 마음에 와 닿는 시구 찾기

희망 나와 함께 갈래
도시락 강은 빠르게 흐르고
염소 강물은 빠르게 흐르고
떡보 징검다리를 건넌다 하나 둘 셋
영마 나와함께 갈래

〈2013년 자활 인문치료 기록자료〉

(6) 그림책 읽고 인상적 장면 선택하기
(가장 외로운 장면 고르기 & 까마귀 소년에게 하고 싶은 말)

도시락 마루 밑에 있던 까마귀 & 거기에 있지 말고 빨리 나와라.
옥이 혼자 외롭게 있는 장면 & 혼자가 아니니까 슬퍼하지마.
영마 친구들 없이 혼자 있는 장면 & 용기내서 힘내고 좋은 날이 꼭 올 거야.
한우 혼자 뒤에 앉아 있는 장면 & 땅꼬마에게 뭐해? 나와 함께 있자고 말해주고 싶음.
현주마미 혼자서 길을 걷고 있는 장면 & 장점을 칭찬해 주고 싶음.

꽃토끼 마루 밑에 있는 장면. 혼자서 많은 사람 속에서 혼자 있는 장면& 너 참 잘 견뎌냈어. 대단해.

〈2013년 자활 인문치료 기록 자료〉

(5)는 낭송된 시에서 가장 인상적인 시구를 찾는 것이다. (6)은 그림책을 읽어 준 것을 듣고 인상적 장면을 선택하고, 주인공에게 하고 싶은 말을 하는 것이다. 이는 참여자들이 텍스트를 충분히 탐색할 수 있도록 하는 것이다. 텍스트의 화자와 등장인물과의 동일시 원리로 치유의 가능성이 열려 있다.

2.3.3 텍스트 선택

텍스트 선택은 의미 있는 사건 등 치유를 위해서 글로 표현할 텍스트를 선택하는 단계이다. 텍스트 선택하기는 자기 이해를 위한 자신의 텍스트를 선택하는 것이다. 예시에서 텍스트 선택 과정은 시를 듣고 그림으로 표현하고, 자신의 이야기하기, 내 인생의 징검다리를 찾고 나누는 것으로 진행되었다.

(7) 시 듣고 그림 그린 후 이야기하기

강물 새터민들이 두만강 건너는 모습이에요, 중국 땅에 넘어온 모습. 오빠가 피리를 좋아하는데, 이건 피리 부는 자세예요. 음악이랑 시가 마음에 와 닿아서, 이런 집이 그려지면서. 우리 오빠가 불어주는 피리소리 같아.

〈2013년 북한이탈주민 인문치료(집단형)[17] 기록 자료〉

---

17) <2013 북한이탈주민 인문치료>는 ○○○○하나센터에서 북한이탈주민을 대상으로 2013년 5월부터 7월까지 12회기 걸쳐서 진행된 프로그램이다.

(8) 마음에 와 닿는 시구 찾고 다시쓰기

ㄱ. 시구 찾기

바닷가에서 주워온 돌멩이
풀숲에 버리고 난 뒤에야
돌멩이도 운다는 것을 알았지.

ㄴ. 시 쓰기

바닷가에 가족과 함께 생활하던 돌멩이가
풀숲에 혼자 버려지고 난 뒤에야
돌멩이도 나도 운다는 것을 알았지.

ㄷ. 나의 느낌 나누기

나에 대해 생각해 보는 시간이었음. 밝고 긍정적으로 살려고 노력하며 남들에게 희망적으로 보이려고 애쓰지만 막상 나 자신을 들여다보면 힘들고 외로운 부분이 큼. 돌멩이가 울 거라 생각하지 않은 것처럼 세상이 날 보면 밝을 거라 생각하지만.

〈2014년 북한이탈주민 인문치료[18] 기록 자료〉

(7), (8)에서 텍스트 탐색하기와 구분되는 점은 텍스트의 이해, 텍스트 자체를 살피는 것에서 더 나아가 자신의 삶이 만나는 지점이 분명하게 보인다는 것이다. 텍스트 선택은 명확히 포착하기가 어려워서, 결국은 쓰기를 통해서나, 글을 쓴 후 글을 쓰게 된 과정에 대한 말하기를 통해서 살필 수 있는 부분이다. 텍스트 탐색하기에서

집단형과 개인형으로 진행되었다. 자료는 참여자들의 말하기 또는 글쓰기 자료이고, 말하기 자료는 전사 자료와 기록 자료를 포함한다.

18) <2014 북한이탈주민 인문치료>는 ○○○○하나센터에서 북한이탈주민을 대상으로 2014년 11월 25일부터 12월 22일까지 10회기 걸쳐서 진행된 프로그램이다. 자료는 참여자들의 말하기 또는 글쓰기 자료이고, 말하기 자료는 전사 자료와 기록 자료를 포함한다.

바로 텍스트 선택이 이루어질 수도 있고, 쓰기 과정에서 다시 텍스트를 선택할 수도 있다.

(7)에서는 시구가 두만강 건너는 탈북민, 자신의 오빠 피리 부는 오빠의 모습으로 연결되는 것을 볼 수 있다. (8)ㄱ, ㄴ에서는 다시쓰기 기법을 통해서 선택한 시구를 자기화하는 기회를 주는데, 시가 참여자의 삶과 만나는 지점을 보여 주고 있다. (8)ㄷ에서는 '밝고 긍정적으로 살려고 노력하지만, 힘들고 외로운 자신의 모습'으로 구체화하고 있다.

2.3.4 쓰기 단계

쓰기는 중요한 의미를 지닌 삶의 기억들을 언어로 형상화하는 것이다. 언어의 형상화를 통해 사건의 의미가 객관화되거나 재구조화되어 인식이 변화될 수 있다. 언어로 표현되는 것은 자아 발견, 상처와의 화해, 자아와 세계의 관계 재조정을 가능하게 한다.

쓰기는 치유의 글쓰기가 본격적으로 이루어지는 단계로 충분히 집중해서 쓸 수 있도록 환경적 조건을 조성해 주는 것이 필요하다.

(9) 시쓰기

ㄱ. 꿈꾸는 바다

피곤한 바다야, 잔잔한 바다야
너도 이제 쉬렴
너는 이리도 잔잔한데
나는 너를 보면 왜 이리 눕고 싶을까?
너도 나와 같은 마음이길
피곤한 바다야, 잔잔한 바다야
너도 이제 쉬렴

ㄴ. 칡넝쿨

칡넝쿨이 얼기설기 자란 해안가 울타리
살짝 손으로 그려 본다
너 밑에 그렇게 큰 뿌리가 있다며?
파릇파릇 돋아난 잎을 보고 누가 너를 다 알겠니
칡넝쿨이 얼기설기 자란 해안가 울타리
살짝 손으로 그려 본다

〈2013년 자활 인문치료 글쓰기 자료〉

(10) 협동시

인생의 벗, 징검다리
내 인생의 첫 디딤돌인 학교시절의 선생님과 나의 동창친구들,
그들은 나의 스승이었고 내 징검돌의 길동무였다.
너의 도움으로 난 빠르고 안전하게 올 수가 있었지.
바로 지금 내가 있는 이 자리에로.
너는 내가 인생의 강을 무사하고 안전하게
건널 수 있게 길을 밝혀준 희망의 등대였고
강을 건너서도 영원히 잊지 못하게 하는 생명의 은인이다.
희망의 꿈을 놓지 않을 것이고 다음 후대들이 지금보다
더 좋은 세상에서 오래도록 살아가길 바랍니다.

〈2014년 북한이탈주민 인문치료 글쓰기 자료〉

(11) 활동 후 느낌 쓰기

바람이 불면 두었다가 놓고라는 말은 내가 지금 겪는 어려움은 잠시 머물렀다가 간다는 뜻인 것
그리움이 오면 묻어두면 참 좋은 것 같다. 가끔 고향의 아름다움과 향기도 맛볼 수 있어서 아픔이 오면 묻어 있다. 다시 사라진다는 말 나는 믿고 싶다. 어떤 그 아픔도 오래가지 못할 것이니까 세월은 계속 가는 것이니까 계속 바뀌고 변하기 때문에 지금 나

의 나이도 작지 않아 걱정이 많고 아픈 데가 너무 많지만 이겨내야 한다는 생각만 든다.

〈2013년 북한이탈주민 인문치료(개인형)[19] 글쓰기 자료〉

(9)는 시 쓰기의 예이고, (10)은 집단이 협동해서 쓰는 시 쓰기이다. (11)은 활동 후 느낌 쓰기이다.

쓰기에서는 다양한 기법의 글쓰기를 통해 진행되며, 집단 형태로 진행되기 때문에 장문의 글쓰기는 시간적으로 진행하기 어렵다. 그래서 비교적 짧은 문장으로 구성된 글을 쓴다. 또한 참여자들이 글쓰기에 대한 부정적 경험, 자신감 부족 등 부담감을 최소화해야 하므로 편하게 쓸 수 있는 편지, 일기, 감상문의 글을 쓰도록 한다. 시의 경우도 형식적인 부분들을 제공해서 형식에 맞춰서 글을 쓸 수 있도록 안내한다. 최대한 형식적인 부분에 대한 부담을 최소화하도록 진행한다.

정성미(2014:172-173)에서는 한 참여자의 두 개의 글을 제시하였다. 이 두 개의 글은 같은 활동을 한 후 감상문을 먼저 쓰고 다시 형식을 바꿔서 시를 쓴 사례이다.

(12) 활동 후 감상문

빨간색의 고추 가루 양념 통을 오늘 찰흙으로 빚었다. 문득 어릴 때 ○○ 앞바다며 ○○도자기공장 ○○박물관이랑 답사를 하던 기억

---

19) <2013 북한이탈주민 인문치료>는 ○○○○하나센터에서 북한이탈주민을 대상으로 2013년 5월부터 7월까지 12회기 걸쳐서 진행된 프로그램이다. 집단형과 개인형으로 진행되었는데 이 중 개인형 프로그램의 자료이다. 자료는 참여자들의 말하기 또는 글쓰기 자료이고, 말하기 자료는 전사 자료와 기록 자료를 포함한다.

이 난다. 기차를 놓쳐서 울고 겁나던 어릴 때 기억이 난다. 기념품을 엄마한테 줄 때 엄마가 좋아하던 모습. 그 빨간 사과 모양의 고춧가루 양념 통이 매일 우리 밥상과 엄마 아빠 우리 가족의 기쁨이고 행복이였던 것 같다. 지금은 온 가족이 둘러 앉아 식사할 때가 드물고 ○○ ○○는 아직 북에서 고생을 하고 있다. 오늘 그 양념 통을 손으로 직접 만들어보니 그때의 감회가 새롭게 안겨온다.

(13) 감상문을 시로 다시쓰기

북한의 유명한 ○○도자기 공장
답사로 들려서 산 빨간 고추 양념 통
그것은 고마운 양념 통
엄마에게도 우리 가족의 둘도 없는 기쁨
빨간 고춧가루를 담을 때마다 흐뭇해하는 엄마
한 가족의 둘러앉아 소박한 식탁에서도 유난히 빛나던 양념 통
오늘은 그 빨간 사과 고추통을 찰흙으로 내 손으로 빚었네.

〈2013년 북한이탈주민 인문치료(개인형) 글쓰기 자료〉

이는 Bereiter & Scardamalia(1987)의 지식 변형 글쓰기 모형에서 담화지식의 변형과 내용의 상호작용을 통해 새로운 자기 이해를 할 수 있음을 보여주는 예이다.

(12)에서는 수학여행 사건, 엄마, 가족에 대한 생각을 구체적으로 표현한 것에 비해, (13)에서는 '오늘', '내 손으로'의 시어를 통해 과거의 경험을 현재시점에서, 자기주도적으로 다루고 있음을 보여준다. 이는 주체적인 모습이라는 새로운 자기를 발견할 기회를 의미한다.

2.3.5 검토하기

검토하기는 완성된 치유의 글을 읽고 새롭게 발견된 자아와 삶에

대한 이해를 통합하는 것이다. 쓰기 과정 이후에 검토는 거의 읽기 형태로 진행된다. 소리 내서 읽기, 한 문장 선택해서 읽기, 소집단으로 나누기 등 다양한 형태의 읽기 과정을 통해 텍스트를 다시 이해할 수 있는 기회를 갖게 한다.

일반 글쓰기에서의 검토하기는 내용과 형식을 수정하여 잘 쓴 글을 지향하지만, 치유의 글쓰기에서의 검토하기는 글을 수정하는 단계가 아니라 표현된 글을 통해서 새로운 이해를 시도하는 것으로, 객관적 거리를 두고 읽기에 해당된다. 집단으로 치유의 글쓰기를 하는 경우는 다른 참여자의 글이 다시 새로운 텍스트가 되어 텍스트의 탐색, 선택, 쓰기의 과정을 반복할 수 있고 이 과정에서 자아와 삶의 문제를 새롭게 이해할 수 있는 기회를 갖게 된다.

(14) 중요 문장 읽기

도시락 그리운 나의 집 너무너무 고맙다.
영마 사랑하는 사람과 살아서 좋다.

〈2013년 자활 인문치료 기록 자료〉

(15) 글을 읽은 후 말하기

불꽃 남에게 속상한 것 표현하지 않았는데, 이 활동을 통해 에너지를 충전한 것 같아요. 깨닫는 시간이었고, 혼자 아무 것도 하지 않으면 더 스트레스인데, 의미 있고 다행스러워요.

강물 우리 현실이라 생각해요. 이런 감정이 다 있네요. 상대하기 싫을 때도 있고, 부모 형제가 그립기도 하고, 아무리 노력해도 안 되는 경우가 있어요. 다 탈북자 한 사람 한 사람이라고 생각해요. 희망적으로 기쁘게 만들면 좋겠어요.

해 여기 있는 나쁜 감정들이 다 나에게 있던 것 같아요. 어떻게 헤치고 나갈 수 있을까 생각했는데, 마음을 바꿀 수 있단

걸 알아서 희망적이에요.

〈2013년 북한이탈주민 인문치료(집단형) 전사 자료〉

(14)는 일기 쓰기에서 가장 핵심적인 문장이라고 생각하는 한 문장만 읽기이다. 중요 문장을 찾기 위해 일기를 다시 한번 읽어 보면서, 한 문장을 선택하여 소리 내어 읽는 것은 글을 쓸 때와는 다른 생각을 하게 한다. 이는 가장 중요하게 생각되는 부분에 초점을 두고 반성적으로 사고할 수 있는 기회를 열어주는 것이다. (15)는 자기 글을 읽고 난 후에 말하기를 통해서 자기 생각을 표현하는 것이다. 다른 사람들의 글을 들으면서 주관적인 생각에서 벗어나 객관화하는 과정을 볼 수 있다.

2.3.6 통합하기와 반성적 사고

통합하기는 단계가 순차적으로만 진행되는 것이 아니고, 단계들이 중첩되거나 생략되거나, 혹은 전 과정이 순환되면서 진행된다. 새로운 자아와 삶에 대한 이해는 단계마다 이루어질 수 있는데, 통합하기는 이를 최종적으로 통합하는 단계이다.

통합하기에서는 모든 치유의 글쓰기 활동에서 새롭게 인지되는 자기에 대한 이해, 통찰을 나누는 단계이다. 자신에 대한 이해를 정리해 봄으로써 재구조화된 기억을 장기적으로 저장할 수 있다. 한 문장으로 정리하기, 한 단어로 정리하기, 동작으로 정리하기 등이 있다.

(16) 활동 소감 나누기

저의 내면에서 숨 쉬고 있었던 저도 몰랐던 능력과 행복을 알게 되었어요. 또 함께 하였던 분들과 서로 교류하면서 남에게 먼저 다가가는 법도 좀 더 깊이 알게 된 것 같아요.

평시에 느끼지 못했던 감사함에 대해서 다시 생각해 보게 되었습니다. 감사함이 내 옆에 너무도 많은 걸 새롭게 느꼈습니다. 또 미래의 나를 그려볼 수 있었고 인생의 목표를 정확히 가질 수 있었습니다. 또 현재의 불안함과 미래의 두려움도 이겨낼 수 있다고 생각합니다.

〈2014년 북한이탈주민 인문치료 글 자료〉

(17) 한 단어 말하기

염소　지금 이 시간
희망　행복, 희망
주동행　여유
한우　자신감

〈2013년 자활 인문치료 기록 자료〉

(18) 버리고 갈 것과 가져가고 싶은 것 표현하기

꽃토끼　내 안 있는 자만과 욕심을 버리고, 추억과 새롭게 시작하는 용기를
현주마미　이기심을 버리고, 넉넉한 마음
도시락　나의 슬픈 마음을 버리고 좋은 추억
계란　나쁜 마음을 버리고 넓은 마음
희망　불평을 버리고 기쁜 마음으로
떡보　고집을 버리고 사랑과 사람을 이해하는 법
염소　욱하는 마음을 버리고 미워하지 않는 마음을
오징어　아픈 마음을 버리고 여러분의 좋은 마음을 간직
주동행　급한 성격을 버리고 여유로운 마음
옥이　미워하는 마음을 버리고 이 순간의 행복
영마　낯선 것을 버리고 깨달음과 추억을

〈2013년 자활 인문치료 기록 자료〉

(16)은 모든 활동을 다 마친 후 정리하는 글이다. 이는 최종적으로 각 단계에서 자신에 대한 반성적 사고를 통합해서 정리하는 것이다. (17)은 회기나 세부활동을 정리할 때 (16)과 다른 방법인 한 단어로 정리하기이다. (18)은 마지막 회기에 프로그램 전체에서 자신에 대한 이해 중 가장 중요하게 생각하는 것을 표현하기이다.

치유의 글쓰기는 전 과정에 걸쳐서 반성적 사고가 이루어지는데 반성적 사고는 자신과 자신의 삶에 대한 이해의 기회를 계속적으로 제공하고, 새로운 인식의 변화, 성장에 도달하게 한다.

치유의 글쓰기는 외부, 내부 검열에서 최대한 자유로울 수 있는 조건을 조성하는 것이 중요하다. 예를 들면, 글을 쓰고 폐기한다거나, 비공개로 한다거나, 부분적으로 공개하고 싶은 부분만 공개한다거나, 혹은 참여자가 용기를 내서 공개할 수 있도록 심리적 지지를 하는 것이다. 그러나 검열에서 해방되는 것이 쉽지는 않아서 검열에서 자유롭게 글을 쓰는 것이 주는 해방감을 경험하는 것이 중요하다. 또한 경험이 축적되기까지 오랜 시간 동안 노력이 요구되기도 한다.

지금까지 글쓰기 과정의 개념들을 반영하여, '준비 → 텍스트 탐색 → 텍스트 선택 → 쓰기 → 점검 → 통합'의 치유의 글쓰기 과정을 설정하였고, 이 과정을 인문치료의 치유의 글쓰기 예시를 통해 살펴보았다.

치유의 글쓰기의 '준비'는 Graves의 '준비' 개념으로, 텍스트 탐색과 텍스트 선택은 Hayes(2000)의 텍스트 해석, 숙고, 그리고 Bereiter와 Scardamalia(1987)의 기억탐색, 기억재생, 적합성 검증과 연관되는 개념으로 설명할 수 있다. Hayes(2000)와 Scardamalia (1987)는 글쓰기와 책읽기, 글쓰기와 기억을 통합해서 텍스트라고 설정하였으며 이를 텍스트 탐색과 텍스트 선택으로 구분하였다.

Bereiter와 Scardamalia(1987)의 지식 변형 모형에서 담화 지식과 내용 지식의 상호작용 과정에 의한 변형도 쓰기 과정에서 이루어지는 치유를 설명하는 중요 개념이다.

치유의 글쓰기 과정에 쓰기 후 이루어지는 두 단계를 설정하였다. 검토 단계와 통합 단계인데, 이 두 단계는 쓰기 이후에 쓴 글을 읽고, 전체적으로 통합해서 정리하는 과정에서 이루어지는 치유의 단계를 설명하기 위한 것이다.

또한 전 과정에 걸쳐 있는 점검하기는 치유의 글쓰기에서 자기 삶과 자신에 대한 반성적 사고에 해당된다. 치유의 글쓰기는 각 6단계의 과정 속에서 일어나는 반성적 사고를 통해서 자기 소통, 자기 성찰을 하게 되고 사고의 재구조화를 가져오는데, 재구조화는 새로운 자아정체성, 상처와의 화해, 자아와 세계의 관계 재조정 등 자기 치유에 이르게 되는 것이다.

3. 인문치료 글쓰기 어휘 분석

이 글은 인문치료 활동에서 얻은 글쓰기 자료의 어휘 분석을 통해 어휘 분석이 참여자인 북한이탈주민[20]의 심리적, 정서적인 상태

---

20) 북한이탈주민은 남한에서 귀순용사, 탈북자, 새터민, 북한이탈자 등 다양한 호칭으로 불려 지고 있다. 이 글에서는 북한이탈주민이라는 용어를 사용하였다. 북한이탈주민은 북한이탈주민의 보호 및 정착지원에 관한 법률 제2조 1항에서 "북한에 주소·직계가족·배우자·직장 등을 두고 있는 자로서 북한을 벗어난 후, 외국의 국적을 취득하지 아니한 자"를 의미한다고

와 어떤 연관성을 갖고 있는지를 고찰하는 데 있다.

인문치료가 출발할 때부터 인문치료의 치료 여부를 입증하는 것이 요구되었다. 이를 위해서 인문치료의 기존 사례연구에서는 인문치료에 적합한 심리척도를 활용하는 방법이나 인문치료의 치료 여부를 증명할 인문학적 방법에 대한 논의가 있었다.

정성미(2014b)에서는 북한이탈주민 대상의 인문치료 프로그램을 구성하고[21] 인문치료의 글쓰기 자료를 질적으로 분석하였다. 또한 사전, 사후 검사 도구로 채택한 회복탄력성 지수의 변화를 살펴봄으로써 북한이탈주민의 소통능력을 위한 인문치료의 효과를 살펴볼 수 있었다.

정성미(2014a)에서는 어휘 분석이 인문치료에서 참여자들의 심리적, 정서적 상태를 진단하고, 변화를 인지하는 척도로서 가능한가, 그 여부를 생각해 보았다. 언어는 참여자의 문제를 진단하고 임상 결과 자료를 분석하는 데 있어서 매우 중요하다. 인문치료 활동에서 표현된 참여자의 언어를 분석한 결과는 자신을 인지적으로 이해하는 데 있어 참여자에게 새로운 통찰을 제공할 수 있었다.

페니베이커는 글쓰기 연구에서 감정적인 주제로 글을 쓰는 것이 인지과정, 성격, 사회적 통합 등 더 다양한 영역과 행동으로 확장할 것이라고 하였다. 페니베이커 & 안나(2001:93)는 인지 기능, 인격,

---

하였다. 또한 곽해룡(2001:14)에서는 북한이탈주민은 통일부가 국회에 제출한 해설 자료에는 본인의 의지 여부 상관없이 북한지역을 벗어나거나 북한 이외의 지역에 특수 목적을 위해 파견·투입되었으나, 북한의 영향력이 미칠 수 없게 된 북한 주민을 통칭하는 표현이라고 하였다.

21) 인문치료 프로그램은 인문학적 자료를 인문학적 방법에 의해 구조화한 프로그램으로, 총 12회기로 구성되어 있다.

사회적 통합과 같은 경험의 여러 측면과 그들의 언어 사용이 관련되어 있으므로 언어가 인지 과정, 성격 스타일, 사회적 통합의 표지로 기능한다고 하였다. 페니베이커와 안나(2001:92)는 감정적인 주제에 대한 글이 궁극적으로 객관적인 사회적, 언어적 행동의 변화를 가져 온다고 하였다.

이 글에서는 북한이탈주민의 글쓰기 자료를 대상으로, 글쓰기치료 어휘 분석 연구에서 다루어졌던 어휘 항목 표지들을 중심으로 고찰하였다. 이 글의 논의 대상인 어휘 항목 표지는 어절 수, 1인칭 대명사, 감정동사, 인지어휘이다.

이 글의 연구 자료는 인문치료 활동에 참여한 북한이탈주민의 글쓰기 자료이다. 이 글쓰기 자료의 분석방법은 다음과 같다. 첫째 글쓰기 자료를 지능형 형태소분석기 2.0(국립국어원 제공)으로 형태소를 분석한다. 둘째 어절 수, 대명사, 감정 동사, 인지어휘를 엑셀을 활용하여 양적으로 분석한다.

이 분석 자료를 통해 참여자의 마음의 상태와 그 변화를 고찰할 수 있을 것인지 살필 것이다.

3.1 인문치료 어휘 분석

3.1.1 인문치료 내용

북한이탈주민을 대상으로 한 인문치료 프로그램[22]의 목표는 첫

---

22) 정성미(2014), 「북한이탈주님의 소통능력 증진을 위한 인문치료」, 『다문화콘텐츠연구』16집, pp.165-168.
위 논문의 3장 1)절의 내용과 동일하다. 그 이유는 이 프로그램이 개인

째 참여자들이 집단 활동을 통해 신뢰감을 형성하고 삶의 행복감을 증진하게 하는 것이다. 둘째 참여자의 자기성찰과 자존감 향상을 통해 남한사회에서의 삶의 의미를 찾게 하는 것이다. 셋째 삶의 어려움에 대한 긍정적 관점을 강화함으로써 당면한 삶의 문제를 해결하는 의지를 강화하는 것이다.

북한이탈주민을 위한 인문치료는 다양한 인문학을 활용한 말하기와 글쓰기를 통해 자신과 자신의 삶에 대해 탐색하게 한 프로그램이다. 북한이탈주민들의 집단 속에서 서로의 삶을 나누고, 지지하는 형태로 진행하여 정서적 유대감 속에서 관계적 의미를 되새기는 기회를 제공하였다. 프로그램은 전체 12회기이고, 한 회기는 90분으로 구성하였다.

3.1.2 어휘 분석

이 글에서는 어휘 분석 시 주목해서 볼 어휘 항목을 정하고 이 어휘 항목에 대한 양적 분석을 하였다. 이 글에서 다룰 선정 어휘 항목은 어절 수, 1인칭 대명사, 감정어휘, 인지어휘이다.[23)]

첫째 어절 수를 통해 참여자가 적극적으로 집단에 참여하고 있는가를 살핀다.

둘째 1인칭 대명사를 통해 참여자가 집단 내에서 자신에 대한 이야기를 적극적으로 표현하고 있는가를 살핀다. 1인칭 대명사는 자

형과 집단형, 두 유형으로 동일하게 진행되었기 때문이다. 그러므로 이 글에서는 프로그램의 목적과 기본 운영 방법만 제시하고 프로그램에 대한 자세한 설명은 위 논문 참조.

23) 정성미(2014), 「인문치료의 어휘 분석」, 『인문과학연구』, p.745 참조.

기표현의 적극성과 연관된다.

셋째 감정어휘를 통해 참여자가 집단 내에서 감정 표현을 적극적으로 하고 있는가를 살핀다. 이를 통해 참여자의 감정 상태를 살필 수 있다.

넷째 인지동사를 통해 참여자가 집단 내에서 새로운 통찰이 있었는가를 살핀다.

다섯째 인과어휘를 통해 참여자가 집단 내에서 논리적 사고로 임했는가를 살핀다.

1) 어절 수

어절 수는 집단에서 참여자들의 참여 정도를 보여주는 중요한 수치이다. 참여자의 어절 수를 비교해 보면 철쭉(1098) > 바다(1040) > 달(1021) > 별(840)의 순으로 나타났다.

표 1.3 어절수

	어절 수
별	840
달	1021
철쭉	1098
바다	1040

철쭉은 5회기에, 달의 경우는 2회기에, 별의 경우는 3회기에 불참하였으므로 바다의 어절 수에 비해 상대적으로 어절 수가 적을 가능성이 있지만, 철쭉은 바다에 비해 오히려 어절 수가 더 많고, 달은 바다보다 19어절 적다.

어절 수는 대상자의 언어습관이나 글쓰기에 대한 선호도, 상황 등 매개변수에 영향을 받지만, 이에 대한 통제가 용이하지 않으므로, 집단에서의 상대적인 비교를 통해 사전, 사후의 어절 수를 비교해 보았다.

표 1.4 1회기 & 12회기 어절수 비교

	1회기	12회기	증가폭
별	31어절	72어절	2.3배
달	56어절	74어절	1.3배
철쭉	38어절	145어절	3.8배
바다	68어절	101어절	1.5배

사전, 사후의 어절 수를 비교해 보면 참여자 전원 다 1회기보다 마지막 회기에서 어절 수가 증가하였다. 대상자별로 각각 1.3배에서 3.8배에 걸친 어절 수의 변화가 보인다. 특히 철쭉의 경우는 다른 대상자들의 어절 수 변화와 비교하여 괄목할 만한 결과를 보인다. 철쭉은 2, 3, 6, 12회기에서 참여자 중 가장 어절 수가 많다. 별은 4회기 때 가장 어절 수가 많았으며, 1, 2, 6, 12회기에는 참여자 중에서 어절 수가 가장 적었다. 달은 7-10회기에서 참여자 중 가장 어절 수가 많았고, 대체로는 집단에서 2, 3번째 해당하는 어절 수를 보인다. 바다는 1, 5, 11회기에서는 어절 수가 가장 많으나, 3, 4, 7-10회기에서는 어절 수가 참여자 중에서 가장 적었다. 다른 참여자에 비해 상대적으로 회기마다 어절 수의 변화 폭이 큰 것으로 보인다.

별은 1회기서부터 마지막 회기까지 4회기만을 제외하고는 어절 수가 참여자 중에서 가장 적거나 중간 정도를 유지하였다. 달은 전 회기에서 7-10회기 이외에는 중간 정도를 유지하였다. 철쭉은 1회기 이후 4, 11회기를 제외하고는 참여자 중에서 어절 수가 1, 2위에 해당하였다. 특히 마지막 회기의 경우는 별, 달에 비해 2배 정도 차이가 나는 것을 볼 수 있다. 바다는 다른 참여자에 비해 편차가 심편으로 나타났고 1회기에서는 가장 어절 수가 많다가, 마지막 회기에는 중간 정도가 된다.

표 1.5 전 회기 어절수

	1	2	3	4	5	6	7–10	11	12	합계
별	31[24]	56		**114**	90	81	268	128	72	840
달	56		122	76	105	71	**364**	153	74	1021
철쭉	38	**126**	**170**	75		**97**	346	101	**145**	1098
바다	**68**	99	105	59	**113**	96	241	**158**	101	1040

어절 수의 결과만 가지고 어떤 결론을 내리기는 어렵다. 다만 다른 집단원과의 비교를 통해서나, 참여자 별 전체 회기에서의 어절 수 변화를 살펴봄으로써, 각 참여자들의 회기에 임하는 태도가 적극적인지, 소극적인지에 대한 근거 자료로 활용할 수 있다.

2) 1인칭 대명사

1인칭 대명사는 자신을 나타내는 대명사로 '나, 저, 우리, 저희'가 해당된다. 참여자의 글 속에서 1인칭 대명사 분포를 확인하였다. 문장에서 주어인 나로 시작하는 문장을 많이 쓴다는 것이 무엇을 의

24) 표에 색깔이 있는 수치는 집단에서 가장 적은 수치를 보인 경우에 해당한다. 굵은 글씨로 처리된 것은 집단에서 가장 큰 수치를 보인 경우에 해당한다.

미하는가. 1인칭 대명사를 쓰는 것이 자아의식, 자존감, 자아정체성의 문제와 연관되는 면이 있음을 증명하기란 쉽지 않을 것이다. 그러나 1인칭 대명사가 말하는 주체일 경우 타인과 구별되는 자신의 이야기를 이끄는 것은 분명하다.

표 1.6 1인칭 대명사 빈도수

	1인칭 대명사	합계
별	나32, 저4, 우리3	39
달	나46, 저2, 우리5	53(42.4)[25]
철쭉	나36, 저1, 우리6	43(33)
바다	나14, 우리12	26(20.8)

1인칭 대명사를 많이 사용한 순서는 달>별>철쭉>바다 순으로 나왔다. 별은 1인칭 대명사 중에서 '나'를 32회, '저'를 4회, '우리'를 3회 사용하였다. 달은 '나'를 46회, '저'를 2회, '우리'를 5회 사용하였고, 철쭉은 '나'를 36회, '저'를 1회, '우리'를 6회 사용하였다. 바다는 '나'를 14회, '우리'를 12회 사용하였다.

1인칭 대명사의 분포에서 주목해 보아야 하는 점은 첫째, '나, 저, 우리'를 각각 선호하는 것은 어떤 심리를 반영해 주는 것인가이다. 우선 '저'는 말하는 이가 윗사람이나 그다지 가깝지 아니한 사람을 상대하여 자기를 낮추어 가리키는 일인칭 대명사이다. 즉 상대방과 자신의 위치에 있어서 자신을 낮추는 의식이 반영된다. 우선 '저'의

25) 괄호 안의 수치는 가장 적은 어절 수를 보인 별을 기준으로 한 비율을 적용했을 때의 수치이다. 달은 0.8, 철쭉은 0.77, 바다는 0.8을 각각 적용한 수치이다.

사용은 별의 경우 다른 집단원과 비교하면 가장 많이 사용하였는데, 이는 별이 집단원 중에서 가장 젊기 때문일 것이다. 그러나 별의 경우도 '나'의 사용이 '저'보다 많으므로 자신을 낮추어 생각하는 것보다는 자신을 집단원들과 동등하게 생각하는 사고가 더 많은 것으로 보인다.

둘째 1인칭 복수 대명사인 우리를 선호하는 것은 무엇을 의미하는가. 이는 공동체, 집단 중심의 사고를 반영한 것으로 볼 수 있는데, '우리'와 연관해서 주목할 참여자는 바다이다. 다른 집단원보다 '우리'의 수치가 '나'의 수치와 비슷한 수준에 이를 정도로 공동체에 대한 생각을 많이 하고 있음을 반영해 준다.

셋째 '나'의 경우 빈도수가 많다는 것은 '나'에 대한 언급을 자주 한다는 것으로, 나의 생각, 나의 느낌 등을 표현하고 있다. 달(46)> 철쭉(36) > 별(32) > 바다(14)의 순서로 '나'를 많이 사용하였다. 달은 바다보다 무려 3.3배 1인칭 대명사 '나'를 사용하였다.

1인칭 대명사 사용에 있어서 달, 별, 철쭉은 1인칭 대명사 '나'를 더 선호하고, '저, 우리'를 고르게 사용하였다는 공통점을 지닌다. 이에 비하여 바다는 상대적으로 1인칭 대명사 '나'의 사용이 적고, '우리'의 사용이 많다. 대명사 '저'는 사용하지 않았다. 다른 집단원에 비해 1인칭 대명사에 있어서 다른 양상을 보인다.

바다의 글쓰기에서 '우리'가 포함된 문장을 살펴보았다.

(1) ㄱ. 참 과거를 되돌리다 보니 요즘처럼 망가지는 세월을 빨리 날려버리고 그 옛날처럼 소박한 마음으로 살던 우리 한민족이 되었으면 하는 바람입니다.

ㄴ. 참 까마귀 소년은 과거의 이야기지만 현재 우리 사회의 청

소년들이 닮아야 할 부분인 듯.

ㄷ. 그렇게 어려웠던 시절도 다 지나고 어느덧 행복한 인생길에 향하고 있는 우리 탈북자들의 모습을 현재 새 세대들에게 전해주고 싶은 열망에서 힘 있게 만들어 보았습니다.

ㄹ. 우리의 모든 사연 오늘의 새 세대들에게 바로 전달하여 한반도의 평화를 위하여!

ㅁ. 우리의 주변에서 아직 깨어있지 못한 사람들과 같은 현실인 것이다.

ㅂ. 스승의 위대함으로 보잘 것 없는 까마귀 소년이 당당하고 멋진 모습을 드러내므로 주변을 감동시킬 수 있었던 것처럼 우리도 스승은 영원히 함께 해야 할 듯.

ㅅ. 우리 주변에 어렵고 힘든 사람들에게 뭔가를 알려주고 함께 가잖아.

ㅇ. 오늘 연극의 한 장면에서 매 개인의 역할도 중요하지만 그런 과정을 통하여 우리가 현재 남한사회 정착에서 부딪치는 일부분의 전부라고 생각하겠습니다.

ㅈ. 희망과 행복, 불행과 고통 등 모든 이어지는 것들을 오늘 우리의 연극을 통해 잘 보여 주었다고 봅니다.

ㅊ. 10년 전에 함께 맘 나누며 교수님과 그려 가던 이 건물에서 벌써 꼭 10년을 맞이하지만 평안히 60세 이상 어르신들을 친부모님처럼 모셔 가는 우리 언니들! 진정으로 사랑하고 앞으로도 그냥 존경할 것이다.

ㅋ. 더울새라 추울새라 자기 일일이라 찾아가시는 우리 언니들이 세상에서 제일 이쁘고 멋질 수 밖에 없다.

ㅌ. 그래서 우리 부모 형제들은 이 순간도 서로의 사랑을 배우

며 나누고 살고 있음을 자랑한다.

(1) ㄱ, ㄴ에서 '우리'는 한민족을, ㄷ, ㄹ에서는 탈북자를, ㅁ은 탈북자 중에서도 소수의 집단을, ㅂ, ㅅ에서는 불명확한 집단을, ㅇ-ㅋ에서는 인문치료 활동을 같이 하는 참여자들을, ㅌ에서는 나 혹은 가족을 의미한다.

특이한 것은 다른 집단원과 비교해서 볼 때 바다가 '우리'와 '나';의 빈도가 거의 비슷하고, '우리'를 다른 집단원보다 2배에서 4배까지 많이 쓰고 있다는 점이다. 이는 바다의 공동체 중심의 사고를 반영한 것이라고 볼 수 있다. 그러나 다른 참여자와 비교하여 '나'의 빈도가 낮은 것은 나에 대한 개방을 하지 않는다는 것을 의미한다. 이는 자기 공개를 꺼리는 회피 방어기제일 수도 있다. 1인칭 대명사 사용과 사고의 연관성을 밝힐 수 있다면 의미하는 바가 클 것이나 이 글에서는 참여자 간의 비교를 통해서 상대적으로 지니는 의미만을 언급하였다.

1인칭 대명사가 문장의 주체 자리인 필수성분 중 주어 자리에서 쓰일 때 결합되는 조사는 주격조사 이/가와 특수조사 은/는이다. 1인칭 주어는 동작이나 상태의 주체를 나타낸다. 1인칭 대명사와 주격조사 이/가, 특수조사 은/는의 결합을 살펴보면 <표 1.7>과 같다.

표 1.7 1인칭+조사 빈도수

	주격조사	특수조사	합계
별	내가6, 우리가2, 제가1	나는3, 저는3	14
달	내가13	나는10, 저는1	24
철쭉	내가4	나는3, 저는1	8
바다	내가1	나는3	4

이 표에서는 별, 달, 철쭉의 1인칭과 주격조사의 결합이 더 빈도 수가 높은 것에 비해, 바다의 경우는 특수조사와의 결합의 빈도가 더 높다. 또한 바다의 경우 주어 자리의 1인칭 대명사와 조사의 결합 빈도가 다른 집단원에 비해 현격히 낮다. 1인칭 대명사 사용 빈도와 주어 자리에 분포된 1인칭 대명사 빈도의 비율을 보면, 별은 36%, 달은 45.3%, 철쭉은 18.6%, 바다는 15.4%이다. 바다의 비율이 가장 낮고, 별과 달과의 차이는 현격하다.

1인칭 대명사 주어는 1인칭 대명사의 동작과 상태의 주체를 나타내는 것이어서 1인칭 대명사 주어의 수는 자신에 대한 동작, 상태 등에 대한 언급과 연관된다. 바다는 주체로서의 자기에 대한 동작, 상태 등에 대해 언급을 별로 하지 않았음을 알 수 있다.

3) 감정동사

감정동사는 감정과 관련된 동사와 형용사를 포괄한 용어이다. 3)에서는 감정동사의 빈도를 고찰할 것이다. 감정동사는 의미 상 긍정 감정동사와 부정 감정동사로 나누어 살펴보았다.

표 1.8 긍정 감정동사 빈도수

	긍정 감정동사	합계
별	고맙다3, 반갑다1, 좋다13, 즐겁다2, 편하다1, 감사하다3, 고마움2, 긍지1, 행복하다6, 희망찬1	33
달	좋아하다1, 고맙다5, 기쁘다1, 좋다12, 즐겁다4, 감사하다2, 감탄하다1, 사랑(하다)4, 행복(하다)17	47(37.6)
철쭉	좋아하다3, 고맙다2, 기쁘다1, 좋다8, 흥겹다1, 감사하다1, 고마움1, 행복(하다)12, 즐겁다2	41(31.6)
바다	좋아하다2, 즐기다1, 고마운1, 그리운2, 좋다1, 행복하다4, 감사(하다)4, 사랑(하다)3	18(14.4)

페니베이커와 안나(2001:91-92)에서 긍정적인 감정단어는 건강과 약간의 관련성이 있다고 하였다. 참여자들의 긍정 감정동사 빈도 순서는 달 > 별 > 철쭉 > 바다 순으로 나타났다. 이는 1인칭 대명사 사용 빈도와 일치한 결과이다. 달, 별, 철쭉의 긍정 감정동사 중 공통적으로 '좋다'와 '행복하다'가 가장 높은 빈도수를 보였다. 바다의 경우는 '행복하다'와 '감사하다'가 가장 높은 빈도수를 보였다.

그러나 전체 긍정 감정동사 수에서는 별, 달, 철쭉의 빈도에 비해 바다의 긍정 감정동사 빈도가 현격히 낮음을 확인할 수 있다. 이는 긍정의 감정어휘 사용이 건강과 관련이 있고 부정 감정어휘 사용은 관련이 없다는(페니베이커 외 2, 1997; 페니베이커와 안나, 2001:91-92) 연구 결과를 근거하여 볼 때, 부정적인 것으로 해당 참여자의 감정에 대해 주의해서 관찰해야 할 필요가 있다.

다음은 부정 감정동사를 살펴보았다.

표 1.9 부정 감정동사 빈도수

	부정 감정동사	합계
별	지치다3, 힘들다7, 괴롭다1, 나쁘다1, 안쓰럽다1, 안타깝다2, 외롭다1, 헛되다1, 힘겹다1, 걱정2, 후회2	22
달	힘들다2, 무섭다1, 싫다3, 안타깝다1, 험하다1, 힘겹다1	9(7.2)
철쭉	힘들다4, 싫다1, 안타깝다2, 외롭다1	8(6.16)
바다	힘들다1, 후회하다1, 괴로움1, 미안하다3	6(4.8)

참여자들의 부정 감정동사 빈도 순서는 별 > 달 > 철쭉 > 바다 순으로 나타났다. 긍정 감정동사 빈도 순서와는 비교해서 볼 때 별, 달의 순서가 변경되었고 철쭉, 바다의 순서는 동일하다.

특이한 점은 별의 경우 긍정 감정동사 빈도수도 높고, 부정 감정동사의 빈도수도 높게 나온 점이다. 주로 결혼생활과 관련해서 부정 감정동사를 사용하고 있음을 볼 수 있다. 바다의 경우는 별, 달, 철쭉의 경우 가장 높은 빈도수를 보인 부정 감정동사가 '힘들다', '싫다'로 자기 개인의 부정적 감정에 해당한다면 바다의 경우는 '미안하다'로 타인과 관련된 부정적 감정에 해당한다.

4) 인지 어휘

페니베이커와 안나(2001:92)에서 인지 어휘는 건강과 밀접한 연관을 갖는다고 하였다. 인지 어휘에는 '깨닫다, 알다, 이해하다'와 같은 통찰을 의미하는 인지동사와 '때문에, 그래서'와 같은 인과 어휘가 있다고 하였다.

이 글에서 인지 어휘란 인과 관계를 나타내는 접속어미, 인과의 접속사, 인과를 나타내는 의존명사와 조사의 결합형, 인지동사를 포함한다. 인과 관계를 나타내는 접속 어미에는 '아서/어서, 니(까)'를, 인과의 접속사에는 '그래서, 왜냐하면', 의존명사와 조사 결합형에는 '때문에' 등이 포함된다. 인지동사는 '알다, 이해(하다), 깨닫다' 등의 통찰을 의미하는 동사이다.

참여자의 인지 어휘 빈도 순서는 달 > 별 > 철쭉 > 바다 순이다. 인지 어휘는 인지동사와 인과 어휘를 포함한 어휘이다. 인지동사의 빈도 순서는 별 > 철쭉 > 바다 > 달이고, 인과 어휘 빈도 어순은 달 > 별 > 철쭉 > 바다이다. 인지동사와 인과 어휘에서 두 항목의 비교에서 빈도 순서의 변화가 보이는 참여자는 달이다. 두 항목을 합친 빈도 순서는 인과어휘의 빈도 순서와 비슷한 양상이나, 철쭉과 별의 순서가 뒤바뀌었다는 차이점이 있다.

표 1.10 인지어휘 빈도수

	어절수	인지동사			합계	접속어미	접속사	합계	인과 어휘 합계
		알다	이해(하다)	깨닫다 깨우치다					
별	840	7	1		8	니2, 아서10	그래서1 때문에1	14	22
달	1021	4			4 (3.2)	니2, 아서17	그래서2 때문에2	23 (18.4)	27(21.6)
철쭉	1098	7		2	9 (6.9)	니2, 아서7	때문에2	11 (8.5)	20(15.4)
바다	1040	4	1		5 (4)	니3, 어서3	때문에2 그래서1	9 (7.2)	14(11.2)

참여자의 인지동사가 사용된 문장을 살펴보았다.

(2) ㄱ. 어려운 고비를 넘길 때마다 고마운 인연들의 손길이 없었다면 내가 오늘 날 이렇게 고마움을 알고 살 수도 없었을 것 같습니다.(별, 7-9회기)

ㄴ. 동화 속의 공주와 개구리를 통해 항상 고마움을 알고 표현할 줄 알아야 내 자신에게도 복이 온다는 것을 알게 된 것 같습니다.(별, 7-9회기)

ㄷ. 공부를 통해서 여러 모로 알아감에 있어 할 수 있다고 생각을 가지고 이제는 자신감 있게 해 나갈 수 있다.(달, 5회기)

ㄹ. 나누고 배려를 한다는 것이 얼마나 즐겁고 행복한 지를 잘 알게 되었다.(달, 7-9회기)

ㅁ. 나에게도 무엇을 좋아하고 잘 할 수 있는지 더 잘 알게 된 것 같습니다. 꿈이 있어 행복한 우리라고 생각합니다.(철쭉, 2회기)

ㅂ. 서로의 대화와 모르는 것을 배우고 지혜를 합쳐가는 모습

을 보면서 우리의 작은 소중한 꿈을 알게 되었습니다.(철쭉, 10회기)

ㅅ. 좋아하는 가지가지를 기록하면서 내 자신에 대한 소중함을 알아가는 너무 소중한 시간이었습니다.(바다, 2회기)

ㅇ. 사랑이란 단어 속의 표현을 한 것, 부모님께만 쓰여지는 줄 알았던 내 자신이 폭 넓은 이해로 소화할 수 있었다.(바다, 10회기)

(2) ㄱ-ㅇ은 인문치료 프로그램을 통해 참여자가 자신과 자신의 인생에 대한 새로운 통찰을 한 내용이 '알다, 이해하다, 깨닫다'의 인지동사를 서술어로 하는 문장을 통해 실현되고 있다.

인지동사의 수는 '알다'의 경우 별, 철쭉이 각각 7, 달과 바다가 4회 사용하였고, '이해(하다)'는 별, 바다가 각각 1회 사용하였다. 또한 '깨닫다'는 사용 예가 없었고, 깨달아 알게 하다의 의미인 '깨우치다'는 철쭉이 2회 사용하였다.

페니베이커 외 2(1997)에서는 통찰력 있고 인과관계적 사고와 관련한 단어의 증가된 사용이 향상된 신체적 건강과 연관이 있다고 하였다. 참여자는 인과 접속 어미와 인과 접속사 중에서 인과 접속 어미를 더 많이 사용하였다. 또한 참여자는 인과 접속어미 '-(으)니'와 '-아서/-어서' 중에서 '-아서/-어서'를 더 많이 사용하였다. 한국어 문장에서 인과의 논리적 연결이 접속사보다는 접속 어미에 더 많이 의존함을 볼 수 있다.

지금까지 살펴본 인문치료 프로그램 참여자들의 글쓰기 자료의 어휘 분석 결과를 정리하면 <표 1.11>과 같다.

표 1.11 참여자의 어휘 빈도 순서

어휘 분석 항목	빈도 순서
어절 수	철쭉(1098) > 바다(1040) > 달(1021) > 별(840)
1인칭	달 > 별 > 철쭉 > 바다
1인칭 주어	달 > 별 > 철쭉 > 바다
긍정 감정동사	달 > 별 > 철쭉 > 바다
부정 감정동사	달 > 별 > 철쭉 > 바다
인지 어휘	달 > 별 > 철쭉 > 바다

3.2 어휘 분석과 회복탄력성 지수와의 연관성

3.2.1 회복탄력성 지수 분석

이 글에서는 어휘 분석의 결과를 심리검사 지수와 연관 지어서 고찰해 보았다. 이 글에서의 인문치료 프로그램은 사전, 사후 검사로 회복탄력성을 사용하였다. 회복탄력성은 자신에게 닥치는 역경과 어려움을 극복하는 힘이다. 회복탄력성 검사는 자기조절능력, 대인관계능력, 긍정성의 52문항으로 구성된 검사도구이다. 자기조절능력(1-18)은 감정조절력(1-6), 충동통제력(7-12), 원인분석력(13-18)으로, 대인관계능력(19-36)은 소통능력(19-24), 공감능력(25-30), 자아확장력(31-36)으로, 긍정성(37-53)은 자아낙관성(37-42), 생활만족도(43-47), 감사하기(48-53)로 구성된다.

참여자들의 회복탄력성 지수를 살펴보면 전원이 향상된 것을 확인할 수 있다.

표 1.12 참여자의 회복탄력성 지수

합계	바다	철쭉	별	달
사전	200	207	165	189
사후	236	211	191	205
	36 향상	4 향상	26 향상	16 향상

참여자들의 점수 향상 순서를 보면, 바다 > 별 > 달 > 철쭉 순이다. 바다는 변화폭이 36점으로 가장 높고, 철쭉은 변화폭이 4점으로 가장 낮다. 우리나라 사람들 평균이 195점으로, 190점 이하면 지수 향상을 위한 노력이 필요하고, 180점 이하면 주변에 쉽게 영향을 받을 정도로 약한 상태이고, 170점 이하면 심각한 수준에 해당한다. 우선 사전에 회복탄력성 지수가 평균 이상인 참여자는 바다와 철쭉이고 달과 별은 평균 이하이다. 그러나 사후 점수는 전원 평균 이상으로 회복탄력성 지수가 모두 향상된 결과를 보였다.

표 1.13 참여자의 자기조절능력 지수

대분류1 자기조절능력(1–18)	바다	철쭉	별	달
사전	68	70	48	60
사후	82	76	64	65
	향상	향상	향상	향상

우리 나라 사람의 자기조절능력 평균 점수는 63.5이다. 사전에 이미 평균 이상인 참여자는 바다와 철쭉이고, 별과 달은 평균 이하 점수이다. 사후에 전원 자기조절능력 점수가 향상되었다. 특히 별은 55점 이하이면 자기조절능력을 반드시 향상시키기 위해 노력해야 하는 점수로 48의 낮은 점수에서 사후에는 평균 이상으로 향상되었다.

표 1.14 참여자의 대인관계능력 지수

대분류2 대인관계능력(19-36)	바다	철쭉	별	달
사전	65	67	53	69
사후	76	67	62	73
	향상	유지	향상	향상

우리나라 사람의 대인관계능력 평균 점수는 67.8이다. 사전에 평균 점수 이상인 참여자는 달뿐이고, 다른 참여자는 평균 이하이다. 사후에는 별을 제외한 참여자들은 평균 이상으로 향상되었다. 하위 20%에 해당하는 62점 이하이면 대인관계 향상을 위해 반드시 노력해야 한다. 대인관계능력 점수가 74점 이상이면 대인관계능력에는 별 문제가 없다고 하였다. 바다가 이에 해당된다.

표 1.15 참여자의 긍정성 지수

대분류3 긍정성(37-53)	바다	철쭉	별	달
사전	67	70	64	60
사후	78	68	65	67
	향상	감소	향상	향상

우리나라 사람들의 긍정성의 평균 점수는 63.4이다. 사전에 평균 이하에 해당하는 참여자는 달뿐이다. 사후에는 전원 평균 이상의 점수를 획득했다. 그러나 철쭉은 사전보다 2점 감점하였다. 긍정성 점수가 70점 이상이 나오면 긍정성에는 별 문제가 없다고 하였다. 바다가 이에 해당된다.

자기조절능력은 다시 감정조절력, 충동통제력, 원인분석력으로

표 1.16 참여자의 감정조절력 지수

자기조절1 감정조절력	바다	철쭉	별	달
사전	24	22	16	23
사후	29	24	20	23
	향상	향상	향상	향상

표 1.17 참여자의 충동통제력 지수

자기조절2 충동통제력	바다	철쭉	별	달
사전	21	25	16	21
사후	27	26	23	21
	향상	향상	향상	유지

표 1.18 참여자의 원인분석력 지수

자기조절3 원인분석력	바다	철쭉	별	달
사전	23	23	16	16
사후	26	26	21	21
	향상	향상	향상	향상

분류된다. 자기조절능력의 세 소분류 항목에서는 참여자 전원이 모두 점수가 향상되었고, 달만 충동통제력의 점수가 유지되었다.

표 1.19 참여자의 소통능력 지수

대인관계1 소통능력	바다	철쭉	별	달
사전	21	24	16	25
사후	25	24	20	26
	향상	유지	향상	향상

표 1.20 참여자의 공감능력 지수

대인관계2 공감능력	바다	철쭉	별	달
사전	20	21	19	23
사후	26	21	19	24
	향상	유지	유지	향상

표 1.21 참여자의 자아확장력 지수

대인관계3 자아확장력	바다	철쭉	별	달
사전	24	22	18	21
사후	25	22	23	23
	향상	유지	향상	향상

대인관계능력은 다시 소통능력, 공감능력, 자아확장력으로 분류된다. 자기조절능력의 세 소분류 항목에서는 대부분의 참여자가 점수가 향상되었고, 소통능력에서는 달만 충동통제력의 점수가 유지되었고, 공감능력에서는 철쭉과 별이 사전 점수가 유지되었다. 자아확장력에서는 철쭉은 사전 점수가 유지되었다. 그러므로 철쭉의 경우는 대인관계 세 소분류 항목에서 모두 사전 점수가 그대로 유지되었다.

긍정성은 자아낙관성, 생활만족도, 감사하기로 다시 분류된다. 자아낙관성은 전원 모두 사후검사 점수가 향상되었다. 생활만족도는 바다만 사후 점사 점수가 향상되었고 철쭉, 달은 사후 점수가 감소되었고, 별은 유지되었다. 감사하기는 바다, 달은 사후 점수가 향상되었고, 철쭉은 감소, 별은 유지되었다.

표 1.22 참여자의 자아낙관성 지수

긍정성1 자아낙관성	바다	철쭉	별	달
사전	24	24	21	23
사후	29	25	22	25
	향상	향상	향상	향상

표 1.23 참여자의 생활만족도 지수

긍정성2 생활만족도	바다	철쭉	별	달
사전	14	22	18	15
사후	19	20	18	13
	향상	감소	유지	감소

표 1.24 참여자의 감사하기 지수

긍정성3 감사하기	바다	철쭉	별	달
사전	29	24	25	22
사후	30	23	25	29
	향상	감소	유지	향상

3.2.2 어휘 분석과 회복탄력성 지수 분석과의 연관성 고찰

이 글에서는 인문치료의 치료 여부를 입증하기 위한 방법으로 두 가지 방법을 사용하였다. 첫째 참여자의 글쓰기 자료의 어휘를 분석하는 방법이고, 둘째 회복탄력성 지수 검사를 분석하는 방법이다. 두 분석 결과의 연관성을 살펴보았다.

일단 참여자의 어휘 분석 항목의 순서와 회복탄력성 지수 점수

순서를 비교해 보았다. 참여자의 어휘 분석에서 결과가 좋고, 회복탄력성 지수가 향상되거나, 어휘 분석에서 결과가 좋지 않고, 회복탄력성 지수가 감소되거나 하면 두 분석의 결과에 연관성이 있다고 할 수 있을 것이다. 그리고 그 반대의 경우는 두 분석의 결과가 연관성이 없다고 볼 수 있다.

표 1.25 참여자의 전체 어휘 빈도 순서

어휘 분석 항목	빈도 순서
어절 수	철쭉(1098) > 바다(1040) > 달(1021) > 별(840)
1인칭	달 > 별 > 철쭉 > 바다
1인칭 주어	달 > 별 > 철쭉 > 바다
긍정 감정동사	달 > 별 > 철쭉 > 바다
부정 감정동사	별 > 달 > 철쭉 > 바다
인지어휘	달 > 별 > 철쭉 > 바다
회복탄력성	바다 > 별 > 달 > 철쭉

참여자 4명 중에서 우선 두 분석의 결과가 연관성이 있게 나온 사례는 달과 별이다. 두 사람은 어휘 분석에서 1인칭 대명사, 긍정 감정동사, 부정 감정동사, 인지어휘의 사용이 집단원과 비교하여 많았고, 회복탄력성 지수도 사후검사에서 사전검사보다 26, 16점 향상되어서 우리나라 사람들의 평균 이하에서 이상으로 유의미한 결과를 보여 주었다.

철쭉의 경우는 두 분석 결과가 연관성이 있기는 하지만 어휘 분석과 회복탄력성 분석 결과가 저조한 점수를 보인 예에 해당한다. 철쭉은 회복탄력성 검사의 점수가 사전에 집단원 중에서 가장 높은 점수인 207점을 획득했지만 사후에는 4점 소폭 향상하였다. 1인칭 대명사, 긍정 감정동사, 부정 감정동사, 인지어휘의 사용에서는 집단원 중에 평균적으로 3순위에 해당하였다. 그러므로 세 사례의 경우는 두 분석 결과가 연관성을 보이고 있다.

그러나 바다의 경우는 어휘 분석과 회복탄력성의 분석 결과가 상반된 결과를 보이고 있어서 두 분석 결과가 연관성이 없는 사례에 해당한다. 즉 바다의 어휘 분석 결과는 1인칭 대명사, 긍정 감정동사, 부정 감정동사, 인지어휘에서 모두 집단원 중에 가장 낮았던 것에 비해, 회복탄력성 지수는 집단원 중에 가장 높게 향상되었다.

이런 경우 우리가 생각해 볼 수 있는 가능성은 어휘 분석의 결과가 잘못된 경우와 회복탄력성 검사가 잘못된 경우이다.

이 글에서는 어휘 분석보다는 회복탄력성 지수 검사의 경우 더 거짓으로 작성할 가능성이 높다고 생각한다. 그 이유는 의도적이든 아니든 회복탄력성 검사를 지나치게 자기중심적으로 높게 평가했을 가능성을 생각해 볼 수 있고, 검사 당일의 컨디션에 따른 변수 때문이다. 그러나 어휘 분석의 경우는 12회기에 걸친 어휘 자료의 분석이라는 점과 어휘 분석이 빈도 중심으로 이루어져서 의식적으로 의도하기는 어려운 점을 근거로 어휘 분석의 결과를 더 비중 있게 보는 것이 타당하다고 생각한다.

그러나 두 분석 결과가 상충된 결과를 보일 때는 성급히 판단하기보다 심층적인 상담을 통해 참여자의 문제를 진단하는 기본 자료로 활용할 수 있을 것이다.

지금까지 인문치료 활동에서 얻은 글쓰기 자료의 어휘 분석과 회복탄력성의 연관성을 통해 북한이탈주민의 심리적, 정서적인 상태를 살펴보고자 하였다.

북한이탈주민의 글쓰기 자료를 대상으로, 글쓰기치료 어휘 분석

연구에서 연구되었던 어휘 항목 표지들을 중심으로 고찰하였고, 이 글의 어휘 항목 표지는 어절 수, 1인칭 대명사, 감정동사, 인지어휘였다.

어절 수의 분석 결과는 각 참여자들의 회기에 임하는 태도가 적극적인지, 소극적인지에 대한 근거로 활용할 수 있었고, 1인칭 대명사의 빈도를 통하여는 자기 공개의 적극성을 살필 수 있었다. 특히 주어 자리의 1인칭 대명사의 수는 자신에 대한 동작, 상태 등에 대한 언급과 연관된다. 감정동사는 참여자의 감정 표현과 연관되고 인지어휘는 새로운 통찰, 논리적 사고와 연관된다.

참여자 4명 중에서 우선 어휘 분석과 회복탄력성 분석의 결과가 연관성이 있게 나온 사례는 세 사례이다. 세 사례는 어휘 분석에서 1인칭 대명사, 긍정 감정동사, 부정 감정동사, 인지어휘의 사용이 높으면 회복탄력성 지수도 향상되고, 어휘 분석 결과가 낮으면 회복탄력성 지수도 상대적으로 낮았다.

그러나 어휘 분석과 회복탄력성 분석 결과가 상반된 결과도 있었다. 이 경우 이 글에서는 어휘 분석을 신뢰하는데 그 이유는 12회기에 걸친 어휘 자료의 분석이라는 점과 어휘 분석이 빈도 중심이므로 의식적으로 의도하기 어렵기 때문이다.

※ '1. 인문치료 글쓰기의 정체성'은 『우리말 교육현장연구』(2015)에 실린 필자의 논문 「북한이탈주민의 언어표현과 치유」의 2장 내용을 수정 보완한 것이다.

'2. 치유의 글쓰기과정'은 『우리말교육현장연구』(2016)에 실린 필자의 논문 「과정 중심 글쓰기 관점에서 본 치유의 글쓰기」를 수정 보완한 것이다.

'3. 인문치료 글쓰기 어휘 분석'은 『어문론집』58(2014)에 실린 필자의 논문 「북한이탈주민의 인문치료 글쓰기 어휘분석」의 내용을 수정 보완한 것이다.

2장

대화 분석

부부대화는 가정 내에서 부부 사이에 이루어지는 2인 대화[1])로, 부부의 갈등대화는 부부 두 사람 사이에서 이루어지는 다툼대화, 논쟁적 대화를 의미한다. 이 글의 목적은 부부갈등대화의 분석을 통해 부부갈등대화의 특징을 고찰하는 것이다. 부부의 갈등대화의 구조를 분석하는 것은 대화에 나타난 부부갈등의 문제점을 확인할 수 있다는 데 의의가 있다.

2014년 통계청 자료에 따르면 2014년 결혼 건수는 30만 5,500건

---

1) 박용익(2001:19)에서는 대화를 표시하는 비슷한 의미영역의 용어에 회화, 담화, 담소, 환담, 대화, conversation, discourse, dialogue를 제시하였다. 대화와 관련된 여러 용어 중에서 dialogue에 해당한다.
화용언어학, 대화분석론의 용어 중 대화적 의사소통을 지칭하는 용어: 회화, 담화, 대화가 대표적.
회화(conversation): 미국의 색스/쉐글로프, 제퍼슨(1974), 독일의 디트마(Dittmar 1979), 슈트렉(Streeck 1983)
담화(Discourse): 싱클레어/쿨사드(Sinclair/Coulthard 1977), 분더리히(Wunderlich 1976), 반 데이크(van Dijk 1985), 제네바 모형
dialogue: 훈츠누르셔와 프랑케, 바이간트에 의한 대화분석론, 대화문법론

이고, 한국의 이혼 건수는 11만 5,500건에 달하므로 결혼의 3분의 1 이상이 이혼을 하는 추세이다(통계청, 2014:1). 이혼 건수가 하루에 317쌍에 이를 정도로 이혼으로 인한 가정 해체 문제는 심각하다.

현대사회는 유교문화가 붕괴되어 가고 있고, 이에 따라 남성과 여성들의 부부관계에 대한 가치관도 혼란을 겪고 있다. 여성은 부부 사이에 친밀감과 의사소통에 대한 욕구가 강해진 반면 남성은 유교적 사고방식에서 벗어나지 못한 채, 부부 간 정서표현에 어려움을 겪고 있다. 이러한 부부의 기대와 가치관의 차이는 부부갈등의 원인을 제공할 수 있다. 또한 가정 밖에서의 인간관계는 개인주의와 치열한 경쟁으로 인해 친밀한 관계를 형성하기 어려우므로 가정 내에서의 관계, 특히 부부관계에 대한 기대감은 더 상승할 수 있다.

이혼의 사유나 부부갈등의 원인 중의 하나로 부부의 대화방식이 지적되었다(옥선화 외 2인, 2005:131-133). 이두원(2002:7)은 "사회적 변화 속에서 부부관계가 재정립되고 있지만 부부간 '의사소통방식'은 아직도 '변화의 속도'를 따라가지 못하고 있다"고 하면서 이혼과 부부갈등의 원인으로서 의사소통의 문제를 제기하였다. 공성숙(2004:142 재인용)은 이혼의 주된 원인은 성격 차이인데, 성격차이가 의미하는 것이 분명치 않아서, 부부치료 전문가들은 성격차이를 의사소통, 혹은 갈등에 대처하는 능력 부족, 부부의 자기중심적 경향을 의미하는 것으로 보고 있다고 하였다.

결혼에서 부부갈등은 자연스러운 것이고, 부부의 갈등문제는 그 자체가 문제라기보다는 갈등을 해결하는 방법에서의 문제이다. 부부의 갈등문제가 장시간 해결되지 않을 때는 부부 사이에 친밀감은 사라지고 적대감이 형성되며 부부의 기능이 저하된다(이화자 · 김순옥, 2010:832).

이 글에서는 대화분석 방법으로 부부갈등대화를 분석하였다. 대화분석은 부부간의 갈등상황을 상호작용의 맥락에서 찾아내기에 적절한 방법론(구현정, 2013:22)이다. 사회구성원들의 문제는 대화에 흔적을 남기게 되므로 대화를 분석하는 것으로 사회적 문제를 직접 해결할 수는 없지만 문제의 원인을 진단하고 의사소통 차원에서 문제해결을 제공할 수 있다(박용익, 2001:25-8).

1절에서는 대화분석에 대한 선행연구와 대화 자료를 검토하고, 2절에서는 대상자들의 대화를 고트만의 네 가지 갈등대화 유형에 따라 분류하고 그 문제점을 살펴 볼 것이다. 3절에서는 부부갈등대화의 유형 분류에서 파악할 수 없었던 부부갈등대화의 특징을 대화분석 방법을 통해 살펴 볼 것이다.

1. 선행연구와 대화 자료

1.1 선행연구

대화분석의 선행연구는 언어학 분야에서의 대화분석 방법론과 치료 분야에서의 대화분석 연구를 들 수 있다. 언어학에서의 대화분석 방법론에는 문학작품, 드라마, 애니메이션 속 대화를 대화분석의 개념을 활용하여 실제 분석한 연구가 있다. 이에 해당하는 연구로 Burton(1980), Coulthard(1985), Chafe(1994), Hoey(1983, 2001), 박용익(1999), 김해연(2010), 손달임(2008), 구현정(2013), 권순희(2014)를 들 수 있다.

문학작품, 드라마, 애니메이션 속 대화문은 실제 대화가 아니어서 구어의 대화 자료와는 다른 성격을 지니고 있다. 이 중에는 연구 목적 자체가 문학작품을 분석하는 방법으로 대화분석을 활용한 연구와 대화의 구조적 특징을 살피기 위한 연구로 구분될 수 있을 것이다. 전자의 경우 연구 목적 자체가 대화의 구조를 살피는 것에 있지 않고, 후자의 경우는 문어 형식의 대화 자료를 사용한 점을 한계로 들 수 있다.

두 번째 대화분석 연구는 대화분석을 가족치료에 적용한 연구로 조용길 · 유명이 · 박태영(2008), 정혜정(2011) 등이 있다.

가족치료에서의 대화분석 방법은 첫째 상담이론과 상담실제의 간격을 채워줄 수 있는 연구방법(Couture & Sutherland, 2006)이고, 둘째 치료사들의 의사소통 기술과 전략을 분석하고 발전시키는 데 유용한 연구방법이다(Friedlander, Heatherington, and Mars, 2000). 셋째 대화분석 방법은 가족치료사 양성에 있어서 상호작용의 직관력을 제공하고 의사소통에 대한 구체적인 분석을 통해 훈련의 효과를 높일 수 있다(Ratliff, Wampler, and Morris, 2000; Strong, 2003). 넷째 대화분석은 치료과정과 치료변화 연구에 적절한 연구방법(Couture & Sutherland, 2006)이다(정혜정, 2011:3).

대화분석 방법을 인문치료에 적용할 때에도 가족치료에 적용할 때의 연구 의의와 맥을 같이 한다. 이 글은 인문치료에서 부부 상담을 하기 전 부부갈등대화에 대한 구체적인 대화분석을 통해 갈등대화의 구조와 특징을 이해하고, 인문치료사 훈련 과정에서 상호작용의 의사소통에 대한 직관력을 키우게 한다는 점에서도 의의가 있다.

1.2 대화 자료

이 글의 대화 자료는 2012년 6월 5일부터 2012년 8월 7일까지 EBS 방송프로그램인 '부부가 달라졌어요'의 10회분 방송으로 10쌍의 부부의 갈등대화를 전사한 자료이다. EBS의 '부부가 달라졌어요' 프로그램은 '선생님이 달라졌어요'로 시작해서 부부, 가족, 고부 등의 다양한 대상으로 확대된 EBS 대표 다큐멘터리 <달라졌어요> 시리즈 중 하나이다. 이 프로그램은 전문가들의 상담과 교육을 통해 위기 상황에 있는 부부들을 치유하는 프로그램이다.

이 글에서 실제 부부갈등대화가 아닌 방송 자료를 사용한 이유는 부부의 갈등대화가 성격 상 극히 민감한 사생활에 해당하여 자연발생적인 부부갈등대화를 수집하기가 어렵기 때문이다. 이 글의 부부갈등대화 자료는 방송 기록물이라는 자료적 특수성을 지니고 있다. 카메라의 존재는 참여자들의 행동과 대화에 영향을 줄 수 있다. 그러나 처음에는 의식해서 행동하던 참여자들이 일정한 시간이 지나면 카메라에 익숙해지면서 점차 자연스러워진다고 하였다(박용익, 2001:120; Santoi Leung, 2009:15).

방송자료라는 제약에도 불구하고 방송의 부부갈등대화 자료를 분석 자료로 선택한 것은 '부부가 달라졌어요' 프로그램이 다큐멘터리 형식의 프로그램이어서 부부의 갈등에 초점을 맞춰 충실하게 보여주고 있고, 자료가 동영상 자료이기 때문에 언어 자료뿐 아니라 비언어, 준언어의 자료를 참고할 수 있기 때문이다(Santoi Leung, 2009:15). 이 글에서는 비언어, 준언어는 주 분석대상은 아니어서, 보조적 대화 자료로서만 참고하였다.

부부갈등대화의 참여자 정보는 <표 2.1>과 같다. 부부의 연령대는 20-50대이고 결혼 5년차부터 35년차까지의 부부이다.

표 2.1 참여자 정보 및 갈등 개요

	대화참여자 정보	갈등 개요
1	아내(42), 남편(38) 결혼 10년차	남편의 컴퓨터 게임에 대한 아내의 불만으로 인한 갈등. 남편의 사업, 컴퓨터 게임 등에 대해 남편을 신뢰하지 못하는 아내와 아내의 평가, 비난에 대해서 힘들어 하는 남편의 갈등
2	남편(31), 아내(30) 결혼 6년차	24, 25살의 이른 나이에 결혼해서 아이의 양육에 적극적으로 참여하지 않은 남편에 대해 불만과 섭섭한 마음을 지닌 아내. 남편의 양육 태도를 마음에 들어 하지 않는 아내와 자신의 양육태도를 신뢰해 주지 않는 것에 불만을 지닌 남편의 갈등.
3	남편(40), 아내(34) 결혼 7년차	집안일을 하지 않으면서도 집안일에 대한 불평을 일삼는 아내. 무기력한 아내와 그 아내를 감정적으로 이해하지 못하고 못마땅하게 생각하는 남편의 갈등
4	남편(50), 아내(47) 결혼 21년차	고부갈등 시 남편에게 지지받지 못했던 아내가 남편에게 분노감을 갖고 있고, 남편은 아내의 분노를 이해하지 못하고 자신의 어머니를 돌보지 않는 것에 대한 섭섭함을 지니고 있음.
5	남편(59), 아내(52) 결혼 35년차	남편의 알코올로 인해 가장으로서의 역할을 하지 못하고, 아내는 생계를 책임져야 하는 상황. 남편은 장사에 도움이 되는 것보다 방해가 됨.
6	남편(39), 아내(38) 결혼 12년차	과거의 일로 마음을 닫아버리고 이혼을 바라는 남편과 남편을 설득해서 함께 살고 싶은 아내의 갈등.
7	남편(40), 아내(37) 결혼 10년차	남편의 빚으로 인해 해결책을 찾지 못하고 위축된 남편과 남편의 책임감 있는 모습을 기대하며 사랑을 받고 싶어하는 아내의 갈등
8	남편(28), 아내(27) 결혼 5년차	육아에 지친 아내와 직장의 스트레스로 인한 남편의 갈등. 남편의 술자리를 아내는 좋아하지 않고 남편은 아내에게 거짓말을 하거나 짜증을 내며 대응함. 아내는 약속을 지키지 못하는 남편을 신뢰하지 못하고 공격함. 아이의 양육에 대한 차이를 서로 인정하지 못함.

표 2.1 참여자 정보 및 갈등 개요(계속)

	대화참여자 정보	갈등 개요
9	남편(32), 아내(30) 결혼 5년차	술자리에서 연락이 되지 않고, 육아에 힘든 아내를 배려하지 못하는 남편에 대한 불만, 아내의 지적, 비난에 대해 수긍은 하지만 행동에 변화는 없는 남편의 갈등
10	아내(36), 남편(35) 결혼 9년차	임신 중인 아내를 두고 가출한 남편. 남편은 아내를 신용불량자로 만들어 놓은 상황. 아내는 남편을 믿을 수 없고, 매사에 짜증으로 남편을 대하고, 불안해 함. 남편의 자녀 양육에 대한 관심, 참여도가 낮음.

<표 2.1>에서 보면, 자녀 양육기의 젊은 부부의 갈등에 있어서 공통점은 자녀 양육에 대한 관점의 차이를 인정하지 않고, 배우자를 자신의 관점에서 비난하는 것이다(2, 8, 9). 이 외에도 고부갈등(4), 알코올로 인한 부부갈등(5)의 문제, 경제적인 문제(7, 10), 과거 상처로부터 극복되지 못한 갈등(6, 10)등도 있다.

2. 고트만의 부부갈등대화의 유형

공성숙(2004:141)의 연구에서는 고트만의 이론을 중심으로 부부관계 증진 집단 상담 프로그램을 개발하고 의사소통의 악화요인에 미치는 효과를 분석하는 실험 연구를 진행하였다. 부부갈등을 대화 유형과 연관시킨 한숙자(2006)에서도 고트만의 이론을 중심으로 부부갈등 처리 유형과 대화 유형을 살피고 효율적인 갈등처리 유형과 대화 유형을 탐색하여 치료적 방향을 제시하였다.

한숙자(2006:208-11)에서 고트만은 갈등부부의 특징으로 6가지를 들었다. 6가지의 특징 중에서 언어와 연관된 특징은 2가지로, 이 언어적 특징을 보이면 이혼할 가능성이 높다고 하였다.[2)]

첫째 갈등이 많은 부부는 부정적 상호작용의 비율이 긍정적 상호작용의 비율보다 높다는 것이다. 부정적 상호작용에 해당하는 것은 비난, 소리 지르기, 무시 등이고, 긍정적 상호작용은 미소, 접촉, 칭찬, 인정이다. 보통의 부부들은 긍정적 상호작용이 부정적 상호작용보다 5배나 높은 것에 비해 부부의 갈등대화에서는 부정적 상호작용이 긍정적 상호작용보다 1.25배나 높다.

둘째 부부의 갈등대화에서는 갈등처리 방법으로 상대비난, 상대경멸, 조기방어, 돌담쌓기 유형을 사용한다는 것이다. 상대비난은 어떤 구체적 행동에 대한 공격이 아니라 배우자의 성격 특성에 대해 공격하는 것이다. 비난은 자신의 분노나 화를 표출하는 것으로 불평과 다르다고 하였다. 배우자가 불평을 수용하지 않을 때 비난으로 이어질 수 있고, 비난이 된 경우 대화에서는 만성적 신체각성(Diffuse Physiololgical Arousal: DPA)이 높아진다. 또한 비난은 경멸로 이어진다. 상대경멸은 상대방에 대한 인신공격, 욕설을 통해 두 사람의 관계를 무너뜨리고 정서적으로 상대방을 학대하는 것이다. 이 경우 배우자는 위축되어 긍정적 상호작용의 표현을 할 수

---

2) 언어와 연관되지 않는 특징으로는 셋째, 갈등부부는 배우자에 대한 서로 잘못된 지각을 가지고 있다. 넷째, 갈등부부는 서로 영향을 받지 않으려고 한다. 다섯째, 갈등부부는 갈등 상황에서 만성적 신체각성(Diffuse Physiololgical Arousal: DPA)을 많이 경험한다. 만성적 신체각성이란 갈등 상황에서 신체적인 증상을 자각하는 것이다. DPA가 많고 억제를 많이 할수록 이혼 가능성이 높다. 여섯째 갈등부부가 갈등 상황에서 요구와 후퇴의 패턴이 있다(한숙자, 2006:208-9).

없다. 조기방어는 배우자의 공격이라 생각되는 모든 것에 자신을 방어하는 것이다. 돌담쌓기는 배우자가 신체적, 정서적 대화를 중단하는 것이다. 한 사람 혹은 두 사람 모두가 돌담쌓기를 할 수 있으며, 남편들의 회피 경향이 좀 더 심하다. 이는 남자들이 생리적 고통을 회피하려는 경향이 강하기 때문이다. 그러나 이는 자신을 달래는 시간이 되기도 한다.

이 글에서는 고트만의 이혼 가능성이 높은 부부의 언어적 특징을 중심으로 10쌍의 부부대화를 고찰할 것이다.

표 2.2 고트만의 갈등대화 유형에 따른 분류

	대화참여자 정보	고트만의 갈등대화 유형	분류 근거 대화문
1	아내(42), 남편(38) 결혼 10년차	남편: 상대경멸형, 돌담쌓기형	"널 받아 들이는 게 제일 힘들어" "(고개 돌리는 남편)..."
		아내: 상대비난형	"밤새워 게임이야? 초딩이야?"
2	남편(31), 아내(30) 결혼 6년차	남편: 상대비난형	"너는 너 그러면서 소리 지르면서 애 때리잖아."
		아내: 상대비난형	"니 잘못했을 때 본인은 그렇게 얘기했냐고"
3	남편(40), 아내(34) 결혼 7년차	남편: 상대비난형	"그럼 거기에 널브러진 거 지금까지 누가 세탁기에 건드렸는데. 내가 매번 가서 갖다 넣은 거 알잖아. 뭐 아닌 거처럼 그렇게 이야기해."
		아내: 상대비난형	"내가 한 번 이야기하면 당신이 안 듣잖아. 내가 '뭐 좀 해, 뭐 좀 해' 나중에는 화를 내야지만 얘기를 듣잖아."
4	남편(50), 아내(47) 결혼 21년차	남편: 상대비난형	"당신이 하는 분리수거가 분리수거냐 그게"
		아내: 상대경멸형, 조기방어형	"그래 떠들지 마 X 조용히 살아. 니나 잘하세요."

표 2.2 고트만의 갈등대화 유형에 따른 분류(계속)

	대화참여자 정보	고트만의 갈등대화 유형	분류 근거 대화문
5	남편(59), 아내(52) 결혼 35년차	남편: 상대비난형, 조기방어형	"이놈의 열가지 다 입을 대니(잔소리를 하니) 상대방이 스트레스 받냐 안 받냐?" "에- 에- 됐네, 됐네, 됐네 백 퍼센트 다 옳아 옳아."
		아내: 상대경멸형	"거기도 눈 가리고 아웅하지말어."
6	남편(39), 아내(38) 결혼 12년차	남편: 돌담쌓기형	"...."
		아내: 해당 유형 없음	"맛이 그렇게 없어?" "애들 입맛에 맞췄나."
7	남편(40), 아내(37) 결혼 10년차	남편: 돌담쌓기형(약함)	"한 순간에 마음이 안 돌아서는데 어떻게 하라고"
		아내: 상대비난형, 조기방어형	"어휴 또또 근데 당신은 구체적인 방법을 제시하지 않잖아." "주중에 회사에서 일하고 주말에만 오라니까 진짜."
8	남편(28), 아내(27) 결혼 5년차	남편: 상대경멸형	"너는 이러니까 안돼. 뭘 정신 나간 사람이야. 니가 이렇게 쫘대니까 안된다고" "너랑 사는 거 자체가 잘못한 거 같아. 그치? "
		아내: 상대경멸형, 조기방어형,	"미쳤구먼. 어디 갔다 왔냐?" "그러니까 니가 다 하라고 나한테 하라고 하지 말구"
9	남편(32), 아내(30) 결혼 5년차	남편: 해당 유형 없음	"보기도 싫은데 욕은 당연히 나오겠지. 나오기야."
		아내: 상대비난형	"너는 항상 티가 나고 너는 항상 술을 먹어야 돼. 나는 그게 싫은 거야." "욕이 나와 너만 보면"
10	아내(36), 남편(35) 결혼 9년차	남편: 조기방어형	"그랬다면 그런 줄 알아야지."
		아내: 상대경멸형	"일반적인 남편은 지 부인 명의로 이것저것 해갖고, 지 부인 신용불량자 만들어 놓구서,....그래서 나는 너만 보면 화가 치밀어 올라. 너 때문에 내 인생 아예 망친 거 같애."

<표 2.2>의 유형분류 시 문제점으로는 첫째, 상대비난과 상대경멸의 차이가 확연하게 구분되지 않는다는 점이다. 상대비난은 불평이 수용되지 않을 때 발생하며, 비난이 반복적으로 이루어지면 경멸이 된다고 하였다. 상대경멸은 상대방에 대한 인신공격, 욕설로 두 사람의 관계를 붕괴하고 정서적 학대에 해당하며 이로 인해 긍정적 상호작용이 어려워진다고 하였다. 그러나 비난과 경멸을 구분하는 기준이 명확치 않아 유형분류가 어렵다. <표 2.2>에서는 상대비난과 상대경멸의 구분을 욕설, 과격한 표현을 포함한 경우와 아닌 것으로 분류하였다.

둘째 유형을 찾기 어려운 경우가 있다. 6의 아내와 9의 남편이 이에 해당된다. 6의 아내는 자신에게 벽을 쌓고 대화하지 않은 채 이혼을 생각하는 남편에게 회복을 계속해서 시도한다. 9의 남편은 아내의 비난에 대해 매우 빠르게 수긍을 하고 자책하는 태도를 취한다. 이들의 언어는 네 가지 유형 중에 해당되지 않는다. 이 경우는 '해당 유형 없음'으로 분류하였다.

셋째 복합적인 유형이 나타나는 경우가 있다. 상대비난형과 조기방어형이, 상대경멸형과 조기방어형이, 상대경멸형과 돌담쌓기형이 그 예이다.

넷째 분류에 객관적인 기준이 없어 주관적인 판단에 의해 분류가 달라질 수 있다.

네 가지 대화유형을 범하지 않는 부부는 없다고 하였다. 유형 분류보다 중요한 것은 부부 사이의 긍정적 표현을 부정적 표현보다 많이 하는 것이다. 그러면 부부는 갈등의 해결책을 찾을 수 있다고 하였다(한숙자, 2006:210-211). 고트만의 연구는 갈등의 해결방식과 결혼생활의 만족도와 연관된 감정적 상호작용의 질의 중요성을 강

조하였다.[3)]

3절에서는 부부갈등대화의 유형 분류에서 파악할 수 없었던 부부갈등대화의 구조적 특징을 대화분석 방법을 통해 살펴볼 것이다.

3. 부부갈등대화의 분석

대화의 구조는 거시구조와 미시구조로 나누어 볼 수 있다. 거시구조는 대화의 전체 구조로 시작, 중간, 종료 단계로 구분된다. 미시구조는 언어행위 간의 구체적 관계와 연관된 구조이다(손달임, 2008:79).

대화의 미시구조는 특정한 규칙을 통해 구성된 화행들의 결합체이다. 미시구조는 화행과 화행이 결합하여 정형적인 대화를 구성할 때 이들 사이에 특정한 관계가 성립된다. 이를 대응쌍이라고 한다. 그 대화가 정형이 되기 위해서 시작화행 뒤에 올 수 있는 대응 반응들이 규칙에 의해 제한된다. 가령 질문으로 시작되는 대화는 대답과 같은 특정 유형으로 연결된다(박용익, 2001:286).

프랑케(1990)는 훈츠누르셔(1980)의 대화문법론을 바탕으로 보편적 최소대화의 7가지 유형을 제시하였다(박용익, 2001:287). 최소대화란 완결된 하나의 화행연속체를 의미하는데, 여기서 완결의 의미는 말할이의 의사소통의 목적이 달성되었는가와 연관된다. 질문-

---

3) 고트만의 갈등을 다루는 부부대화 방법으로 첫째 부드러운 말로 시작한다. 둘째, 회복 시도를 주고받는다. 배우자의 회복 시도를 잘 인지하고 수용하는 것이 중요하다. 셋째 서로 흥분하지 않는다. 넷째 충분한 대화 후에 타협점을 찾는다. 다섯째 상대방의 실수에 관대한다(한숙자, 2006:211-3).

대답의 대응쌍에서 질문에서 원하는 대답을 취했을 때 최소대화에 속하게 된다.

최소대화 유형

- 최소대화1: 시작화행 + 긍정응답
- 최소대화2: 시작화행 + 부정응답 + 포기화행
- 최소대화3: 시작화행 + 반박 + 포기화행
- 최소대화4: 시작화행 + 역시작화행 + 수정화행 + 포기화행
- 최소대화5: 시작화행 + 부정응답 + 수정화행 + 포기화행
- 최소대화6: 시작화행 + 역시작화행 + 재시작화행 + 포기화행
- 최소대화7: 시작화행 + 부정응답 + 재시작화행 + 포기화행

3.1, 3.2에서는 부부갈등대화의 거시구조와 미시구조를 구분하여 논하고, 미시구조는 대화 교체에 있어서 중단, 중복 현상을 살피고, 질문-대답의 대응쌍을 프랑케의 최소대화 7가지 유형과 연관하여 살펴볼 것이다.

3.1 거시구조

일반적인 갈등대화에서는 시작단계가 생략되고, 중간단계에는 비선호적 대응쌍이 나타난다. 또 종료단계에서는 일방적 대화로 종결되거나 대화자가 자리를 회피하는 것이 빈번하게 나타난다(손달임, 2008:81-2)고 하였다. 이 글에서 살펴본 10쌍의 부부갈등대화에서도 일반적인 갈등대화에서 나타나는 거시구조의 특징이 드러났다.

대화의 시작단계는 거의 생략되고, 중간단계의 대화를 진행하다가, 종료단계는 갑작스럽게 중단되거나, 자리를 회피하는 것으로 마

무리를 한다. 종료단계의 대화를 살펴보기로 한다.

(1) ㄱ

남편 진짜 욕해 주고 싶다.

아내 언제는 욕 안 했나? 치. 안했다는 듯이 이야기하네. 그나 그거라도 고쳤으니 다행이다. 음?

남편 그만 이야기하자. (자리를 피하는 남편) 〈1-1 대화 중〉

ㄴ

남편 그럼 거기에 널브러진 거 지금까지 누가 세탁기에 건드렸는데 내가 매번가서 갖다 넣은 거 알잖아. 뭐 아닌 거처럼 그렇게 이야기해.

아내 아니야

남편 그럼 항상 널브러져 있던 건 어떻게 된 거야?

아내 됐으니까. (그만해) 〈3-2 대화 중〉

(1)ㄱ은 대화의 종료단계에 해당하는 대화로, 결국엔 남편이 대화 자리를 떠나기는 하지만, '그만 이야기하자'라고 대화에 대한 마무리를 발화하고 있다. (1)ㄴ은 남편에게 경고조로 이야기의 종료를 요구하자, 대화가 중단된 경우이다. 두 경우를 제외하고는 대화의 마무리에 대한 언어표현을 통해 대화가 종료된 경우는 없었다.

대부분의 부부갈등대화는 대화자가 자리를 벗어나거나, 일방적으로 대화가 중단되었다. 이는 대화자들이 감정적으로 갈등이 증폭되는 것을 회피하거나 정리하기 위한 것으로 보인다.

(2) ㄱ

남편 당신은 항상 화가 나 있으면서 화풀이를 나한테 했다는 거야. 내가 말하는 건

아내 뭘 또 내가 당신한테 화풀이를 해. (자리를 뜬다) 〈3-1 대화 중〉

ㄴ

아내　맨날 하는 욕 언제는 안 했나?

남편　술 취했나? 막걸리 한 잔 마시더니

아내　그래, 마시고 취했다.

남편　에이 (욕 하면서 사라진다.)　〈5-4 대화 중〉

(2)ㄱ, ㄴ에서 갈등이 증폭되거나 감정적으로도 화가 나는 상황에서 대화를 일방적으로 중단하고 대화 자리를 벗어나는 것을 볼 수 있다.

부부갈등대화의 거시구조는 일반적 갈등대화와 동일하게 시작단계, 종료단계가 생략된 채로 중간단계의 대화로 구성된 경우가 많았다. 이는 부부라는 가까운 관계에서 대화의 격식을 갖출 필요성이 없고, 특히 갈등 상황에서는 자신의 의견이나 감정에 집중되어 있기 때문에 배우자에 대한 배려보다는 자기보호, 상황 회피 등의 원인과 연관된 것으로 보인다.

3.2 미시구조

부부갈등대화의 미시구조는 먼저 대화의 교체와 관련해서 대화의 차례, 대화의 중단과 중복 현상을 살펴보고, 대화의 대응쌍을 중심으로 살피고자 한다.

3.2.1 대화차례 분석

박용익(1999:234-5)에서는 잭스/쉐글로프/제퍼슨(Sacks, Schegloff, Jafferson 1974)을 인용하여 발화순서 교체가 대화에서 가장 기초적인 형태로 모든 대화의 보편적 현상이라고 하였다. 정상적인 의사소통에서 발화순서 교체의 특성을 14가지로 정리하였고 이 중 대화차례 교체의 특징은 세 가지라고 하였다.

첫째 대개의 경우 하나의 발화에서 한 명만이 이야기한다.

둘째 한 순간에 한 명 이상이 이야기하는 경우도 흔하기는 하지만, 길게 지속되지는 않는다.

셋째 하나의 발화에서 다음 발화로 넘어갈 때 대개 틈이 없고 또한 겹치는 경우도 없다.

갈등적 의사소통은 분노와 흥분 등 부정적 감정과 함께 진행되는데, 세 가지 보편적 대화차례의 교체 원칙이 잘 지켜지지 않는다. 그러므로 상대방이 자신의 발화를 멈추지 않으면 두 사람이 오랜 시간 동안 동시적으로 발화를 하는 경우가 협력적 의사소통의 과정보다 훨씬 많다. 갈등대화에서는 보편적 대화에서보다 중단과 중복 현상이 많이 나타난다(박용익, 1999:235).

대화의 차례는 부부갈등대화의 경우 부부 사이에 진행되는 대화이기 때문에 교체 양상을 살피기는 어렵고, 대화의 길이를 대화의 차례와 연관해서 살펴 볼 수 있다(김해연, 2010:539-541). 10쌍의 부부대화 중에서 비교적 대화의 길이가 비슷하게 유지된 부부는 2, 3, 8부부이고, 7쌍의 부부는 대화 길이의 균형을 유지하지 못하였다. 7쌍 부부 모두 아내의 발화량이 더 우세하였다.

(3) ㄱ

아내 내가 언제 음식물 쓰레기 갖다 버리라고 한 적 있어? 재활용 한 번 가져다 버리라고 한 적 있어? 바깥일 외에는 손 하나 까닥 안 하고 살았으면서 '나 힘 들어' 그러면 어떻게 하라고?

남편 널 받아들이는 게 제일 힘들어. 너를 받아들이는 게 제일 힘들다고

아내 그동안 어떻게 살았냐? 그러면 내가 당신 입장 이해해 줘야 해? 남자가 아침에 나가서 새벽 늦게까지 놀다가 겨우 들어와 잠만 자고 다시 아침에 나갔다가 또 새벽에 들어오고 어느 여자가 반가워하겠냐고. 미치지 않은 걸 다행이라고 생각해. 당신은 아내가 이 정도로 싫어하는데 왜 (게임에) 목숨을 거는데?

남편 너한테 내가 목숨을 못 거니까 〈1-1 대화 중〉

ㄴ

아내 내가 말하는 건 돈을 당장 갚으라는 게 아니라 이런 모든 일련의 해결 방법을 제시하는 게 당신이어야 하는 게 아니냐는 거야 내 말은.

남편 사실은 나는 내가 저질러 놓은 거를 내가 다 해결하겠다고 생각하고

아내 해결하겠다고 얘기를 하는데

남편 너무 집중하다 보니까

아내 집중하는 게 아니라 어휴 또또 근데 당신은 구체적인 방법을 제시하지 않잖아. 그니까 나처럼 집을 팔아서 차도 팔고 집도 팔고 전세로 가서 빚을 최소화시키겠다는 구체적인 이거 별거 아니잖아. 근데 이런 방법도 제시하지 않잖아. 실제로 그렇잖아. 그런 거조차 얘기 안하잖아. 나한테. 〈7-1 대화 중〉

ㄷ

남편 전화... 그렇지 술만 먹으면은. 나중에는 습관이 되더라구.

아내 왜 근데 나는 지금 '그치 습관이 되지'라고 얘기하는 오빠가 그러구 또 그러잖아.

내가 뭘 싫어하고 뭘 잘못했는지 알잖아. 알고 있잖아. 그냥 받아들이는 거 난. 이런 게 싫은 거야. 받아들여. 다 이해하고 인정해. 근데 또 그래. 나는 니가 술을 먹을 때마다 어떤 절박한 심정이었는 줄 알아? 너 내가 전화하잖아. 전화 한 번 받아. 그

러면 내가 15분, 20분 통화하는 이유가 뭔지 알아? 다음 전화 너가 안 받으니까.

남편 제발 좀 전화 좀 끊고, 집에 들어가서 얘기하자구 하자구

아내 집에 들어와?

남편 가잖아.

아내 언제? 그리고 나서 집에 들어와? 우리 집이 여관은 아니었잖아. 나는 그게 싫은 거야. 힘든데 꼭 술을 먹어야 돼나? 나는 너가 술 먹고 그렇게 하는 행동들이 싫어. 〈9-1 대화 중〉

(3)ㄱ은 남편의 게임으로 인한 갈등대화이다. 아내의 일방적인 비난의 대화 길이가 남편의 것과 비교해서 큰 차이가 남을 확인할 수 있다. (3)ㄴ은 남편의 경제적인 문제로 인한 갈등대화이다. 아내의 남편을 향한 원망과 비난의 발화량은 남편의 발화량보다 많다. (3)ㄷ은 남편의 술자리 습관들로 인한 갈등대화이다. 아내는 남편이 술자리에서 전화를 안 받거나, 약속을 어기고 늦게 들어오는 것으로 인해 남편을 비난하고, 자신의 심정에 대해 토로하는데, 그 대화의 길이가 남편의 것보다 훨씬 긴 것을 볼 수 있다.

대화차례 전환에서 대화가 중단되거나 중복되는 경우가 있는데, 중복이나 중단은 일상적인 대화에서도 발생한다(손달임, 2008:77; 김해연, 2010:539-541). 감정적으로 흥분된 부부의 갈등대화에서도 중단과 중복 현상이 빈번히 발생하였다.

대화분석에서 중단을 간격(gap), 전이휴지(transition pause), 대화차례 시작점 전이휴지(turn-initial transition pause), 망설임 휴지(hesitation pause) 등으로 구분한다(김해연, 2010:539). 부부의 갈등대화에서 중단은 상대방이 대화에 응하지 않는 것인데 중단이 일어나게 되면 교정이 일어나게 되므로 다시 대화가 진행되기도 하고,

그대로 중단되기도 한다. 부부의 갈등대화에서 중단은 부정적 의미인 회피 또는 무시, 무관심, 분노의 의미로 해석되는 경우가 많다.

(4) ㄱ
아내 중독 위험? 잘 한다.
(남편에게) 봐 나는 아이들이 이런 이야기하는 것 듣기 싫다고.
남편 .....
아내 왜 말을 안 해?
남편 (게임) 안 했다고. 아이 참! 〈1-2 대화 중〉

ㄴ
남편 어머니가 폐렴이 좀 심해가지구 병원 응급실에 응급실에 좀 계시는데, 쫌 좋아지시긴 좋아지셨는데 아직 응급실에 있어 한 일주일은 더 있어야 하나봐.
아내 .... 〈4-5 대화 중〉

ㄷ
아내 뭘 금세 닦아와. 그렇지- 테두리 하나도 안 닦았잖아. 거기도 눈 가리고 아웅하지말어. 만날 그런 식으로 하니까 잔소리 듣지.
남편 ...
아내 어그. 행주에 받치고 오면 되잖아. 또 닦아야 될 거 아냐. 물 떨어지고
남편 ..... 〈5-1 대화 중〉

ㄹ
아내 김치를 더 넣으면 (맛이) 나을 텐데
남편 ....
아내 맛이 그렇게 없어?
남편 (tv만 쳐다보면서)....
아내 애들 입맛에 맞췄나.

남편 ..... 〈6-1 대화 중〉

ㅁ

아내 그래 알아서 하라고 기다리고 있는데 당신이 아무것도 안하고 있잖아

남편 내가 표현을 안했어. 안했지만 나도 노력하고 있다라는 거지

아내 그니까 어떤 노력을 하느냐고 나한테 구체적으로 몇 월 며칠까지 돈을 일부 얼마 갚을 수 있고 그리고 내가 생각하는 빚의 해결방식은 이러이러하다고 나한테 제시한 게 하나도 없잖아

남편 ..... 〈7-1 대화 중〉

ㅂ

아내 오늘이 처음이었어. 진짜 건우가. 평상시에 가려면 못 가게 울고불고 난리 치는데 치영이랑 다영이랑 노느라고 재미있어서 먼저 안녕을 하더라니까. 아유 이제 친구를 알게 됐어. 걔가.

남편 ......

잠깐 정적이 흐른 뒤.

아내 (남편을 쳐다보며) 왜 말이 없어?

남편 어 아냐. 딴 생각하느라구.

아내 (남편을 툭툭 치면서) 건우가 오늘 처음으로 떨어졌다니까 웃으면서 안녕을 했다니까.

남편 ...

아내 아이가 뭔가를 했다고 얘기를 했을 때 니가 같이 막 기뻐해 주거나 막 이랬으면 좋겠어. 쫌. 그냥 '그래?' 그러지 말구.

남편 가식적으로 반응을 할 수는 없으니까 〈10-4 대화 중〉

(4)ㄱ에서 아내는 남편의 게임이 자녀에게 부정적 영향을 끼친 것에 대해 비난하자 이에 남편은 침묵으로 일관한다. 다시 아내는 남편에게 발화를 재촉하고, 남편은 화를 내면서 대화가 종결된다. (4)ㄴ은 남편이 고부간에 갈등이 있는 아내에게 말걸기를 시도하는

것으로, 시모에 대한 화제로 대화를 시작하자, 아내는 침묵으로 대화에 응하지 않는다. (4)ㄷ은 아내가 남편이 일하는 것이 마음에 들지 않아서 잔소리를 하는데, 남편은 아내의 말에 아무런 대응도 하지 않는다. 남편은 술이 취하면 아내에게 욕과 공격적 행동으로 대응한다. (4)ㄹ에서는 아내가 저녁상에서 남편의 저녁 시중을 들어주는데, 남편은 아내의 세 번의 발화에도 침묵으로 일관한다. 남편은 아내와 시선을 맞추지도 않고 표정도 냉랭하다. 남편은 침묵으로 아내에게 분노를 표출하는 것으로 보인다. (4)ㅁ은 아내가 남편의 경제적인 문제를 해결하는 구체적인 방안을 요구하자, 남편은 자신이 표현은 안 하지만, 준비하고 있다고 한다. 그러나 재차 아내가 구체적인 방안을 요구하자, 남편은 침묵한다. 이때의 침묵은 남편 자신이 구체적인 방안에 대한 자신감이 결여된 것이라 해석될 수도 있고, 구체적인 방안을 마련하지 못한 것일 수도 있다. (4)ㅂ은 아내가 자녀의 성장 변화에 대견해 하며, 남편에게 공감 받기를 원하지만, 남편은 두 번 모두 침묵으로 대응한다. 침묵의 이유는 남편의 '어, 아냐, 딴 생각하느라구'에서의 발화를 통해서 아내의 발화에 경청하지 않았다는 것을 알 수 있고, 습관적으로 듣지 않는 태도, 화제를 기피하거나, 화제에 대한 자신감 결여 등 다양한 원인을 생각해 볼 수 있다.

대화는 한 화자가 발화를 하고, 발화가 종료되면 다음 화자가 발화를 이어서 하는 구조이다. 중복 현상은 대화규칙 체계 상의 중복(system-induced overlap), 기능적 중복(functional overlap), 방해 중복(interruption)으로 나눌 수 있다(김해연, 2010:539-540). 부부의 갈등대화에서는 대화 중복 현상이 빈번하게 일어난다. 부부의 평상시 언어 습관이나 급한 성격 또 대화의 주도권 문제, 의도적인 방해

등 다양한 변수가 있다. 10쌍의 부부 중 7쌍의 부부갈등대화에서 대화 중복 현상이 발견되었다. 이는 중복 현상이 개별적인 부부의 언어습관이기도 하겠지만, 부부갈등대화에서 '갈등'으로 인한 것으로도 볼 수 있다.

이러한 중복 현상은 대개의 경우 아주 짧게 끝나는 것이 일반적인 현상인데 이러한 중복을 피하기 위한 방법으로 한 대화자가 말을 중단하거나 동시에 중단한다거나 하는 등의 방법이 있다고 하였다.

(5) ㄱ

아내 내가 혼낸다고 내가 혼낸다고 했잖아. 내 생각에는 (아이를) 혼낼 일이 아니야.

남편 니는 못할 니가 니가 혼낸다고[4] 했어? 〈2-1 대화 중〉

ㄴ

아내 넌 보통 방에 들어가면 30분이야. 방에

남편 30분 동안 혼을 내도 나는 똑같은 (문제로) 혼을 내는데도 애가 (잘못한 것을) 못 알아들으니까 계속 똑같은 이야기를 해 주는 거야.

아내 그러니 (아이가) 얼마나 짜증나겠어.

남편 뭐 '얼마나 짜증나겠어야. 애가 당연히 이해를 못 하는데 이해를 시켜주는 게 짜증나는거냐? 〈2-1 대화 중〉

ㄷ

남편 사실은 나는 내가 저질러 놓은 거를 내가 다 해결하겠다고 생각하고

아내 해결하겠다고 얘기를 하는데

---

4) 대화 제시 방식은 중복지점을 표시하기 위한 것이다.

남편　너무 집중하다 보니까
아내　집중하는 게 아니라 어휴 또또 근데 당신은 구체적인 방법을 제시하지 않잖아. 〈7-1 대화 중〉

ㄹ

남편　아 어떻게 바깥 생활하다보면 어쩔 수 없는 그런 것도 있는 거지.
아내　바깥 생활 너만 하는 거 아니고 나도 해.
남편　그럼 너도 가서 술 먹고 와.
아내　지금 내가 술 먹고 오는 걸로 얘기하냐구
남편　너도 늦게 들어와 그러면. 이래서 집에 들어오기가 싫어 집에. 〈8-3 대화 중〉

ㅁ

아내　봐 열 가지에서 열 가지에서 한 가지라도 잘 해야 하는데.
남편　에- 에- 됐네, 됐네, 됐네 백 퍼센트 다 옳아 옳아. 〈5-3 대화중〉

ㅂ

아내　자기 마음 약해지지 마. 자기 맨날 밥 먹을 때마다 밥 잘 안 먹는 거 보고 막 화내잖아.
남편　알았어.
아내　재도 일관성 재도 다 알고 이용하는 거야. 아빠.
남편　알았어.
아내　알았어가 아니라 내가 분명히 수퍼 들어갈 때 사주지 말라고 그랬는데.
남편　알았어. 다음엔 안 사줄게 〈9-2 대화 중〉

ㅅ

아내　내가 못하게 한 게 아니잖아.
남편　----- 그거까지 와 가지고 양이 문제니 냄비가 크니 냉장고 들어갈 자리가 작으니 하면 나는 도대체 집

에 뭐니? 〈10-2 대화 중〉

(5)ㄱ에서는 아내의 발화 중 남편이 대화교체를 시도하려고 하지만, 결국은 아내의 발화가 계속되고 있어서, 남편의 대화교체 시도로 인해 중복 현상이 나타났다.

(5)ㄴ은 남편과 아내 모두 상대방의 말을 끝까지 듣지 못하고, 대화교체를 반복하면서 진행하는데, 계속적으로 진행되는 중복은 언어습관과도 연관되는 것으로 보인다. 상대방의 말꼬리를 잡고 대화를 이어나가므로, 부부갈등에도 부정적인 영향을 끼치고 있다.

(5)ㄷ에서는 남편과 아내의 중복 현상이 너무 빈번하게 발생하다 보니, 대화가 제대로 진행되지 않는 것을 볼 수 있다. 남편은 경제문제를 해결하기 위한 구체적인 방안을 발화할 충분한 기회를 얻지 못하고 있다.

(5)ㄹ은 남편과 아내 모두 '너-중심' 표현을 쓰면서 상대방을 공격한다. 상대방을 향한 공격으로 인해 중복 현상이 일어난 것으로 보인다.

(5)ㅁ에서는 아내가 남편에게 하는 열 가지 잔소리 중에서 하나도 실천하지 않는다고 남편을 비난하자 듣기 싫은 남편은 반어적으로 아내의 발화를 저지한다.

(5)ㅂ에서는 남편이 아내의 발화 뒤에 이어서 혹은 중복해서 '알았어'를 발화한다. 이는 아내의 지적에 빠른 수긍을 보이는 태도로, 행동의 변화로 이어지지 않아 아내에게 신뢰를 받지 못한다. 이는 남편의 위기를 모면하려는 태도가 중복 현상으로 실현된 것으로 볼 수 있다.

(5)ㅅ에서는 아내의 발화에 중복된 남편의 발화가 식별이 되지

않다가 발화가 이어지는 것을 볼 수 있는데, 남편의 위축된 심리를 반영해 주는 것으로 볼 수 있다.

대화의 중복은 때론 의도적으로 때론 우연하게 이루어질 수 있는데, 대화의 중복이 모두 정상적이지 않은 것은 아니지만, 부부갈등 대화에서의 중복은 대화교체를 시도하거나 상대방의 발화를 저지하려고 한다. 또한 부부갈등대화의 중복은 갈등 사안을 충분히 언급하지 못하게 하거나, 공격받는 것으로 생각하여 대화 상대방이 방어적인 태도를 취하게 한다.

3.2.2 대응쌍

화자와 청자 사이에 나타나는 중복 현상뿐 아니라 주는 말과 받는 말이 쌍을 이루는 대응쌍도 대화에서 기본적으로 지켜지고 있는 규칙들이다(구현정, 2013:13).

대응쌍은 선호적 대응쌍과 비선호적 대응쌍으로 구분할 수 있다. 선호적 대응쌍은 질문-대답, 평가-동의, 비난-사과, 제안, 요청-수락, 인사-인사, 사과-수용하는 것이고, 비선호적 대응쌍은 질문-답변 안 함 혹은 예상치 못한 대답, 평가-반대, 비난-역비난, 요청-거절, 상대방인사-무반응, 사과-수용하지 않음 등이다(손달임, 2008: 78).

대응쌍을 무시한 대화나 비선호적인 대응쌍은 갈등을 표출하는 것으로 언쟁의 시작을 의미한다고 하였고(구현정, 2013:16), 대립, 갈등이 심화되기도 한다.

손달임(2008)에서는 갈등적 대화의 미시구조 중 '요구, 명령'과 '비난' 화행이 빈번하게 발견되므로 이를 중심으로 살펴보았다.[5)]이 글에서는 '질문-대답'이라는 대응쌍을 중심으로 부부갈등대화의 대응쌍의 특징을 살펴보았다. '질문-대답'의 대응쌍은 '명령, 요구', 혹은 '비난'의 화행과도 연관되어 있음을 볼 수 있다.

(6)

아내①	밤새워 게임이야? 초딩이야?
남편	(고개를 돌리는 남편)...
아내②	내가 언제 음식물 쓰레기 갖다 버리라고 한 적 있어? 재활용 한 번 가져다 버리라고 한 적 있어? 바깥일 외에는 손 하나 까딱 안 하고 살았으면서 '나 힘 들어' 그러면 어떻게 하라고?
남편	널 받아들이는 게 제일 힘들어. 너를 받아들이는 게 제일 힘들다고
아내③	그동안 어떻게 살았냐? 그러면 내가 당신 입장 이해해 줘야 해? 남자가 아침에 나가서 새벽 늦게까지 놀다가 겨우 들어와 잠만 자고 다시 아침에 나갔다가 또 새벽에 들어오고 어느 여자가 반가워하겠냐고. 미치지 않은 걸 다행이라고 생각해. 당신은 아내가 이 정도로 싫어하는데 왜 (게임에) 목숨을 거는데?
남편③	너한테 내가 목숨을 못 거니까
아내④	참! 그럼 게임에 목숨 걸면 남아 나는 게 있어?(얄미로운 표정으로)

5) 썰(1975)은 '요구, 명령'과 '비난'은 각각 '지시화행'과 '정표화행'에 해당되는 것으로 보았고, 훈츠누르셔(1993)는 '비난'을 '요구화행(지시화행)'의 한 유형이면서 '정표화행'이기도 하다고 하였다. 박용익(1999)은 비난의 궁극적 목표가 감정을 토로하는 것이라기보다는 상대방의 행위를 더 이상 반복하지 않도록 하는 것이기 때문에 '비난'을 '지시화행'의 한 유형으로 보았다. 손달임(2008:83)은 비난에 '명령, 요구'와 '감정 표현'의 성격이 모두 포함되어 있으므로 '비난'을 전형적인 지시화행인 '명령, 요구'와는 구분하였다.

남편④ 내 즐거움이 남아
아내⑤ 즐거워?
남편⑤ 즐거워.
아내⑥ 모든 걸 다 뿌리치고 게임을 하고 있는데 즐거워?
남편⑥ 즐거워. 지금 뭘 뭘 이야기하는 거야? 나 잘못했다고 계속 이야기하는 거야? 〈1-1 대화 중〉

(6)의 아내①에서 '밤새워 게임이야?, 초딩이야?'하는 질문은, 질문을 하는 사람도, 받는 사람도 대답을 기대하거나 대답할 생각이 없다. 아내②에서 아내는 질문에 대답할 기회를 주지 않고 다른 질문을 계속한다. 아내의 질문은 질문의 형식을 취해서 남편을 비난하는 것이다. 남편③에서 남편이 아내의 질문에 대답한다. 남편은 부정적인 대답으로 아내의 공격에 대응한다.

프랑케의 최소대화는 시작화행 +긍정응답, 시작화행 +부정응답 등 시작화행 뒤에 응답이 있게 되는데, 부부갈등대화에서 대화자가 대화상대자의 대답을 원하지 않으면서 질문을 하게 되는 경우를 볼 수 있다. 이런 경우 질문을 연속해서 하기도 한다. 굳이 대답을 들으려고 한 질문이 아니기 때문이다. 질문하는 이유가 상대방의 잘못을 지적하는 것, 즉 비난, 공격에 있다. 부부갈등대화는 시작화행+ ∮, 시작화행$_1$ ...n+∮의 양상을 보여준다.

아내④에서 아내③의 질문을 수정해서 다시 질문을 한다. 남편④는 아내가 원하지 않는 대답인줄 알면서도 대답한다. 아내⑤는 다시 질문을 수정해서 하고, 남편⑤는 다시 동일하게 대답한다. 아내⑥은 수정한 질문을 다시 시도한다. 남편이 대답을 했음에도 아내가 반복해서 동일한 성격의 질문을 수정 반복하는 것은 남편의 대답에 동의할 수 없기 때문이고, 남편은 이를 비난으로 받아들이므로 갈등이 증폭된다.

부부의 갈등대화에서는 프랑케의 '최소대화5: 시작화행+부정응답+수정화행+포기화행'에서 부정응답과 수정화행이 계속 이어지는 양상을 보여준다.

(7)

남편① (아내가 말이 없자 격앙된 목소리로) 남편인 이도연한테 바라는 게 있을 거 아냐. '이도연, 이거 좀 고쳐' 남편으로서 내가 어떻게 해주길 바래? 그럼 나도 고칠 의향이 분명히 있으니까

아내① 남들하고 나하고 비교하지 마.

아내② 남의 여자들이 뭘했든 나하고 비교하지 말라고

남편② 내가 언제 비교를 했어?

아내③ (화를 내며)지금 나한테 얘기하라고 해서 얘기했잖아. 그러면 그거하면 됐지. 뭐가 더 필요해? 남의 여자랑 비교하지 말라고(울먹거리며) 응?

남편③ 뭘 비교를 해 뭘.

아내④ 어휴 XX 〈4-1 대화 중〉

(7)도 질문-대답의 구조인데, 질문한 사람이 대답을 수용하지 않고 다시 질문을 수정해서 진행한다. 이에 아내는 동일하게 부정대응을 하고 남편은 질문을 수정해서 반복하자, 자신의 대답을 수용하지 않는 남편에게 아내가 분노 반응을 보이며, 대화를 중단하고 있다.

(8)

남편① 들어줬어요?

아내① 다 해결해 준 거 아니야?

남편② 거의 2년 내내 나를 씹고 다녔어. '다 니 책임이라고' 얘기 안했었니 나한테?

아내② 그건 그렇지. 게임을 하고 놀았으니까

남편③ 원하는 게 도대체 뭐야? 나한테? 지금

아내③ 내가 원하는 게 뭐겠노?

남편④ 뭔데?

아내④ 내가 힘들어한다는 걸 이해해 달라는 거잖아.

남편⑤ 그러니까 지출을 다 줄이라고, 학원도 다 보내지 말라고. 보험도 다 끊으라구 그냥. 〈1-1 대화 중〉

(8)의 남편①에 아내①이 다른 질문으로 반박한다. 남편②에서 남편은 자신의 말을 들어주지 않고 비난했던 아내에 대해 남편①의 질문을 수정해서 반복한다. 아내②에서 아내는 이를 수긍한다. 그러나 그 책임은 남편에게 있음을 제시한다.

(8)의 부부대화①, ②는 프랑케의 '최소대화4: 시작화행+역시작화행+수정화행+포기화행'의 구조와 유사하다. 그러나 다른 점은 아내②의 발화가 포기화행의 형식을 취하기는 했지만, 그 책임을 남편에게 전가하고 있어, 남편의 불만은 증폭된다.

남편③에서는 남편이 아내와의 대화를 계속적으로 이어나갈 의미를 찾지 못하고, 아내에게 원하는 게 무엇이냐고 새로운 질문을 한다. 아내③은 남편③의 질문에 대답하지 않고 결정을 준비하기 위한 화행으로 되묻기 질문을 한다. 남편④는 남편③의 질문을 다시 반복한다. 아내④에서 남편④의 질문에 대답한다. 그러나 남편⑤에서 부정응답을 하게 된다.

(8)의 부부대화③-⑤는 프랑케의 '최소대화2: 시작화행+부정응답+포기화행'에 해당하나, 다른 점은 부정응답에 대한 포기화행이 이

어지지 못하고, 역제의를 함으로써 갈등이 심화되는 것을 볼 수 있다.

부부갈등대화에서는 질문-대답의 대응쌍이 유지되지 않는 예들이 자주 발생한다. 질문은 대답으로 이어지지 않고, 화자, 청자 모두 질문에 대한 대답에 대해 기대하거나 반응하지 않고, 재질문 형식으로 반복하는 것을 볼 수 있다.

질문-대답의 형식을 유지하는 경우도 대답이 질문자가 원하는 대답을 의도적으로 피하는 비선호적 대응쌍으로 구성되며 그 내용은 비난과 공격이다. 그러므로 부부간에 진정성 있는 대화가 진행되지 않는다.

부부갈등대화가 프랑케의 최소대화 유형과 달리 대화구조가 단절되는 양상으로 나타나는 것을 볼 수 있다. 부부갈등대화는 응답을 기대하지 않는 시작화행+$\oint$, 시작화행$_1$ ...n+$\oint$의 양상을 보여준다. 또한 프랑케의 '최소대화5: 시작화행+부정응답+수정화행+포기화행'에서 부정응답과 수정화행이 계속 반복되는 양상으로, 프랑케의 '최소대화2: 시작화행+부정응답+포기화행', '최소대화4: 시작화행+역시작화행+수정화행+포기화행'에서 포기화행이 마무리가 되지 않는 양상으로 진행되어 갈등이 심화되는 것을 볼 수 있다.

이 글에서는 고트만의 부부갈등대화 유형에 따른 분류를 시도하였고 부부갈등대화의 분석을 통해 부부의 갈등대화의 특징을 고찰하였다.

고트만이 활용한 갈등처리 네 가지 유형인 상대비난, 상대경멸, 조기방어, 돌담쌓기로 10쌍의 부부갈등대화를 유형 분류하여 근거가 되는 대표적인 언어표현과 함께 제시하였다.

유형 분류의 문제점은 첫째 상대비난과 상대경멸의 차이가 확연하게 구분되지 않는다는 점이다. 비난과 경멸을 구분하는 기준이 명확치 않아 유형분류가 어렵다. 둘째 유형을 찾기 어려운 경우가 있다. 셋째 복합적인 유형이 나타나는 경우가 있다. 넷째 분류에 객관적인 기준이 없어 주관적인 판단에 의해 분류가 달라질 수 있다.

부부갈등대화는 대화의 구조를 살펴보면 다음과 같다. 첫째 부부갈등대화의 거시구조는 시작단계, 종료단계가 거의 생략되어 있어서 중간단계의 대화로 구성된 예가 많았다. 종료단계는 일방적인 대화 단절 혹은 자리를 벗어남과 같은 회피적인 방법으로 마무리되고 있다.

둘째 부부갈등대화에서는 생략 현상이 빈번이 일어난다. 생략은 비난, 화제거부, 분노, 인내, 자신감 결여, 대화의 불성실 등 여러가지 의미를 다양하게 지닌다.

셋째 부부갈등대화에서는 중복 현상이 자주 발생한다. 중복은 발화교체 시도, 발화 저지, 공격, 빠른 수긍, 언어습관, 위축된 심리 등과 연관된다. 부부갈등대화에서의 중복은 갈등사안을 충분히 언급하지 못하게 하거나, 공격적으로 반응하게 할 수 있다.

넷째 부부갈등대화에서는 질문-대답의 대응쌍을 무시한 대화가 빈번하게 발견된다. 질문은 대답으로 이어지지 않고, 화자, 청자 모두 질문에 대한 대답에 대해 기대하거나 반응하지 않고, 재질문 형식으로 반복한다. 질문-대답의 형식을 유지하는 경우도 대답이 질문자가 원하는 대답을 의도적으로 피하는 방법으로, 비난하고 공격하게 된다.

다섯째 부부갈등대화는 프랑케의 최소대화 유형과 달리 대화구조가 단절되는 양상으로 나타나고 이것이 갈등을 심화시키는 데 일조하였다. 대화분석이 부부간의 본질적인 갈등을 해결하지는 못하겠지만, 자신의 대화 구조에 대한 객관적인 인지는 문제해결에 간접적인 영향을 줄 수 있다.

마지막으로 부부갈등대화 분석연구를 인문치료에 실제 적용해서 부부갈등을 겪고 있는 부부의 인문치료상담 사례 연구로 진행할 수 있을 것이다.

※ 이 글은 『어문론집』62(2015)에 실린 필자의 논문 「부부갈등대화 분석연구」를 수정한 것이다.

3장

듣기

의사소통의 방법인 말하기, 듣기, 쓰기, 읽기 중 듣기는 가장 먼저 습득하는 소통의 방법이다. 태아는 뱃속에서 7, 8개월부터 엄마의 목소리를 듣는다고 한다. 또한 듣기는 매일 사용하는 중요한 의사소통으로 필요한 정보를 얻을 수 있고, 상대방의 마음을 얻을 수 있으며, 효과적인 의사소통을 하게 한다. Dunkel(1986:100)에서는 의사소통능력을 기르기 위해 말하기보다 듣기가 선행되어야 한다고 주장하였다. 듣기는 집단에서 불필요한 적대감과 불안감을 없애주는 최고의 미덕이라고 『감성의 리더십』의 저자인 대니얼 골먼은 주장한다.

특히 사람들은 종종 문제에 부딪힐 때 말을 들어주는 사람을 필요로 한다. 청자는 화자로 하여금 그 상황을 이야기하는 것을 돕는다. 이경우 · 김경희(2006:15)에서는 치료자가 환자인 내담자의 이야기를 듣는 것만으로도 70% 치료적, 상담적 효과가 있다고 하였다.

인문치료는 정신적 건강과 행복한 삶을 위해 인문학의 정신, 방법을 치료적으로 활용하는 이론적 실천적 활동이다. 듣기는 삶의 행복과 정신 건강을 위해 인문 정신과 인문학적 방법을 치료적으로 활용하는 인문치료의 전 과정에서 매우 중요한 소통의 한 부분이다.

인문치료 장에서는 내담자와 치료자, 내담자와 내담자 사이에 대화가 오가게 된다. 또한 인문치료에서는 인문학 즉 문학, 역사, 철학, 영화 등의 자료를 읽고, 듣고, 쓰고, 말하는, 다양한 활동을 하게 된다. 그러므로 인문치료 내담자의 성별, 연령별, 계층별, 글의 종류에 따라, 치료 상황의 여러 변수를 예측하는 것은 인문치료의 신뢰성과 연관된다.

그러면 경청이란 무엇인가. 경청은 '상대의 이야기를 잘 듣는 것이고 듣기만이 아니라 들을 때의 주의 깊은 자세, 정보의 선택과 조직, 커뮤니케이션에 대한 해석, 반응하기, 기억하기[1] 등을 모두 포함하는 능동적인 과정'[2]이다.

듣기 과정에서 경청하지 못하면 정보를 왜곡해서 수용하게 되므로 잘못 인지하기, 잘못 해석하기, 잘못 평가하기 등이 일어나게 된다. 현실적으로 듣기는 많은 소음에 의해 방해를 받게 되는데, 신체적 상태, 스키마, 듣기 습관 등과 같은 내적인 요인도 있고, 물리적인 소음과 같은 외적인 요인도 있다.

듣기 습관과 관련하여 자신은 남의 말을 잘 듣는 편이라고 생각하는 사람들이 많은데, 평균 미국인은 하루의 50%-80%를 듣는 데 쓰고 그 중 반만 적극적으로 청취하여 1/4만 이해하고 그보다 더 적게 기억한다고 한다. 대부분의 사람들은 들을 수 있는 타고난 능

---

1) 듣기 PIER 모델에서 PIER이란 인지 Perceiving, 해석 Interpreting, 평가 Evaluating, 반응 Responding을 의미한다. PIER 모델에서 청자는 화자가 제시한 정보에 반응, 평가, 해석, 인지하게 된다.

2) 이경우 · 김경희(2006), 『커뮤니케이션과 대인관계』, 보고사, p.15.

력의 25%만 사용한다[3]고 할 수 있다. 그러나 사람들은 자신의 듣기 태도에 대해 사실과 다르게 잘못 생각한다. 자신의 듣기 태도에 대한 이해가 없으면 지속적으로 의사소통에 있어 문제를 야기할 수 있다. 그래서 자신의 듣기 습관에 대한 객관적 인지의 기회를 갖게 한다면 듣기 태도를 개선할 가능성이 높다.

이 글은 듣고 재생하기의 특징과 재생문에 나타난 듣기 오류를 고찰한 것이다. 이는 대상자의 듣기 태도를 진단하고 그 해결 방법을 모색하는 데에 근거 자료를 마련하기 위함이다.

듣기를 교육적인 차원에서 접근한 연구에 김수업(1992)이 있다. 김수업(1992:124)에서는 제대로 듣지 못한 것을 분석적으로 확인하는 일은 쉽지 않다고 하면서, 들은 내용을 기억하여 다시쓰기 한 자료를 분석하였다.

김수업(1992)의 듣기 자료 분석 기준은 첫째 전체의 뼈대가 어떻게 변화되었는가. 둘째 빠뜨리거나 덧붙이거나 문장의 위치가 바뀌거나 내용 자체가 바뀌었는가. 셋째 낱말 즉 고유명사, 숫자가 달라졌는가를 고찰하였다.

이 글에서도 김수업(1992:107)의 방법처럼 지문을 읽어주고 들은 내용을 기억해서 적게 하였다.[4] 대화가 진행될 때 청자의 머리 속

---

3) Berko, Wolvin and Wolvin, 이찬규 역(2003), 『언어 커뮤니케이션』, 한국문화사, p.62.
전영우(1994), 「듣기 능력 향상에 대하여」, 『새국어교육』 48·49, 수원대 국어국문학회, p.2.

4) 이 글에서는 지문을 듣고 기억해서 적는 방법을 '듣고 재생하기'라 한다. 이 방법은 듣기를 어느 정도하고 있는지를 확인하기 위한 방법이다. 이를 통해 자신의 듣기 태도를 확인함으로써 듣기 태도를 수정할 수 있다.

에서 어떤 정보가 어떻게 선택되고 해석되는지는 잘 알 수 없다.[5] 청자 본인도 정확히 인지하지 못하는 경우가 많아서 듣기의 상태를 인지하고 수정하기 위해서는 들은 내용을 다시 기억하여 표현하도록 하는 것이 필요하다.

다만 김수업(1992)은 성적(상, 중, 하)과 성별(남, 녀)에 따라 여섯 유형의 대상자로 구분해서 여섯 유형의 듣기 자료를 분석하였다. 김수업(1992)은 사례가 충분치 않아서 일반화의 한계를 지닌다.

이 글에서는 27명 대상자의 듣기 자료를 분석하였다. 그러나 2.2.2장에서는 김수업(1992)의 성적과 성별에 따른 6유형의 듣기 자료만을 분석하였다.[6] 그 이유는 분석 기준의 정도 차이에 대한 처리 문제와 연관된다. 재생문이 핵심 내용으로 구성되었는가 또한 세부 내용까지 구성되었는가에 대한 분석은 세부적이라는 기준이

---

5) 김영애(2008), 『의사소통 방법론』, 김영애가족치료연구소, p.139.
잘 듣기를 방해하는 습관들에 대해 설명하고 있다. 비교하기, 지레짐작하기, 대답할 말 준비하기, 귓등으로 듣기, 판단하기, 딴 궁리하기, 조언하기, 말다툼하기, 옳아야만하기, 은근슬쩍 넘어가기, 비위맞추기, 내 말하기이다.

6) 김수업(1992), 「듣기에 관한 하나의 조사」, 『배달말교육』 제10권 1호, 배달말교육학회, pp.103-138.
김수업(1992)에서 성적과 듣기가 연관성이 별로 없는 것으로 결론을 내렸고 이 글의 일차 분석에서도 별 연관성이 없어 보인다. 성적 분포도도 남녀의 차이가 있고 성적 상, 중, 하에 해당하는 대상자의 수도 다르며, 재생문에서도 정도 차이가 난다. 그러므로 그 분석 대상을 어떤 자료로 선택하느냐에 따라 결과가 달라질 수 있다.
이 글에서는 여자의 경우는 성적의 유형에 따라 임의로 선정하였고, 남자의 경우는 성적의 유형에 있어서 가장 듣기 자료가 우수한 자료를 선정하였다. 그렇다면 이 글에서의 결론은 남녀의 차이를 가장 좁혀서 살핀 결과가 된다. 그러므로 실제로 남녀의 듣기 차이가 이 글의 결론보다 더 클 수 있다.

정도 차이가 있어서 전체 대상자의 듣기 자료를 분석하여 비교하는 것은 용이한 작업이 아니었다.

이 글과 김수업(1992)의 들려주기 본문은 그 종류가 다르다. 김수업(1992)의 지문은 논증문, 설명문, 묘사문이고, 이 글의 지문은 소설의 한 장면으로, 서사와 묘사가 혼재되어 있는 지문이다. 또한 김수업(1992)의 지문은 15문장 이내의 비교적 단문의 지문인 것에 비해 이 글의 지문은 64문장으로 구성된 장문의 지문이다. 이 글에서 서사, 묘사가 혼합된 장문의 지문을 선택한 이유는 의사소통의 장에서 서사, 묘사가 혼합된 이야기와 장황한 이야기가 많기 때문이다. 김수업(1992:125-132)에서 듣고 재생하기가 잘 된 지문의 순서는 논증문>설명문>묘사문 순으로 나타났다.

이 글에서는 서사문을 들려줄 때 남녀의 듣기 재생에 어떤 특징이 있으며, 어떤 오류들이 발생하는지를 살필 것이다.

이 글은 인문치료의 한 과정으로 진행된 듣기 활동에서 얻은 자료를 분석한 것이다. 인문치료 활동의 듣기 자료를 분석함으로써 대상자들의 듣기 태도에 대한 양상을 살피고자 한다. 이는 앞으로의 인문치료 듣기 활동에서 듣기 능력의 진단 근거를 마련할 수 있다는 의의가 있다.

1. 듣기 조사 방법

1.1 조사 내용

이 글에서는 원문으로 서사 구조의 64문장 지문을 사용하였다.

단기 기억능력은 한 번에 거의 45초 이상을 지속하지 못하므로 주의에 집중할 수 있는 청취자의 능력은 제한된다.[7] 그러므로 64문장의 지문은 장문이기 때문에 요약된 형태로 재생될 것을 예상할 수 있다. 문금현(2003:69)에서 듣기는 모든 정보를 다 받아 들일 수 없는 선택적 과정이라고 하였다.

다음은 이 글에서 원문과 재생문의 비교 기준이다. 먼저 단락의 순서를 유지하고 있는가. 둘째 요약이 핵심 내용만으로 구성되었는가 또한 핵심 내용과 함께 세부 기술까지 이루어졌는가. 오류 영역에 있어서 첫째 생략된 단락은 있는가. 둘째 특정 단락만을 부각시키고 있는가. 셋째 잘못된 내용이 포함되어 있는가. 넷째 원문의 이름 고유명사(5개)를 어느 정도 기억하고 있는가이다. 또한 재생의 결과가 남녀의 성별에 따라 차이가 어떻게 나타났는지를 살펴보았다.

1.2 조사 과정

조사 대상은 2012년 1학기 ●●대학교 대인관계와 언어활동 수강생(참가자 28명)들을 대상(남 14명, 여 14명)으로 하였다. 사용한 원문은 미리암 프레슬러의 『행복이 찾아오면 의자를 내 주세요』의 일부이다. 듣고 재생하기 활동은 2012년 1학기 4주차 수업시간에 실시하였다.

먼저 학생들에게 조사 방법과 과정에 대하여 설명하였다. 그 다음 지문을 두 번 천천히 읽어 주었다. 듣는 중간에는 어떠한 메모도 하지 못하도록 사전에 주의를 주었다. 그 다음 종이를 나누어 주고

---

7) Berko, Wolvin and Wolvin, 앞의 책, p.65.

들은 것을 그대로 적어 보라고 하였다.[8)]

2. 듣기 조사 결과

2.1 듣기 원문 자료

듣기 원문 자료인 미리암 프레슬러의 『행복이 찾아오면 의자를 내 주세요』[9)]의 일부이다. 원문 단락은 알파벳으로, 문장은 '①'로 정리하였다.

A ① 갑자기 엘리자베스가 엉뚱한 말을 했다.
② "도로테아, 네 비밀상자를 조심해."
③ 도로테아가 고개를 들며 쳐다보았다.
④ "왜? 이 비밀상자가 내 것이라는 것쯤은 누구나 다 알고 있을 텐데... ⑤그리고 누구든지 이 상자에 손대기만 하면 내가 가만두지 않을 거야."

B ① 맞는 말이다. ②모두들 도로테아의 비밀상자를 알고 있다. ③ 우리 방에 살고 있는 아이들뿐만 아니라 기숙사 아이들 전체가 다 안다. ④그리고 죽인다는 말이 조금 과장되기는 했지만, 그 애가 충분히 그럴 수 있는 아이라는 것을 나는 안다. ⑤그 애는 정말 많은 짓을 해 낼 수 있는 아이이다.

---

8) 실제 과정에서는 재생한 글을 몇몇 학생들을 지목하여 발표하도록 하였다. 그런 다음 다른 학생들과의 비교를 통해서 자신의 글에 대해 생각해 보고 자신의 듣기에 대해 새롭게 인지한 바를 확인하게 하였다.

9) 변학수(2007), 『문학치료』, 학지사, pp.89-91.

C ① "그냥 말해 본 거야."
② 엘리자베스가 말했다. ③나는 엘리자베스에게 등을 돌리고 앉아 있다가 몸을 돌렸다. ④그 애는 자기 침대에 앉아 다시 실을 꿰면서 매우 악의에 찬 말투로 계속 말을 이었다.
⑤ "죄수의 딸과 같은 방을 쓰려면 물건들을 잘 챙겨야 하니까."
⑥ "죄수의 딸이라니?"
⑦ 듀로가 깜짝 놀란 얼굴로 물었다. ⑧나도 엘리자베스가 무슨 말을 하는지 이해할 수가 없었다.

D ① 그런데 갑자기 레나테가 울음을 터뜨렸다. ②밤중에 다른 아이들이 다 잠들었을 때 우는 것처럼 낮은 소리였다. ③나는 레나테 쪽으로 눈길을 돌렸다. ④그 애는 얼굴을 팔에 묻고 엎드린 채 어깨를 들먹이고 있었다. ⑤맞는 말 같았다.

E ① 그런데 엘리자베스가 어떻게 그것을 알아냈을까? ②그리고 왜 느닷없이 레나테를 공격했을까? ③가장 불쌍한 아인데....④엘리자베스는 일단 공격 대상을 정하면 절대로 순순히 물러나지 않는다. ⑤괴롭히고 시비 거는 것은 아무도 막을 수 없다. ⑥그럴 때는 그냥 묵묵히 참으면서 아무렇지도 않은 척 행동해야 한다. ⑦안 그러면 그 애가 더 못되게 군다.

F ① 그 애는 나를 처음부터 못 마땅해했다. ②나 역시 그 애가 싫었다. ③갑자기 분노가 치밀어 올랐다. ④모든 것이 싫었고, 방에 대해서, 기숙사에 대해서 특히 엘리자베스에 대해서 화가 났다. ⑤그리고 이제까지 꾹 참아오기만 했던 나 자신에 대해서도 화가 났다. ⑥그 애는 도대체 자기 자신을 뭐라고 생각하고 있는 걸까? ⑦단지 자기는 부모가 있고, 가끔 소포를 받는다는 것 때문에? ⑧나보다 조금 크다는 이유 때문에?

G ①내가 갑자기 일어서는 바람에 잉크병이 엎어지고 의자는 로즈마리의 침대에 부딪히며 넘어졌다. ②잉크가 책상 위를 흐르다가 바닥에 뚝뚝 떨어졌다. ③하지만 상관하고 싶지 않았다. ④나는 잠시 책상 앞에 멈춰 섰다가, 순식간에 엘리자베스

에게로 달려가 그 애의 어깨를 꽉 잡고 흔들었다.

⑤ "그만 둬! 그 더러운 입 좀 다물란 말이야."

⑥ 내가 소리쳤다. ⑦그 애가 눈을 커다랗게 뜨고 날 쳐다보았다.

H ① 하지만 그 애도 오랫동안 당황하고 있지만은 않았다. ②바느질을 내팽개치고 침대에서 벌떡 일어서더니 내 따귀를 후려쳤다. ③더욱 놀라운 일은 내가 잠시 주춤하다가 그 애의 따귀를 후려쳤다는 사실이다.

I ① 우리는 한참동안 서로 뒤엉켜 싸웠다. ②그동안 내가 그 애를 얼마나 증오하고 있었는지 나 자신도 알지 못했다. ③그 애가 내 얼굴에 주먹을 한 방 날렸고, 나는 그 아이의 머리카락을 힘껏 끌어당겼다. ④그 애는 힘이 셌고 나보다 더 억셌지만, 놀랍게도 나도 힘이 제법 셌다. ⑤일단 한 방 얻어맞고 나자 그 다음부터는 아프지도 않았다. ⑥내가 그 애의 다리에 걸려 넘어졌고 나도 그 애를 넘어뜨려 우리는 함께 바닥에서 뒹굴었다. ⑦우리는 엎치락뒤치락하면서 싸웠고 위로 뻗은 손이 누구의 것인지 모르다가, 그것으로 머리를 한 대 맞으면 그제야 알아채곤 했다.

J ①하지만 하나도 아프지 않았다. ②나는 발로 차고 때리고 할퀴고 깨물었다. ③누군가 비명을 질렀다. ④눈앞이 캄캄했지만 분명히 엘리자베스의 비명소리였다. ⑤내가 아니라 그 애가 비명을 지르다니! ⑥나는 주먹을 꽉 움켜쥐고 다시 그 애를 쳤다. ⑦뭔가 따뜻한 것이 얼굴에 흘렀지만 상관하지 않았다. ⑧그리고 계속 쳤다. ⑨그동안 내게 했던 모든 것들에 대해 앙갚음해 주고 싶었다.

64개의 문장으로 구성된 원문을 내용 문단으로 분해하니 10개의 내용 문단으로 정리되었다. 문단의 요약 내용이다.

A ①-⑤: 상자를 조심하라고 주의 주는 엘리자베스. 상자를 건드리

는 사람은 가만두지 않겠다고 으름장 놓는 도로테아.

B ①-⑤: 도로테아는 상자에 손댄 아이를 응징할 수 있는 아이.

C ①-⑧: 죄수의 딸이 여기 있으니까 비밀상자를 조심하라고 하는 엘리자베스. 어리둥절한 아이들.

D ①-⑤: 울음을 터뜨리는 레나테. 죄수의 딸이 맞는 것 같다.

E ①-⑦: 어떻게 알아냈는지 알 수 없는 엘리자베스는 끈질기게 공격하는 아이. 이에 잘 참아내야 못 되게 굴지 않는다.

F ①-⑧: 엘리자베스를 참고 있는 자신에게 화가 남.

G ①-⑦: 엘리자베스에게 다가가 소리 지르면서 행동을 제지함.

H ①-③: 나에게 공격하는 엘리자베스.

I ①-⑦: 둘이 뒤엉켜 싸움.

J ①-⑨: 엘리자베스에게 앙갚음 하는 나.

2.2 재생문 분석

듣기 활동을 통해 얻은 자료를 분석하여 듣고 재생하기의 특징과 오류에 대해 살펴 볼 것이다. 오류를 살펴보는 것은 자신의 잘못된 듣기 습관을 구체적으로 확인하는 중요한 부분이다.

2.2.1 단락의 순서를 유지하고 있는가

듣고 재생하기 원문은 64문장의 지문이기 때문에 문장 64개를 다 기억하기는 어렵다. 그래서 재생문은 원문의 단락을 중심으로 핵심 내용을 요약해서 구성하게 되는데, 이때 재생문의 구성이 원문의 단락 순서를 유지하는가 아니면 재구성하는가를 살펴보았다.

단락 순서 유형을 전체 유지, 부분 유지(앞부분, 중간부분, 뒷부분[10]), 재구성1, 재구성2로 구분하였다. 전체 유지는 전 단락이 생

표 3.1 참여자의 단락 구성 양상

성	번호	단락구성	성	번호	단락구성
남	1	중간H만, 뒷부분 유지	여	1	앞부분 AB만 유지
남	2	중간부분F,H만, 뒷부분 유지	여	2	재구성1
남	3	재구성2	여	3	재구성1
남	4	재구성2	여	4	재구성1
남	5	중간(DE[11])부분, 뒷부분(J)부분 재구성2	여	5	전체유지
남	6	재구성1	여	6	전체 유지
남	7	재구성2	여	7	전체 유지
남	8	앞부분, 중간부분 D만 유지	여	8	앞부분(B), 뒷부분 유지
남	9	앞부분(A), 중간부분(D, F), 뒷부분(J) 유지	여	9	전체 유지
남	10	앞부분(B), 중간부분(E), 뒷부분 유지	여	10	재구성1
남	11	앞부분(C), 중간부분(D), 뒷부분(J)유지	여	11	앞부분, 중간부분, 뒷부분(J) 유지
남	12	앞부분(B), 중간부분(E), 뒷부분(J)유지	여	12	앞부분(C), 중간부분(E), 뒷부분 유지
남	13	앞부분(B), 중간, 뒷부분 유지	여	13	전체 유지
남	14	전체 유지	여	14	앞부분 AB만 유지

략 없이 단락의 순서를 유지한 경우이다. 생략이 있고 특정 부분만

---

10) 글의 앞부분, 중간, 뒷부분은 단락의 내용을 고려하여 A-J까지의 문단에서 A, B, C는 앞부분이고, D, E, F, G, H가 중간부분이고, I, J부분이 끝부분이라 하였다.

11) ( )의 알파벳은 생략된 단락이다.

을 쓴 경우는 앞부분 유지, 중간부분 유지, 뒷부분 유지이다. 또한 재구성1은 이해할 수 있을 정도로 내용을 재구성한 경우이고, 내용을 알 수 없는 재구성은 재구성2라고 하였다.

살펴본 바에 따르면, 생략 없이 전체 단락을 유지한 경우는 남14, 여5, 여6, 여7, 여9, 여13이고 생략이 있기는 하지만 부분적으로 단락을 유지한 경우는 남1(뒤)[12], 남2(뒤), 남8(앞), 남9(앞, 중, 뒤), 남10(앞, 중, 뒤), 남11(앞, 중, 뒤), 남12(앞, 중, 뒤), 남13(앞, 중, 뒤), 여1(앞), 여8(앞, 뒤), 여11(앞, 중, 뒤), 여12(앞, 중, 뒤), 여14(앞)이다. 내용을 이해할 수 있도록 재구성된 재구성1에 해당하는 예는 남6, 여2, 여3, 여4, 여10이고, 내용 이해가 되지 않는 재구성2에는 남3, 남4, 남5, 남7이 있다. 생략 없이 전체 단락을 유지한 경우는 남자 1명, 여자 5명이고, 내용이 알 수 있게 재구성된 경우는 여자 4명, 남자 1명에 해당한다. 내용을 알 수 없게 재구성한 재구성2는 남자만 4명이다. 지금까지 살펴본 바에 따르면 여자가 남자보다 단락 순서를 더 잘 유지하였다.

단락의 순서가 유지된 재생 본문의 한 예(여5)를 살펴보도록 한다.

여5의 재생문

A ② 엘리자베스가 도르테아에게 비밀상자를 조심하라고 했다. B ④⑤도르테아는 문제없다고 이야기했다. 도르테아는 죽일 거라는 이야기를 했다. 그 말은 과장스럽긴 하지만 도르테아는 하고자 하는 일은 해내는 아이였다. C④⑤엘리자베스는 침대에 앉아 바느질을 하며 악의에 찬 목소리로 말했다. 죄수와 한 방을 쓰는 한 조심해야한다고. D②③④⑥무슨 말인지 알지 못

12) ( )의 앞, 중, 뒤는 단락을 유지한 부분이다.

했다. 그러나 갑자기 도르테아가 울기 시작했다. 사람이 있는 방에서 한밤중에 우는 사람처럼. 고개를 묻고 어깨를 들썩였다.

E ④ ③엘리자베스는 한 번 누군가를 공격하면 멈추지 않았다. 엘리자베스의 행동이 이해가지 않았다. 도르테아는 가장 불쌍한 아이인데, F⑦①③④엘리자베스는 부모님이 계시고 가끔 소포가 온다는 이유로 그러는 것일까 하는 생각이 들었다. 엘리자베스는 나를 못마땅해 했고 나도 그 아이가 싫었다. 갑자기 분노가 밀려왔다. 모든 것, 기숙사, 엘리자베스 모두 화가 나게 만들었다. G①②③④나는 갑자기 일어서서 의자가 로즈마리의 침대로 넘어지고 잉크병이 엎어져 잉크가 바닥에 흘렀지만 개의치 않았다. 엘리자베스 앞으로 다가가 어깨를 잡고 흔들었다. H①②③엘리자베스는 아주 잠시 당황했지만 이내 곧 나의 따귀를 때렸다. 하지만 나도 곧 따귀를 때렸다. 엘리자베스는 힘이 셌지만 나도 그만큼의 힘이 났다. I①⑥⑦우리는 서로 머리를 잡고 뒹굴었다. J②나는 엘리자베스를 때리고 할퀴고 깨물었다. 누구의 손이 위로 올라가 있는지도 모른 채 뒹굴었다. 뒷통수를 맞을 때가 돼서야 그 손이 서로의 손이라는 것을 알았다. J②④⑥⑦⑨눈앞이 깜깜했지만 비명소리가 들렸다. 그것은 엘리자베스의 비명이었다. 나는 주먹을 쥐고 휘둘렀다. 나의 얼굴에서 뜨거운 무언가가 흐르는 것이 느껴졌지만 개의치 않았다. 나는 그동안의 앙갚음을 위해 계속했다.

여5의 재생문을 원문과 비교 분석하여 <표 3.2>에 정리하였다.

여5의 재생문은 원문의 단락 순서를 유지하고 있다. I, J단락에서 부분적으로 섞여서(I①J②I⑥I⑦) 지문 단락 순서와 약간의 차이가 있기는 하다. 또 A, B, C, E 단락은 재생하기에서 1-2문장으로 비교적 적은 문장으로 구성되어 있다. 그렇지만 이 문장은 단락의 핵심적인 내용에 해당한다. D, F, G, H, I, J단락은 3문장 이상으로 세부

표 3.2 참여자의 핵심 내용과 세부 내용 재생양상

핵심 내용	원문 단락	여5의 재생문 단락
상자를 조심하라고 주의 주는 엘리자베스	A①-⑤	→A②
도로테아는 상자에 손댄 아이를 응징할 수 있는 아이	B①-⑤	→B④⑤
죄수의 딸이 여기 있다고 비밀상자를 조심하라고 함.	C①-⑥	→C④⑤
울음을 터뜨리는 레나테. 죄수의 딸이다.	D①-⑦	→D②③④⑥
엘리자베스는 공격적인 아이, 아무렇지 않게 행동해야 못되게 굴지 않는다	E①-⑦	→E④③
엘리자벳을 참고 있는 자신에게 화가 남	F①-⑧	→F⑦①③④
엘리자베스에게 다가가 소리 지르면서 행동을 제지함	G①-⑦	→G①②③④
나에게 공격하는 엘리자베스	H①-③	→H①②③
둘이 뒤엉켜 싸움	I①-⑦	→I①⑥⑦
엘리자베스에게 앙갚음 하는 나	J①-⑨	→J②④⑥⑦⑨

적으로 재생되었다.

2.2.2 재생문이 핵심 내용으로 구성되었는가 세부 내용까지 구성되었는가

28명의 대상자들의 재생문이 핵심 내용으로 구성되었는가 세부 내용으로 구성되었는가를 분류하는 것은 각 재생문 간의 정도 차이가 있어서 용이하지 않다. 핵심적인 내용만 다룬 재생문 사이에서도 구체성의 정도에 차이가 있고, 한 재생문 안에서도 부분적으로 구체성 정도에 차이가 있기 때문에 핵심 내용 위주의 구성인지 세부적인 내용의 구성인지 구분하기는 어렵다. 또한 서사문에서는 논증문, 설명문과 달리 핵심적인 부분과 세부적인 부분이 명확하지 않아서 특정한 한 문장을 핵심 문장으로 보기 어렵다.

그래서 성적과 성별을 기준으로 6가지 유형의 대상자를 선별하고 그 듣기 자료를 분석하였다. 성적 상위에 해당하는 여5, 남7의 재생문을 살펴보면 <표 3.3>과 같다.

표 3.3 성적 하위 참여자의 단락 재생 양상

원문 단락	여5 재생하기 단락	남7 재생하기 단락
A①-⑤	→A②	A④⑤
B①-⑤	→B④⑤	
C①-⑧	→C④⑤	C⑤
D①-⑤	→D②③④⑥	
E①-⑦	→E④③	
F①-⑧	→F⑦①③④	
G①-⑦	→G①②③④	G①
H①-③	→H①②③	
I①-⑦	→I①⑥⑦	
J①-⑨	→J②④⑥⑦⑨	J④⑥⑦⑨

여5의 재생문은 A단락을 제외하고는 2문장에서 5문장까지 구체적으로 재생되어 있다. 남7의 재생문은 B, D, E, F, H, I의 단락이 생략되어 있고, A, J 단락을 제외한 C, G의 단락도 한 문장씩만 재생되어 있다. 같은 상위권의 성적이기는 하지만 성별의 차이가 크게 나타났다.

남7의 재생문

* C ⑤ "죄수의 딸과 같이 살려면 짐을 잘 챙겨놓아야 하니까." G ①갑자기 일어나는 바람에 잉크병이 넘어졌고 의자는 로즈마리의 침대에 부딪혔다. J④어둡고 컴컴했지만 분명 앨리자베스가 지른 비명이었다. ⑥주먹을 꽉 쥐고 다시 쳤다. ⑦손에 따뜻한 무언가가 흘렀지만 상관하지 않았다. ⑨내가 그 동안 당한 모든 것을 앙갚음해 주고 싶어서. A④나도 이게 내 상자인 것쯤은 알아. ⑤누가 건드린다면 가만두지 않을거야.

다음은 성적 중위권에 해당하는 여10, 남10의 재생문의 재생 정도를 살펴보면 <표 3.4>와 같다.

표 3.4 성적 중위 참여자의 단락 재생 양상

원문 단락	여10 재생하기 단락	남10 재생하기 단락
A①-⑤	A①②③④	A①,②,④
B①-⑤	B②③	
C①-⑧	C⑤③	C⑤
D①-⑤	D③④⑥⑦	D③
E①-⑦	E①④⑤⑥③	
F①-⑧	F③	F③
G①-⑦	G①④⑦	G④
H①-③	H①②③	H①②③
I①-⑦	I③⑥⑦-②	I①③
J①-⑨	J⑦③④	

여10의 재생문은 A-J까지 생략된 단락이 없고, F 단락을 제외하고 두 문장 이상의 문장을 재생하고 있다. 남10의 재생문은 B, E, J 단락이 생략되어 있으며 A, H 단락을 제외한 단락은 한 문장 혹은

두 문장으로 재생되어 있다. 여10과 비교해 볼 때 생략된 단락이 있고 문장의 수도 20문장이나 차이가 난다. 그러므로 성적 중위권에서도 남녀의 차이는 극명하다.

성적 상위인 여5의 재생문과 비교해서 볼 때는 F 단락을 제외하고는 구체성에 있어서 별로 차이가 나지 않는다. 다만 여10은 I, J 단락의 문장이 혼재된 양상을 보였다. J⑦③④ 뒤에 I②가 재생되어 있다. 성적 상위(남)인 남7과 비교해 볼 때 오히려 남10의 재생이 생략된 단락의 수도 적고, 재생된 문장의 수도 많다. 남자의 경우 성적이 중위권인 남10이 상위권인 남7보다 듣고 재생하기를 더 잘 수행하였다.

여10의 재생문

A ① 엘리자베스가 갑자기 말했다. ②"도로테아 네 비밀상자 조심해".③도로테아가 뒤를 돌아보았다. ④"왜? 이 비밀상자가 내 것이라는 것은 누구나 다 알고 있어" B그렇다. ②③비밀상자가 도로테아 것이라는 건 우리방에 사는 아이들뿐만 아니라 기숙사 전체 아이들이 알고 있었다. C⑤"알아. 하지만 죄수의 아이와 함께 살려면 조심해야지" ③나는 뒤를 돌아 엘리자베스를 보았다. D③갑자기 레난테가 울음을 터뜨렸다. ④밤에 모두들 자고 있을 때 조용히 터뜨리는 울음같았다. ⑥얼굴을 팔에 묻고 조용히 어깨를 들썩이고 있었다. ⑦맞는 말 같았다. E①엘리자베스가 그것을 어떻게 알았는지는 모르겠다. ④⑤하지만 엘리자베스는 한번 목표를 정하면 끊임없이 괴롭혔다. ⑥그럴 때는 가만히 참고 있는게 좋다. ③레난테는 가장 불쌍한 아이인데. F③나는 갑자기 화가 치밀었다. G①내가 벌떡 일어나는 바람에 잉크병이 쓰러져 탁자를 타고 바닥으로 뚝뚝 흘렀다. 그리고 의자는 ___의 침대에 부딪혀 쓰러졌다. ④나

는 엘리자베스가 앉아있는 침대로 가서 어깨를 잡고 흔들었다. ⑦엘리자베스가 눈을 크게 뜨고 나를 보았다. H①하지만 엘리자베스도 당황하고 있지만은 않았다. ②먼저 내 따귀를 후려쳤다. ③나도 따귀를 후려쳤다. I③엘리자베스가 내 얼굴을 주먹으로 쳤다. ⑥내가 엘리자베스를 넘어뜨리고 같이 넘어졌다. 우리는 한참동안 뒹굴었다. ⑦누가 누구 손인지 모르겠다. J⑦얼굴에 따뜻한 것이 흐르지만 신경쓰이지 않았다. ③비명소리가 들렸다. ④눈앞이 깜깜했지만 엘리자베스의 비명소리였다. I②내가 엘리자베스에게 이렇게 증오하고 있었는지 몰랐다.

남10의 재생문

A ① 엘리자베스가 도로테아에게 말했다. ②"네 비밀가방 잘 챙겨", ④"왜? 이게 내 가방인지 모르는 사람 있어? 누군든지 이 가방을 건드리면 가만 두지 않을 거야" 도로테아가 말했다. C⑤ "죄수의 딸과 같이 살려면 조심해야해" 엘리자베스가 말했다. D③가만히 있던 레나테가 얼굴을 두 팔에 묻고 울음을 터뜨렸다. F③나는 분노를 참을 수 없었다. G④나는 엘리자베스에게 다가가 그의 어깨를 잡고 흔들었다. H①엘리자베스는 당황한 듯했지만 그것도 잠시였다. ②실을 꿰던 것을 내려놓고 나의 따귀를 후려쳤다. ③놀라운 것은 나도 가만히 있지 않았다는 것이다. 나도 엘리자베스의 따귀를 후려쳤다. I①우리는 엎치락뒤치락하면서 싸웠다. I③엘리자베스는 나의 얼굴을 주먹으로 갈겼고 나는 그의 머리카락을 움켜잡았다.

다음은 성적 하위의 여11, 남6의 재생문을 비교해 보면 <표 3.5>와 같다.

여11의 재생문에서는 B, H, J 단락이 생략되어 있고 A, D, E, I 단락은 두 문장 이상이 재생되었다. 남6의 재생문은 B, F, I단락이

표 3.5 성적 하위 참여자의 단락 재생 양상

원문 단락	여11 재생하기 단락	남6 재생하기 단락
A①-⑤	A②④⑤	A[13)]
B①-⑤		
C①-⑧	C⑤	C
D①-⑤	D①③	D
E①-⑦	E④⑥	E③
F①-⑧	F②	
G①-⑦	G④	G
H①-③		H①②③
I①-⑦	I①②⑦	
J①-⑨		J④⑥

생략되어 있으며 H를 제외한 단락은 한 문장 혹은 포괄적인 의미로 요약된 한 문장으로 재생하였다. 그러나 총 문장 수로 보면 여11은 13문장을, 남6은 8문장을 재생하였다. 성적 상위, 중위권의 성별 차이가 컸던 것에 비하면 하위권의 남녀 차이가 가장 근소한 차이를 보였다.

여11과 여5, 여10과 비교하면 여11에만 B, H, J가 생략되었고 문장 수도 여5는 30문장, 여10은 31문장에 비해 여11은 13문장에 그쳐서 여성의 경우 성적 상위권과 중위권의 듣기 능력은 크게 차이가 나지 않는 것에 비해 성적 하위권인 여11의 듣기 능력이 상위권과 중위권에 비해 떨어지는 것을 확인할 수 있었다.

13) 단락 알파벳 뒤에 문장의 숫자가 생략되어 있는 것은 A단락의 5문장을 다 포괄해서 한 문장으로 표현했기 때문이다.

남6과 남7, 남10과 비교해 보면 남자의 경우 성적 상위권의 듣기 능력이 가장 떨어지고 가장 듣기능력이 좋은 경우는 성적 중위권인 남10이다. 하위권인 남6은 그 중간이다.

여11의 재생문

A ② 엘리자베스가 도로테아에게 보물상자를 조심하라고 함. ④보물상자는 본디 도로테아의 것이고 ⑤도로테아는 그것을 매우 아낀다. C⑤엘리자베스는 죄수의 딸과 한방을 쓰려면 물건 간수를 잘 해야 한다고 덧붙이고, D①뒤오르는 무슨 말인지 되묻는다. ③그 말을 들은 레나테는 울음을 터뜨린다. E④엘리자베스는 원래 남들을 잘 괴롭히는 아이고 ⑥신경쓰지 않는 척해야 더 심하게 괴롭히지 않는다. F②원래 엘리자베스를 싫어했던 나는 ⑤순간 왈칵 화가 올라와 G④엘리자베스에게 뛰어들어 I①엎치락 뒤치락 싸우기 시작했고 ②때리고 할퀴고 물고 심하게 싸웠다. ⑦공중을 오가는 손이 누구의 것인지 모르다가 한 대 후려치면 그제야 알았다.

남6의 재생문

* 4명이 한 방에 있는 기숙사. A엘리자베스가 바느질하면서 정신공격. C그 후 메나테 정신공격. D메나테 울음. E③나는 메나테가 불쌍하다고 생각, G나중에 빡쳐서 벌떡 일어나 엘리자베스 어깨 잡음. H①엘리자베스 당황하나 곧 ②따귀공격. ③나도 받고 따귀공격. 눈에 뵈는게 없는 상태 돌변 J④⑥나는 엘리자베스 비명질러도 때림.

2.2.3 재생 오류가 있는가

1) 생략

원문과 재생문을 비교하여 단락이 생략된 것을 살펴보았다.

표 3.6 재생문의 생략 양상

성	번호	생략 단락	성	번호	생략 단락
남	1	A-G생략	여	1	C-J생략
남	2	ABCDEG생략	여	2	BH생략
남	3	A-G I 생략	여	3	ABC FJ생략
남	4	BCF생략 문장 파편적으로 기억	여	4	없다
남	5	ABCDE J생략	여	5	없다
남	6	BCDEF생략	여	6	없다
남	7	ADEFHI생략	여	7	없다
남	8	EFGHIJ생략	여	8	BDEFGH생략
남	9	ADFJ생략	여	9	없다
남	10	BE부분생략	여	10	없다
남	11	CDJ생략	여	11	J생략
남	12	BEJ생략	여	12	CE생략
남	13	B생략	여	13	없다
남	14	없다	여	14	C-J생략

원문이 64문장의 장문이기 때문에 문장 전체를 재생하는 것은 불가능하다. 너무 많은 문장을 기억하는 것이 가능하지 않을 때 생략이 일어나게 된다. 그래서 대상자들은 전략적으로 문장을 요약하게 된다.

이 글의 재생문에서 문장 단위로 생략을 살펴보면 모든 재생문에서 생략이 일어났으나, 단락 단위로 생략을 살펴 보면 그 결과는 다르다. 이 글에서는 생략을 단락에서 한 문장도 재생되지 않은 경우로 설정하였다.

그 결과 전체적으로 볼 때 남자가 여자보다 생략이 더 많이 일어난 것을 확인할 수 있다. 여자의 경우 생략 없이 재생한 경우가 여4-7, 여9, 10, 총 7명으로 50%에 해당한다. 남자는 남14, 단 한 명뿐이다.

남1-9, 여1, 여3, 여8, 여14는 재생문을 읽고 원문의 내용을 짐작하기 어렵다. 실제 의사소통의 장에서는 들은 이야기를 제3자에게 제대로 전달하지 못할 수 있어서 의사소통에서 문제가 될 수 있다.

2) 특정 부분만 부각

재생문 중에서 유독 특정 단락, 특정 부분만을 구체적으로 쓴 경우가 있었다.

> 남1의 재생문
> 서로 때리고 머리 부딪히며 싸웠다. 싸움 상대가 힘이 셌지만, 본인도 좀 세다고 생각하고 싸웠다.
>
> 남3의 재생문
> 누군가가 비명을 질렀다. 분명 엘리자베스의 비명이었다. 내가 아니라 엘리자베스가 비명을 지른 것이다. 나는 주먹을 꽉 쥐고 계속해서 때렸다. 얼굴에 뜨거운 것이 흘렀지만 신경쓰지 않고 계속 때렸다.

남1의 경우는 싸우는 장면을, 남3의 경우는 싸움 중 비명을 지른 부분을 부각해서 재생하였다. 대상자에게 그 이유를 물어서 대상자가 인식하는 분명한 이유가 있는지를 확인하게 되면 자기 경험이 듣기에 미치는 영향에 대해서도 인식할 수 있는 기회를 제공할 수 있다. 이런 부분을 인문치료에서 간과하지 않고 내담자와의 대화를 통해 접근하게 되면 듣기의 오류로 반영된 내담자의 심리에 접근할 수 있다.

3) 내용 왜곡

재생문에서 내용이 왜곡된 경우가 있었다.

표 3.7 재생문의 내용 왜곡 예시

	원문	재생문
남14	누구든지 이 상자에 손대기만 하면 내가 가만두지 않을 거야. A⑤	도르테아가 엘리자베스를 죽여버리겠다고 했다.
	잉크가 책상 위를 흐르다가 바닥에 뚝뚝 떨어졌다.G②	잉크병이 떨어져서 로즈마리의 침대를 타고 잉크가 흘렀지만 상관하지 않았다.
남10	나는 주먹을 꽉 움켜 쥐고	나는 그의 머리카락을 움켜잡았다.
여4	잉크병이 싸움 이전에 떨어짐.G②	잉크병 떨어지는 내용이 싸움 이후에 나온다
여11	비밀상자	보물상자

남14는 두 부분에서 오류가 있었는데, 불특정 다수에게 한 협박을 '엘리자베스'에게 한 것으로 잘못 재생되어 있고, 그 표현 정도도 '가만두지 않겠다'에서 '죽여버리겠다'로 강하게 표현하고 있다. 또한 원문 G② 문장에서 잉크가 책상 위에서 바닥으로 떨어진 것을 잉크가 로즈마리의 침대를 타고 흘렀다고 잘못 재생하고 있다. 남10은 움켜쥠이 주먹에서 머리카락으로 잘못 재생되었다. 여4의 경우는 본문 G② 부분의 내용이 싸움 이전에 있었던 일인데, 싸움 중간에 벌어진 일로 재생하였다. 여11의 경우는 도로테아의 비밀상자가 보물 상자로 바뀌었다.

내용 왜곡은 28명 대상자들의 재생문을 대상으로 한 점을 고려하면 수적으로는 별로 많지 않았다. 내용의 왜곡도 원문의 중요사건이 아닌 지엽적인 부분에서 일어나고 있다. 그러나 실제 의사소통의 장에서는 지엽적인 사실로 오해와 갈등이 빚어질 수 있어서 듣기 활동을 할 때 내용 왜곡이 일어난 부분에 대해서 자신의 듣기 습관과 연관해서 생각할 기회를 제공하면 새로운 통찰에 이를 수 있다.

남녀 차이가 현격하게 나타난 것은 아니지만, 남자14, 남10의 경우는 디테일한 부분에서 잘못 듣기가 일어났다면 여자4의 경우는 사건의 시간적 위치에서 잘못 듣기가 발생하였다.

4) 고유명사 오류

원문에는 5개 외국인 이름인 고유명사가 나온다.[14)] 이 고유명사를 어느 정도 기억해서 재생하는가를 살펴 보았다. 우선 고유명사가 원문 어느 위치에 나타나는지 출현 위치, 빈도수, 고유명사의 친숙도, 사건의 참여도, 음절수를 고유명사 기억의 변수로 가정하였다. 각 고유명사의 출현 위치는 도로테아는 A, B 단락에, 엘리자베스는 세 단락(B, H, I)을 제외한 모든 단락에, 레나테는 D, E 단락에, 로즈마리는 G 단락에 듀로는 D단락에 나타난다. 출현 위치는 7 영역에 넓게 분포되어 있는 엘리자베스, 앞 부분에 나오는 도로테아, 중간 단락에 나타나는 로즈마리, 듀로, 레나테로, 출현 위치 상 유리한 고유명사는 엘리자베스 > 도로테아 > 로즈마리, 듀로, 레나테 순이다. 그리고 빈도수는 도로테아가 3회, 엘리자베스가 9회, 레나테

---

14) 이 글에서 사용한 원문이 번역문이기 때문에 등장인물의 이름이 모두 외국 이름이다. 김수업(1992:134-135)에서는 고유어보다는 외래어를 듣는 것이 훨씬 어려울 것으로 예상되었으나, 나타난 결과에서는 그런 차이를 두드러지게 확인할 수 없었고 외래어들이 특별하게 듣기를 방해하는 요인으로 작용하지 않은 것 같다고 하였다.

가 3회, 로즈마리, 듀로가 각각 1회이다. 빈도는 엘리자베스 > 도로테아 > 레나테 > 로즈마리, 듀로 순이다. 또한 고유명사의 친숙도는 엘리자베스 > 로즈마리 > 도로테아, 레나테, 듀로 순이다. 사건의 참여도는 엘리자베스 > 도로테아, 레나테 > 로즈마리, 듀로 순이다. 음절수 면에서는 듀로 > 레나테 > 도로테아, 로즈마리 > 엘리자베스 순이다.

원문의 고유명사 자료를 분석하면 엘리자베스 > 도로테아 > 레나테, 로즈마리 > 듀로 순으로 재생이 유리할 것으로 예상하였다.

표 3.8 고유명사 오류 변수

변수항목	순위
출현 위치	엘리자베스> 도로테아>로즈마리, 듀로, 레나테
빈도수	엘리자베스>도로테아>레나테>로즈마리, 듀로
친숙도	엘리자베스>로즈마리>도로테아, 레나테, 듀로
사건의 참여도	엘리자베스>도로테아, 레나테>로즈마리, 듀로
음절	듀로>레나테>도로테아, 로즈마리>엘리자베스

재생문의 고유명사 재생 결과를 분석하여 <표 3.9>로 정리하였다.

고유명사 재생 결과를 먼저 정리하면 엘리자베스 > 도로테아 > 레나테 > 로즈마리 > 듀로 순으로 가설 순서와 일치한다. 고유명사 각각의 재생 정도를 살펴보면 다음과 같다.

첫째 남자의 경우 '도로테아'는 5명이 정확하게 재생했으며 8명은 재생하지 못했고, 1명은 불완전하게 재생하였다. 여자의 경우는 6명이 정확하게 재생했고, 5명은 재생하지 못했다. '도로테아'는 출현 위치가 원문의 앞부분이고, 빈도수가 높고, 사건의 참여도도 사건이 전개되는 데 중요한 역할을 하고 있다. 3명은 각각 '도로테', '도르테아', '도로시아'(2)로 잘못 재생하였는데, 도로테아의 두 번

표 3.9 고유명사 재생 결과 분석

남자	도로테아	엘리자베스	듀로	레나테	로즈마리	
1	X	X	X	X	X	0
2	X	X	X	X	X	0
3	X	O	X	X	X	1
4	X	X	X	X	X	0
5	도로테	O	O	멘해테	X	2
6	X	O	X	메나테	X	1
7	X	O	X	X	X	1
8	O	O	X	맨하테	X	2
9	X	O	X	X	X	1
10	O	O	X	O	X	3
11	O	O	X	O	X	3
12	O	O	X	X	X	2
13	O	O	X	O	X	3
14	X	O	X	메나테	X	1
	5	11	1	3	0	

여자	도로테아	엘리자베스	듀로	레나테	로즈마리	
1	X	O	X	X	X	1
2	X	O	X	X	X	1
3	X	O	X	O	X	2
4	도르테아	O	듀올	레나데	O	2
5	O	O	X	X	O	3
6	도로시아	O	X	O	X	2
7	도로시아	O	X	내난테	O	1
8	O	O	X	X	X	2
9	O	O	X	매나테	X	2
10	O	O	X	X	X	2
11	O	O	X	O	X	3
12	X	O	X	X	X	1
13	O	O	X	테란스	O	3
14	X	O	X	X	X	1
	6	14	0	3	4	

째 음절인 '로'는 음의 유사성으로 '르'로 재생 오류가 있었고, 세 번째 음절인 '테'는 '시'로 잘못 재생되었다.

둘째 엘리자베스는 남자의 경우 11명이 재생하였고, 3명이 재생하지 못했다. 여자의 경우는 14명 전원이 재생하였다. 엘리자베스는 원문 거의 전체에 출현하였고 빈도수가 높고, 친숙도, 사건의 참여도 모두 높고 다만 음절 기준으로 보아 5음절이므로 재생에 불리하다. 그러나 엘리자베스는 재생 순위가 가장 높은 단어이다. 이를 통해 친숙한 정보, 빈도수, 사건의 참여도 출현위치가 재생에 긍정적 영향을 끼치는 것을 확인할 수 있었다. 친숙한 정보는 새로운 정보보다 재생하기에 유리한 것으로 보인다.

셋째 듀로는 남녀 합해서 한 명이 재생하였고, 한 명은 듀올로 잘못 재생하였고 그 나머지는 재생하지 못했다. 듀로는 음절수에서는 가장 짧지만 출현 위치, 빈도수, 친숙도, 사건의 참여도 모두 마지막 순위이다. 재생하기에 음절수는 별로 영향을 끼치지 않는 것으로 볼 수 있다.

넷째 레나테는 남자의 경우 3명이 재생하였고, 4명이 각각 '멘해테, 메나테, 맨하테, 메나테'로 잘못 재생하였으며, 나머지는 재생하지 못했다. 여자의 경우는 3명이 재생하였고, 4명이 각각 '레나데, 내난테, 매나테, 테란스'로 잘못 재생하였다.

오류를 자세히 살펴 보면 레나테의 첫 번째 음절은 '메'로 잘못 재생된 예가 많고, 두 번째 음절 '나'는 '테란스' 외에는 모두 '나'로 재생되었다. 세 번째 음절 '테'도 '테란스' 외에는 '테' 또는 같은 계열의 평음인 '데'로 재생되었다. '테란스'는 '레나테'의 각 음절의 초성이 섞여서 잘못 재생된 교체 오류의 예이다.

다섯째 '로즈마리'의 경우는 남자의 경우 한 명도 재생하지 못했으나, 여자의 경우 4명이 재생하였다. '로즈마리'는 친숙도가 엘리자베스 다음으로 높은 어휘인데, 여자의 경우만 친숙도가 영향을 미친 것으로 보인다.

정리하면, 남자와 여자의 차이가 뚜렷이 보이는 고유명사는 엘리자베스, 로즈마리이다. 엘리자베스는 여자의 경우 모두 재생하였고, 남자는 3명이 재생하지 못했다. 로즈마리는 남자는 한 명도 재생하지 못했고 여자는 네 명이 재생하였다. 도로테아에서는 여자가 약간 앞섰으며 레나테와 듀로는 비슷하다. 고유명사의 재생 오류에 있어 남녀의 차이가 극명하였다.

이 글에서 살펴본 바에 따르면 서사 구조의 지문을 남자와 여자에게 들려주었을 때 재생하기에서 여자의 경우 생략 없이 재생한 경우가 총 7명으로 50%에 해당한다. 남자는 한 명이었다. 또한 특정 부분이 부각된 경우도 남자의 경우만 있었다. 내용 왜곡 부분에서는 성별의 차이를 볼 수 있을 정도로 충분한 예가 없었다. 마지막으로 고유명사 재생 오류에서도 남녀의 차이가 극명했고 엘리자베스와 로즈마리의 경우 뚜렷한 차이를 보였다. 고유명사 재생이 잘된 순서는 엘리자베스 > 도로테아 > 레나테 > 로즈마리 > 듀로 순으로 고유명사의 출현 위치, 빈도수, 친숙도, 사건의 참여도, 음절수 등을 고려한 가설 순서와 일치했다.

이 글에서는 서사 구조의 64문장 지문을 듣고 재생하기의 특징과 재생문에 나타난 오류를 고찰하였다. 이 글에서는 첫째 단락의 순서를 유지하고 있는가. 둘째 요약이 핵심 내용만으로 구성되었는가. 또한 핵심 내용과 구체적으로 기술되어 있는가. 오류 영역에 있어서는 첫째 생략된 단락은 있는가. 둘째 특정 단락만을 부각시키고 있는가. 셋째 잘못된 내용이 포함되어 있는가. 넷째 원문의 이름 고유명사를 어느 정도 기억하고 있는가에 대해 고찰하였다.

이 글의 원문인 서사문의 경우는 여자가 남자보다 훨씬 더 잘 들었다. 다른 종류의 글과 순위를 비교하기는 어려우나 여자가 남자보다 현저하게 잘 듣고 있는 점은 묘사문과 일치되는 특징이다.

인문치료에서는 다양한 인문학의 텍스트를 활용하여 말하기, 듣기, 읽기, 쓰기, 생각하기, 그리기 등의 다양한 표현 이해 활동을 하게 된다. 인문치료에서 활용하는 문학, 역사, 철학 등 인문학 텍스트를 선택할 때에 어떤 유형의 텍스트가 어떤 대상자에게 적합한 것인가에 관심을 기울이게 되는데, 성별에 따른 듣기 능력의 차이가 있으므로 성별에 따라 텍스트 선택에 주의해야 한다. 이 글에서는 듣기 측면에서 서사문의 텍스트가 남자보다 여자에게 유리해서 서사 텍스트를 선정할 때도 남자의 경우는 서사 구조가 너무 복잡하지 않은 서사를 선택하는 것이 필요하다. 참여하는 내담자들이 치료 텍스트를 충분히 공감하는 것은 인문치료에서 매우 중요한 부분이기 때문에 참여자의 기초적인 듣기 능력을 고려한 텍스트 선정이 필요하다.

또한 이 글에서 살펴본 내용을 토대로 대상자의 듣기 태도를 진단하고 자신의 듣기 태도를 인지할 기회를 주면 듣기 습관을 수정할 수 있다. 이 글은 인문치료 대상자의 듣기에 대한 양상을 분석하여 듣기 태도를 진단하는 기초 자료를 마련하였다.

※ 이 글은 『인문학연구』45(2013)에 실린 필자의 논문 「인문치료에서 남녀의 듣고 재생하기 특징과 오류 양상-서사문 텍스트를 중심으로」를 수정한 것이다.

제2부

인문치료의 언어

4장

은유

1. 감성과 인문치료의 언어, 은유

이 글의 목적은 은유가 감성과 인문치료에 적합한 언어임을 살펴보는 데 있다. 또한 관용표현이 한국인의 감성을 연구하는 데 중요한 연구대상으로, 또 인문치료에 활용할 수 있는 은유표현으로서 지니는 중요성을 고찰하고자 한다.

은유는 전통적으로 장식적인 것으로 보아 문체의 최고 장식으로 여겼다. 은유는 비유법 중 가장 대표적인 비유법이다. 넓은 의미의 은유는 비유법 전체를 뜻하기도 하며 좁은 의미의 은유는 상호간의 유사성 정도나 기준 또는 비유 방법상의 차이에 의해 제유나 환유 등과 구분되는 것이다. 이 글에서의 은유는 환유와 제유를 포함하는 넓은 의미의 은유, 비유법 전체를 의미한다.

은유에 대한 관심은 아리스토텔레스의 수사학에서부터 비롯된다. 아리스토텔레스는, 은유는 다른 것에 속하는 명칭을 어떤 사물에 적용하는 것이라고 보았다. 아리스토텔레스는 은유를 수사적인 기능으로 이해했다. 18-19세기 낭만주의적 관점에서는 은유를, 언어의 독창적인 의미를 생산해 내는 창조적인 것으로 생각하고 세계를 경험하는 하나의 방법으로 보았다. I. A. Richards(1936)은 은유의 두 가지 구성인 원관념(tenor)과 보조관념(vehicle)을 지적하였고, 은유를 원관념과 보조관념에 의해 주어진 문맥 사이의 상호작용이라고 하였다.[1]

은유는 언어학에서는 별로 주목을 받지 못했다. 구조주의 언어학과 변형생성문법에서는 의도적 일탈, 선택제약의 위배라고 보고 연구대상에 포함시키지 않았다. Searle(1969)은 직설적인 표현만으로는 표현하지 못하는 공백을 메꾸어 주는 것이 은유의 기능이라고 함으로써 은유를 부차적인 것으로 보았다. 또한 은유는 과장법, 제유, 환유를 포함해서 사실인 것만 말하라는 Grice(1975)의 대화상 질의 격률을 위배하고 있다.

박영순(2000:47)은 은유의 의도적인 일탈이 중요한 이유를 표현이 갖는 효과에 있다고 했다. 즉 청자가 이런 일탈을 대할 때 긴장 혹은 놀람이 화자 편에서 기대하는 효과일 것이다. 일탈의 표현은 청자의 주의를 환기시키고 긴장하게 한다. 이러한 긴장, 놀람 등의 감정이 우리의 모든 정서의 강도를 높여 우리를 놀라게 만든 그 내용에 주의하게 만든다고 하였다. 이는 Goatly(1997)에서 밝힌 은유의 13가지 기능 중 정보제공의 강화기능(enhancing memo- rability, foregrounding and informativeness)과 정서적 태도의 표현기능(expressing emotional attitude)에 해당된다.

언어학에서 은유가 본격적으로 조명을 받게 된 영역은 인지언어학에서이다. Lakoff와 Johnson은 우리가 생각하고 행동하는 일상적 개념체계는 근본적으로 은유적이라 하였다.[2] 은유체계는 중요한

---

1) 박영순(2000), 『한국어 은유 연구』, 고려대학교출판부, pp.3-33.

생각에 대한 개념화가 어떠한지를 보여줌으로써 은유가 우리의 사고와 언어사용에 본질적이라고 하였다.

이 글에서는 인지언어학의 입장에서 은유에 대하여 논할 것이다. 또한 주요한 인지언어학적 개념을 원용할 것이다. 은유의 구조에 해당하는 용어로 은유에 참여하는 두 영역은 특정한 이름을 가지는데, 개념영역을 이해하기 위해서 은유적 표현을 끌어들이는 영역을 근원영역이라 하고 이런 방식으로 이해되는 영역을 목표영역이라 한다.[3] 이는 I. A. Richards(1936)의 보조관념(vehicle)과 원관념(tenor)에 각각 해당된다.

Zoltan Kȍvecses(2003:12-13)에서는 오이디푸스 신화 중 스핑크스의 수수께끼 이야기에서 은유가 지닌 중요성을 강조하고 있다. Zoltan Kȍvecses는 오이디푸스가 그 수수께끼를 푸는 데 두 개의 은유를 활용했다고 하였다. 두 개의 은유는 [인간의 삶은 하루]라는 은유와 [인간의 삶은 여행]이라는 은유이다. [인간의 삶은 하루] 은유는 오이디푸스가 목표 개념인 인생과 근원영역인 하루 사이에서 얻어지는 대응 관계에 의해 도움을 받았다는 것이다. 아침은 유아기에 대응되고 한낮은 성숙한 성인기에, 저녁은 노년기에 대응된다. 그가 개념은유를 알았기 때문에 올바른 해답을 제공할 수 있었다. 또 [인간의 삶은 여행] 은유를 통하여 그 수수께끼의 성공적 해결에 이르는 여행이라는 개념을 환기시켰다. 이 해석은 그 신화의 많은 부분이 여행의 형태로 오이디푸스의 인생 이야기인 사실에 의해 강

---

2) Lakoff, G. & Johnson, M., 노양진 · 나익주 역(2006), 『삶으로서의 은유』, 도서출판 박이정, p.21.

3) Zoltan Kȍvecses, 이정화 외 3(2003), 『은유』, 한국문화사, p.3.

화된다고 하였다. 무엇보다도 중요한 것은 적어도 이 경우에 오이디푸스의 목숨이 부분적으로 그의 은유적 지식에 의해 구출되었다는 점이다. 이는 은유의 중요성을 간접적으로 보여주는 것이다.

이 글에서는 은유의 어떤 면이 은유를 감성의 언어가 되게 하는지, 인문치료에 은유의 어떤 측면이 활용될 수 있는지를 살펴보도록 하겠다.

1.1 감성의 언어, 은유

1.1.1 은유 의미의 유연성

언어의 감성적 요소에는 첫째 비유법, 둘째 감성적인 어휘, 셋째 화자의 음성, 표정을 포함한 몸짓 등이 있다.[4]

이 중에서 비유법은 의미에 있어서 다양한 의미 해석이 가능한 유연성을 지닌다. 은유가 사용된 문장에서 의미의 유연성을 살펴볼 수 있다.

(1) ㄱ. 내 마음이 혼란스럽다.
ㄴ. 내 마음은 갈대다.

(1)의 어휘인 '마음', '혼란스럽다', '갈대'의 개념적 의미는 (2)와 같다.

(2) ㄱ. 마음 : 사람이 본래부터 지닌 성격이나 품성.[5]

---

4) 논의의 초점 때문에 내용적인 부분은 제외하였다.

5) 마음
① 사람이 본래부터 지닌 성격이나 품성.
② 사람이 다른 사람이나 사물에 대하여 감정이나 의지, 생각 따위를 느끼

혼란스럽다 : 보기에 뒤죽박죽이 되어 어지럽고 질서가 없는 데가 있다.

ㄴ. 갈대 : 볏과의 여러해살이풀.[6)]

(1)ㄱ의 문장은 (2)ㄱ의 개념적 의미로 충분하지만 (1)ㄴ의 경우는 (2)ㄴ의 개념적 의미로는 그 의미를 전달할 수 없다. (1)ㄴ은 마음을 갈대에 비유한 은유 문장이기 때문이다. (1)ㄴ에서 '갈대'는 비유적 의미로 '흔들리다'라는 갈대의 특성과 마음의 흔들림이라는 유사성에 근거한 은유이다.[7)] 그러나 (1)ㄴ은 '흔들리다'라는 의미만으로 고정되지는 않는다. 갈대와 마음의 유사성인 '약함'이라는 다른 의미로 볼 수도 있다. 개인의 '갈대'에 대한 개별 경험에 의해서 개별적인 의미로도 해석될 수 있다. 이를 비유적 언어가 지닌 유연성이라고 할 수 있다. (1)ㄱ과는 달리 (1)ㄴ은 의미가 고정되지 않고 열려 있어서 다의적인 의미 중 선택에 의한 의미해석이 가능하므로 사고의 유연성을 갖게 한다. 열린 의미의 비유적 언어가 관습적으로 사용되고 일정한 의미로 고정이 되면, 다시 말해 보편성

거나 일으키는 작용이나 태도

③ 사람의 생각, 감정, 기억 따위가 생기거나 자리 잡는 공간이나 위치.

④ 사람이 어떤 일에 대하여 가지는 관심.

⑤ 사람이 사물의 옳고 그름이나 좋고 나쁨을 판단하는 심리나 심성의 바탕.

⑥ 이성이나 타인에 대한 사랑이나 호의(好意)의 감정.

⑦ 사람이 어떤 일을 생각하는 힘.

6) 갈대 : 볏과의 여러해살이풀. 높이는 1~3미터이며, 잎은 길고 끝이 뾰족하다. 줄기는 단단하고 속이 비어 있으며 발, 삿자리 따위의 재료로 쓴다. 습지나 물가에 자라는데 우리나라를 비롯하여 전 세계에 널리 분포한다.

7) 윤평현(2008), 『국어의미론』, 역락, p.174.
울만(S. Ullmann)은 비유적 언어의 보기로 사물의 유사성에 바탕을 둔 은유와 사물의 인접성에 바탕을 둔 환유를 들고 있다고 하였다.

을 얻게 되면 이를 죽은은유[8]라고 한다.

어휘의 의미는 Leech의 의미의 분류에 따르면 개념적 의미(Conceptual meaning), 연상적 의미(Associative meaning), 주제적 의미(Thematic meaning)로 대분할 수 있다.[9] 개념적 의미는 말이 쓰이는 상황이나 사람에 관계없이 일정하게 지니는 의미로, 객관적이고 고정적이며 사회성을 지닌 의미이고 의미가 변화하는 데는 일정한 시간이 흘러야 한다. 개념적 의미와 대비된 의미인 연상적 의미는 주변적이고, 개방적인 의미로 개인적 경험에 의한 개별적인 의미 등 비확정적인 의미이다. 연상적 의미에는 내포적 의미(connotative meaning), 사회문화적 의미(social meaning), 감화적 의미(affective meaning), 반영적 의미(reflected meaning)가 포함된다. 주제적 의미는 말의 순서, 초점, 강조를 위해 메시지를 조직하는 방법에 의해 전달되는 의미이다.

Black(1962)은 은유 구조의 두 영역인 목표영역과 근원영역이 일상적인 문화배경, 개인의 태도 그리고 앞선 담화에 의해 설정되는 특별한 의미를 포함하는 연합된 함의를 갖는다고 하였는데[10] 이는 은유에 의한 비유적 의미가 연상적 의미에 속함을 보여준다.

주로 정확한 정보차원의 언어에서는 외연 중심의 개념적 의미가 중심이 되고, 문학적인 언어, 감성적인 언어 사용에 있어서는 연상적 의미가 중요하다.

---

8) 이것도 은유가 지닌 참신성, 창조성이 관습화되었다는 것을 은유의 생명이 다했다고 보는 일종의 은유에 의한 조어이다.

9) 염선모(1987), 『국어의미론』, 형성출판사, pp.28-35.

10) Black, M. *Models and Metaphors: Studies in Language and Philosophy*, New York: Cornell University Press, 1962.

정확한 의사소통은 개념적 의미 사용이 중심이 되어야 하지만 관계적이고 감성적인 의사소통의 경우는 개념적 의미만으로는 충분치 않다. 어휘의 연상적 의미는 감성적인 의사소통, 관계지향적인 의사소통에 있어서 중요하다. 이 중에서 개인의 경험은 개인의 감성과도 밀접한 연관성을 지니고 있어서 개인의 다양한 경험은 다양한 연상적 의미를 지닌다.

언어구성원들에게 개념적 의미의 어휘는 사회성을 지니지만, 연상적 의미는 그 개인의 삶의 경험, 그 삶을 받아들이는 인생관, 가치관에 따라 다르다. 어휘의미면에서 연상적 의미를 파생시키는 개인 경험적인 의미는 감성과 깊은 연관성을 지닌 부분으로 주목해야 할 영역이다.

(2)에서의 은유는 어휘가 다양한 의미를 얻는 방법 중 하나이다. 감성[11])이 어떤 사건을 얼마만큼 폭넓게 이해하고 있는가에 따라 감성의 폭이 달라진다. 어휘의 개별적이고 다양한 의미는 폭넓은 느낌을 주고 유연한 사고를 도울 수 있다는 점에서 감성과 연관성이

---

11) James W. Kalat, Michelle N. Shiota, 민경환 외 4 역(2009), 『정서심리학』, 시그마프레스, pp.3-4.
감성의 정의는 내리기 어렵다. 감성과 연관성이 있는 용어로 정서, 감정, 감수성 등을 들 수 있는데, 정서(emotion)란 용어는 문자 그대로 일종의 운동(emotion), 밖으로 향한 운동을 의미한다고 하였고, 정서(emotion)란 용어는 처음 일상에서 사용되기 시작했을 때 소란 혹은 소요를 의미했고, 사람들은 천둥을 대기의 'emotion'이라고 일컬었다.
정서의 전형적인 정의는 Robert Plutchik의 것으로 "정서는 자극에 대한 추론된 복합적인 반응들의 연쇄로서 인지적 평가, 주관적 변화 자율체계 및 신경세포의 각성, 행동 충동성 그리고 복합적인 연쇄를 유발시킨 자극에 영향을 주도록 고안된 행동을 포함한다." 감정(feeling)은 감각과 연관성이 있는 것으로 희노애락의 하위감정으로 분류된다.

깊다고 하겠다. 이분법적으로 나눌 수는 없겠지만 이성에 대한 언어는 객관적이고 고정적인 의미체계인 개념적 의미 중심이어야 하고, 감성에 대한 언어는 주관적인 면과 열린 의미체계를 지닌 연상적 의미가 중심이 되어야 한다. 그래서 비유적 언어인 은유는 연상적 의미의 언어이고 다양한 의미가 제공하는 유연한 사고과정은 은유가 감성을 표현하는 언어임을 보여준다.

1.1.2 자기체험의 확장과 은유

감성의 다른 특징을 보면, 보통 사람들은 본인과 상관없는 일에 감정이 동하지 않게 되지만 자신과 관련성이 있는 사건에 대해서는 아픔을 느끼고, 눈물을 흘리며, 화를 내고, 크게 기뻐한다. 감성은 어떤 문제를 자기 문제로 받아들이는 것과 관련이 있다. 이를 자기체험의 확장이라고 할 수 있는데, 자기체험을 어디까지 확장하느냐에 따라 감성의 폭이 달라진다고 할 수 있다.

그렇다면 감성은 자기체험 확장 능력이라고도 할 수 있다. 자기체험 확장이란 게슈탈트 치료에서 내담자의 체험영역 즉 '나 경계'를 확장시켜 주는 것이다. 김정규(2009:84)에서는 '나 경계'가 넓어질수록 내담자는 자신들의 욕구와 감정을 다양하게 체험할 수 있게 되고 그만큼 활동영역도 넓어지게 되는데 이것이 게슈탈트 치료의 목표이면서 인문치료의 목표이기도 하다.

은유는 새로운 영역을 친숙한 영역으로 재해석해서 새로운 영역을 받아들이는 특징이 있다. 은유는 구조면에서 자기가 이해하기 위한 영역을 가장 친숙한 영역과의 관계를 통해 이해하는 구조로 근원영역과 목표영역을 들 수 있다. 이정화외 3 역(2003:3)에서 제시한 관용표현의 목표영역 예로는 인생, 논쟁, 사랑, 이론, 사상, 사회 조직 등과 같은 추상적인 영역이 있다. 또한 근원영역의 예로는 여행, 전쟁, 건물, 음식 사물 등 구체적인 영역을 제시하였다.[12] 목표영역은 우리가 근원영역을 사용하여 이해하려고 하는 영역이다. 은유는 이미 이해하고 있는 근원영역을 토대로 새로운 목표영역을 이해하는 구조를 지닌다. 그 반대의 방향은 이루어지지 않는다. 이를 단일방향성의 원리라고 한다.

은유의 이러한 구조는 감성의 자기개념 확장과 연관성이 있다. 자기개념을 확장하는 감성은 은유와 닮았다. 은유도 새로운 영역을 이해하는 데 친숙하게 알고 있는 자기 세계를 근거로 새로운 영역을 받아들인다. 은유와 감성은 유사한 구조를 지녔다고 볼 수 있다.

(3) ㄱ. 나는 긴장했다.
ㄴ. 진땀이 나다, 진땀을 빼다, 진땀을 뽑다, 진땀이 흐르다, 진땀을 흘리다, 등에 식은 땀이 나다, 등에 식은땀이 흐르다, 손에 땀을 쥐다[13]

(3)의 문장은 모두 동일하게 [긴장함]이라는 개념을 전달하는데, (3)ㄴ은 (3)ㄱ과 비교하여 촉각을 자극하는 표현이다. 김정규(2009:

---

12) Zoltan Kȍvecses, 같은 책, p.39.
Zoltan Kȍvecses은 일상적 목표영역인 감정, 욕구, 도덕성, 사고, 사회, 종교, 정치, 경제, 인간관계, 의사소통, 사건과 행위, 시간, 삶과 죽음을 조사해서 밝혔고, 근원영역에는 인간의 신체와 건강, 질병, 동물, 기계와 도구, 빌딩과 건설, 식물, 게임과 스포츠, 요리와 음식, 경제적 거래, 힘, 빛과 어두움, 열과 추위, 움직임과 방향이 포함된다고 하였다.

13) 정성미(2008), 「신체어 감정 관용 표현의 서술어 의미 연구」, 『한국어의미학』 27, 한국어의미학회, p.14.

318)에서 은유는 기존의 개념적 이해에 '직관'을 부여해주고 복잡한 사태에 대한 단순하고 통합적인 이해를 가져다주는 독특한 이해방식이라고 하였다. 은유는 정확성과 객관성의 언어로 표현하기 어려운 것을 단순하고 통합적이며 간단명료하게 감각적으로 환기시킬 수 있어서 감성을 표현하는 데 있어 적합한 특성을 지닌 언어이다.

1.1.3 관용표현을 통한 한국인의 감성

개인의 감성뿐만 아니라 한국인의 공통적인 감성을 아는 것은 매우 중요하다. 국어에서도 한국인의 공통적인 감성을 파악할 수 있는 자료가 있는데 관용어로 표현된 은유 표현이다. 이 관용표현을 통해 한국인의 공통적인 감성에 접근할 수 있다고 생각한다. 문학에서 대상이 되는 은유는 창조적 은유이고 언어학에서 연구대상이 되는 은유는 죽은은유이다. 죽은은유란 앞서 설명한 바와 같이 은유의 사용과 관련된 표현이 아니고 의미면에서 창조성보다 보편성을 획득한 관용적 은유표현을 가리킨다. 박영순(2000:39)에서는 죽은은유의 보편적 의미와 사용을 고려해서 '일반화된 은유', '대중화된 은유'로 명명을 제안하기도 하였다. 죽은은유는 한 언어공동체의 언어 사용에 고도로 관습적이거나 관습화되어 잘 확립되고 고착되어 있다. 즉 죽은은유는 개인은유와 비교하여 보편성을 갖게 한다. 죽은은유, 관용표현 속의 은유는 한국인의 공통적인 감성이 녹아있는 보고이다.

감성적인 언어인 은유는 비유에 의한 다양한 의미를 통해 유연한 사고과정이 가능하고, 은유는 자기가 잘 아는 근원영역을 통해 목표영역을 이해하는 구조를 지니고 있어서 자기체험 확장 능력의 감성과 '자기화'라는 측면에서 유사성을 지니고 있다. 또한 감성은 생생한 감각, 이미지와 연관성이 있는데, 이를 활성화한 것이 은유표현이다. 한국인의 감성은 한국인들이 오랜 세월 사용한 일반화된 은유 표현을 통해 접근할 때 은유가 지닌 감성과 관용성이라는 보편성을 통해 한국인의 감성에 접근할 수 있다.[14)]

은유가 은유 의미의 유연성과 자기체험 확장에 적합한 구조와 감각을 활성화시키는 측면에서 감성의 언어임을 살펴보았다. 다음은 은유의 어떤 특징이 은유를 인문치료의 언어이게 하는지 살펴보도록 하겠다.

1.2 인문치료의 언어, 은유

『인문치료』에서 인문치료란 인문학적 정신과 방법으로 마음의 건강과 행복한 삶을 위해 인문학 각 분야 및 연계 학문들의 치료적 내용과 기능을 학제적으로 새롭게 통합하여 사람들의 정신적 · 정서적 · 신체적 문제들을 예방하고 치유하는 이론적 · 실천적 활동이라고 정의하고 있다.[15)]

인문치료는 인문학적 가치를 실현하여 마음의 문제를 치료하는

---

14) 김정규(2009), 『게슈탈트 심리치료』, 학지사, p.319.
김정규는 집단에서 은유를 사용할 때 주의할 점으로 집단이 공유하지 않는 개인적인 경험을 은유로 표현해서는 안 된다고 하였다. 개인적인 은유는 많은 성원들의 공감을 얻지 못하고 오히려 집단 의사소통을 방해할 수 있기 때문이다.

15) 강원대학교 인문과학연구소 편(2009), 『인문치료』, 강원대학교출판부, p.20.

데 필요한 인문학 주축의 제반 관련 학문들, 즉 문학, 언어학, 철학, 사학, 종교학, 미학과 관련분야인 예술, 심리학, 상담학, 교육학 등의 학문적 성과를 바탕으로 이루어진다. 철학적 사고, 문학적 상상력, 비유적 표현, 읽기, 쓰기, 말하기, 듣기, 연기하기, 정서적 교감 등을 활용한다.[16)]

이 장에서는 인문치료의 방법 중 비유적 표현인 은유가 지닌 인문치료 도구로서의 가능성에 대해 살펴볼 것이다. 기존의 심리상담 등 치료분야에서는 이미 은유를 치료 도구로 활용하고 있다. 이는 은유의 근본적인 치료적 활용 가능성은 이미 입증된 것이라고 할 수 있다. 그렇다면 인문치료의 도구로서 은유를 활용하기 위해서는 기존의 심리상담에서 활용하는 은유에 대한 고찰과 인문학적인 연구성과를 통해 은유가 치료 도구로서의 이론적 근거를 보완하고 인문학에서 활용할 은유자료들을 더 활용할 때 인문치료 도구로서 은유를 차별화할 수 있을 것이다.

심리상담에서 은유를 적극적으로 활용한 상담가로는 밀턴 에릭슨[17)]이 있다. 밀턴 에릭슨의 은유치료에 있어서 그 특징과 한계점에 대하여 살펴보겠다.

1.2.1 밀턴 에릭슨의 은유치료에 대한 비판

밀턴 에릭슨의 은유치료는 언어 중심, 그 중에서도 스토리텔링

---

16) 같은 책, p.22.

17) 밀턴 에릭슨은 탈이론적이고 내담자의 특성에 기반을 둔 치료적 의사소통을 통해 심리치료를 한 심리치료 상담가이다.

중심의 치료이다. 심리상담이 주로 토킹 큐어(talking cure)이어서 상담자가 내담자의 은유적 언어표현을 통해 상담의 방향을 설정하거나 내담자가 자기 은유를 가지고 스토리텔링하는 것을 활용한다. 이윤주·양정국(2007)은 밀턴 에릭슨의 은유의 원리를 설명하면서 밀턴 에릭슨의 은유치료가 언어 중심의 치료라는 것을 제시하였다.

"Jung은 '상징은 그 본성이 아직 알려져 있지 않기 때문에 다만 짐작될 수밖에 없는 무의식의 내용을 표현하는 가장 좋은 수단이 된다.'라고 주장했다. 따라서 무의식적인 자원을 활용하는 접근은 상징에 대한 언어적인 도구인 은유를 활용해야 한다.[18]"

내담자의 의식과 무의식을 동시에 다루는 도구로서, 의식과 무의식을 연결시키는 상징을 이야기하는 것이 바로 은유다.[19] "대화의 도구로서 은유는 감정과 지성을 동시에 활성화하고, 단순히 말하거나 들을 뿐 아니라 언어를 경험하게 한다.[20]

밀턴 에릭슨의 은유 개념은 은유 언어표현을 사용하거나 스토리텔링을 적극적으로 활용하였다. 즉 언어 중심의 은유치료였음을 볼 수 있다. 밀턴 에릭슨의 은유치료에서는 스토리텔링의 기본구조나 중심개념을 토대로 이론화하기보다는 상담과정의 기법으로 활용하는 것을 중심으로 한다.[21]

인문치료에서의 스토리텔링 치료는 스토리텔링에 대한 이론을

---

18) 이윤주·양정국(2007), 『밀턴 에릭슨 상담의 핵심 은유와 최면』, 학지사, p.103.

19) 같은 책.

20) 같은 책, p.105.

21) 같은 책, pp.201-218. 저항활용하기, 양식중단기법 등.

보완하고 상담과정에서의 기법적인 것을 배워서 활용하게 되면 기존 심리치료에서의 스토리텔링적인 은유보다 차별화된 인문학적 치료 도구로 활용될 수 있을 것이다. 이민용(2009:70)에서는 이런 심리치료에서의 이야기치료와의 차별성과 이야기치료의 장점과 효과를 최대한 수용하여 치료적 근거를 확충하는 데 활용해야 할 필요가 있다고 지적하였다. 또한 스토리텔링의 핵심 요소로 캐릭터, 모티브, 사건, 시간, 공간, 거리감, 관점, 시점, 문체(어투), 플롯, 스토리텔링의 매체 등을 제시하였고, 치료원리로 카타르시스, 동일시, 감정이입, 생소화, 성찰 등을 제시하였다.[22] 스토리텔링은 은유적 언어표현를 활용하여 이루어지므로 크게는 은유치료 안에 속한다. 이는 인문치료 내에서 문학치료와 어학치료가 만날 수 있는 한 접점이라고 생각한다.

1.2.2 은유 의미의 유연성과 은유구조

기존의 심리상담에서 은유를 치료도구로 활용할 수 있는 것은 은유가 지닌 간접성에 기인한다고 본다. 은유가 지니는 간접성은 내담자의 문제를 직접적으로 다루지 않고 다른 비슷한 상황에 적용해서 다루는 것으로 내담자가 의식하지 못하는 상태에서 내면의 직접적인 문제를 간접적으로 표현하게 된다. 밀턴 에릭슨은 내담자가 심하게 고통을 겪을수록 그들의 의사소통은 간접적이며, 타인에게서 들어오는 직접적인 의사소통에는 저항하기 때문에 상담자의 접

22) 이민용(2009), 「스토리텔링을 통한 인문치료의 가능성」, 『인문치료』, 강원대학교출판부, pp.60-71.

근도 은유적이어야 한다고 하였다.[23)]

은유의 간접성은 내담자에게 안정감을 주어 자신의 문제를 관조하게 하고, 그 과정에서 내담자 스스로 문제의 해결을 모색하게 한다. 은유가 주는 안정감은 은유의 다의성에서 오는 느슨함으로 볼 수 있다. 느슨함이란 고정된 의미를 강요하지 않고, 언제든지 피할 수 있는 기회와 선택권을 내담자에게 주는 것이다.

은유의 간접성은 어디에서 오는 것인가. 이는 개념은유의 구조에서 비롯된다고 생각한다. 은유는 근원영역과 목표영역이 있는데 근원영역은 잘 알고 있는 친숙하고 구체적인 영역이고, 목표영역은 이해해야 하는 추상적인 영역이다. 목표영역은 내담자의 문제적 상황과 연관성이 있고, 문제해결을 해야 하는 영역이다. 근원영역은 목표영역을 이해하는 내담자의 사고가 표현되는 영역이다.

(4) 엄마는 호랑이다.

(4)에서 엄마는 문제 상황과 연관성이 있고, 문제해결 영역이기도 하다. 호랑이는 엄마에 대한 내담자의 사고가 표현되는 영역이다. 그러나 내담자는 엄마는 무섭다라는 직접적인 언급보다 (4)와 같이 은유적으로 표현하는 것에 훨씬 편안함을 갖게 된다. 이는 목표영역이 근원영역으로 표현되기 때문이다. 또한 내담자는 언제든지 근원영역의 다의성 속으로 안전하게 숨어들어갈 수 있는 다의성의 안전망을 갖고 있다. 은유의 간접성은 은유의 근원영역과 목표영역의 구조와 다의성에서 비롯되었다고 볼 수 있다.

은유의 의미의 유연성과 은유구조는 앞서 살펴본 감성언어로서

---

23) 이윤주 · 양정국, 앞의 책, p.84.

의 은유의 특징과 일치하는 것이다. 이는 인문치료의 목표 중 하나가 자기체험의 확장이고, 그 중에서 감성의 확장과 연관되어 있는 것을 고려해 볼 때 당연한 결과라 하겠다. 다음은 인지언어학에서의 개념은유를 활용한 인문치료와 관용어를 활용한 인문치료 방법에 대하여 살펴보겠다.

1.2.3 개념은유를 활용한 인문치료

심리치료에서의 은유치료가 언어표현 중심인 데에는 은유에 대한 개념이 언어표현으로서의 은유에 국한되었기 때문이라고 생각한다. 인지언어학에서의 은유의 개념은 언어표현으로서의 은유뿐만 아니라, 은유적 사고인 개념은유까지 포함한 개념이다. 인문치료에서의 은유의 개념은 인지언어학의 개념을 전제로 이루어지는데 이것은 여러 학문을 통합해서 이루어져야 하는 인문치료에 있어서 유용하다. 은유적 사고인 개념은유는 언어표현으로도 표현이 되지만 물리적 실제, 미술, 몸짓, 인형 등 다양한 형태로 표현이 가능하므로 여러 치료적 기법을 은유라는 테두리 안에 아우를 수 있게 된다. 미술치료, 몸짓치료, 모래놀이치료, 빈 의자 기법 등 다양한 치료방법 속에 개념은유가 활용되는 것을 확인할 수 있으나 개념은유에 대한 이해는 없다.

김동환 역(2009:31-34)에서 개념은유가 언어와 사고에서는 물론 사회, 물리적 실제에서처럼 비언어적 방식으로 가시화되고 실현된다고 하였다. 개념적 은유가 물리적 실제처럼 가시화되는 예로, 중요한 것은 중앙에 있다는 그 언어적 표명을 고려해서 회의와 다양한 사회적 모임에서 중요한 사람은 중요하지 않은 사람보다 자리배

치에서 더 '중앙의' 물리적 위치를 차지하는 경향이 있다고 하였다. 치료에 활용되는 예로, 실물을 통해 자아정체성의 문제를 개념 은유적으로 이끌어내는 경우도 있다. 산책을 하면서 주변의 사물들을 관찰하고, 관찰하면서 자신과 가장 닮아있는 사물을 가져오는 것은 자아와 실물의 관계를 통해 자아의 문제에 접근하는 것인데, 이는 은유적인 사고로 가능하다. 자기를 표현하는 것에 어려움을 겪는 내담자에게 특히 쉽게 자기를 닮아있는 사물에 빗대어 자기를 표현할 수 있게 돕는다.

인문치료에서의 은유는 은유적 언어표현과 은유적 사고인 개념은유로 크게 나뉜다. 개념은유는 은유 언어표현뿐 아니라 다른 다양한 표현방법으로 구체화될 수 있다. 은유적 언어표현은 은유적 사고를 명시하거나 구체화한다.[24] 은유적 언어표현에는 개념은유가 전제된다. 은유적 언어표현의 단위는 어휘에서 문장, 이야기에 이르기까지 다양하다. 은유적 언어표현은 시, 소설, 신화, 전설, 민요 등의 구비문학 등 다양한 장르에서 많이 활용되고 있어서 문학에서의 다양한 콘텐츠를 통합해서 활용할 수 있는 것도 인문치료에서의 은유치료가 지니는 특성이 될 수 있다.

이는 인문치료로서 매우 중요한 부분인데 인문치료가 인문학을 통해 인간의 정신적, 정서적, 신체적 문제를 예방하고 치유해야 하기 때문에 통합적인 면에 있어서 은유는 여러 분야의 인문학을, 은유를 중심으로 아우를 수 있어 인문치료 도구로서 매우 적합한 특징을 갖게 한다. 이는 인지언어학에서의 은유개념을 전제로 했을 때 가능하다.

---

24) Zoltan Kővecses, 앞의 책, p.7.

1.2.4 관용표현을 활용한 인문치료

관용표현은 한국인의 공통적인 감성의 보고로서 중요한 자료이다. 국어학에서는 속담, 관용어, 직업어에서의 은유 등의 자료를 통한 보편적인 은유를 찾아내어서 이를 여러 형태로 활용하는 것이 가능하다.

한국어의 관용표현이나 속담 등은 한국인의 공통된 생각과 정서를 보여주는 보고이며, 한국어의 관용표현이나 속담에 표현된 은유를 파악하는 것은 인문치료의 방법론에 있어서 매우 중요한 의의를 지니는 연구라고 생각한다. 김정규(2009:319)에서 은유의 진정한 치료적 효용은 각 성원들의 다양한 관점과 경험을 하나의 상징으로 묶어냄으로써 집단 전체의 주의를 한 군데로 집중시켜 주며 그 결과 제각기 흩어져 있던 성원들의 의식을 통일시켜 함께 공동 작업을 해나갈 수 있는 발판을 마련해준다는 데 있다고 하였다.

기존의 보편성을 지니고 있는 관용표현에 표현된 은유를 근거로 치료기법을 고안하게 되면 치료과정에서의 시행착오를 줄일 수 있다. 기존의 상담에서 활용되는 은유를 활용한 촉매기법들이 관용표현에서 전제된 은유인 점은 시사하는 바가 크다. 즉 관용표현, 속담 등 보편성을 획득한 은유표현을 근거로 치료에 적합한 은유를 찾는 국어학적 연구는 인문치료학에 있어서 치료에 적합한 은유를 제공할 수 있을 것이다. 몇 가지 구체적인 활용방법은 2절에서 살펴 볼 것이다.

이 글에서는 은유가 감성과 인문치료에 적합한 언어임을 살펴보았고 한국인의 감성을 연구하는 데 있어서, 또 인문치료에 활용할 수 있는 은유표현으로 관용표현이 지니는 중요성을 고찰하였다.

이 글에서 은유가 감성언어로 적합한 것은 은유의 다의성에 의한 유연성과 은유의 구조에 의한 자기체험의 확장에 있어서 유사성을 지녔기 때문이라고 주장하였다. 또한 은유가 인문치료 언어로 가능한 것도 은유의 다의성과 은유구조에서 오는 간접성 때문이라고 하였다. 이는 감성과 인문치료를 연결시켜 주는 공통된 부분으로 인문치료에 있어서 감성 확장이 치료의 목표와 관련이 있기 때문이다.

개념은유는 언어표현인 은유를 넘어선 개념이어서 은유적 사고까지를 포괄적으로 다룰 수 있게 된다. 이는 통합적인 인문학의 치유적 프레임을 제시하는 인문치료에 있어서 매우 유용한 주요개념이다.

또한 한국인의 감성은 한국인들이 오랜 세월 사용한 일반화된 은유 표현을 통해 접근할 때 은유가 지닌 감성과 관용성이라는 보편성을 통해 한국인의 감성에 접근할 수 있다. 관용표현, 속담 등 보편성을 획득한 은유표현을 근거로 치료에 적합한 은유를 찾는 국어학적 연구는 인문치료학에 있어서 치료에 적합한 은유를 제공할 수 있다는 점에서 의의가 있다.

※ 이 글은 『인문과학연구』 24(2010)에 실린 필자의 논문 「감성과 인문치료의 언어, 은유」를 수정한 것이다.

2. 은유의 치료적 활용

이 글의 목적은 은유가 상담이나 심리치료에서 내담자의 사고를 진단하고 치료하는 도구로서의 가능성을 살피는 데 있다. 은유(metaphor)는 그리스어 동사 metapherein에서 온 것으로 'meta'와

'phora'가 합성된 단어로, 'meta'는 '초월(over, beyond)'의 뜻을, 'phora'는 '옮김, 전이(carring, transfer)의 뜻을 나타낸다. 박영순(2000)[25]에서는 아리스토텔레스의 「시학」에서 은유는 다른 것에 속하는 명칭을 어떤 사물에 적용하는 것으로 보았고, 「수사학」에서는 'like라는 단어를 삭제한 비교로서의 은유'를 언급하였다. 은유의 어원에서나, 아리스토텔레스의 정의에서나 공통적으로 은유는 새로운 세계로의 변화와 관련되어 있음을 볼 수 있다.

전통적으로 은유는 수사학자들의 전유물이고 수사법의 대명사로 여겨질 정도로 수사법의 한 방법으로 간주되었다. 생성언어학에서 은유를 선택제약에 위배된 일탈표현으로 여기고, 연구대상으로 삼지 않았고, Lakoff & Johnson(1980)은 새로운 은유관을 제시하였는데, 은유가 언어표현만이 아니라 개념이나 사고에 해당하는 더 넓은 개념의 것이며, 수사적 목적 외에 의사소통의 전략으로서 더 잘 이해하기 위한 것이라고 하였다. 또한 은유는 특별한 재능이 있는 자들, 즉 수사학자나, 작가의 전유물이 아니라 누구나 사용할 수 있는 일상적인 것이라고 하였다.[26] 박영순(2000)에서도 은유는 가장 생산적인 언어기능으로, 언어의 본질에 가장 가깝게 접근하는 것이라고 하였다.[27]

이 글은 은유가 일상적인 언어표현이고, 의사소통의 전략이라는 인지언어학에서의 은유를 전제로 하여 은유가 일상적인 언어표현, 의사소통의 전략일 뿐 아니라, 사람의 사고, 가치관, 세계관을 진단

25) 박영순(2000), 『한국어 은유 연구』, 고려대학교출판부, p.10.
26) Zoltan Kővecses, 이정화외 3 역(2003). 『은유』, 한국문화사, 서문.
27) 박영순(2000), 『한국어 은유 연구』, 고려대학교출판부, p.35.

하고, 새로운 사고로의 전환을 모색하는 치료 도구로서의 기능을 살펴볼 것이다.

은유는 언어표현의 일종으로 언어가 지닌 본질적인 특징을 전제로 한다. 사람들은 언어를 통해 각자의 사고, 가치관, 세계관 등을 개성 있게 표현하면서 생활하는데, 이는 다른 동물언어와 차별화되는 언어의 창조성 덕분이다. 인간언어를 가장 언어답게 하고, 인간을 가장 인간답게 만드는 언어의 본질적인 특징은 언어의 창조성이다. 날마다 접하게 되는 사람, 사건들에 대하여 고유한 자기 생각을 언어로 표현하면서 생활하는 것은 가장 인간적인 면모를 드러내는 것이라 하겠다. 또한 언어는 역사성을 지닌다. 언어의 역사성이란 언어도 유기체와 마찬가지로 생성, 유지, 소멸의 과정을 겪는 것으로 언어는 끊임없이 변화한다. 언어가 시대적, 사회적 필요에 의해 생성, 소멸, 변화의 과정을 거치는 언어의 본질적인 특징처럼 언어를 통해 표현되는 사람의 사고, 가치관, 세계관도 새로운 사고, 소멸되는 사고, 변화의 사고 과정을 갖게 된다. 은유도 언어표현의 일종으로 본질적인 언어의 창조성과 역사성을 지니고 있다. 사람들은 은유를 포함한 언어를 통해 자기의 사고, 가치관, 세계관을 표현하고, 새로운 변화를 표현하게 된다.

그러나 사람들은 충격적인 사건 앞에 할 말을 잃어버리는 일들을 경험하게 된다. 깊은 마음의 상처를 입은 사람은 말수가 적어지고 말하기를 두려워하게 된다. 말하기를 두려워하게 되면 인간관계의 기피로 연결되고 간혹 우울, 자살 등 극단의 결과를 초래하기도 한다. 말을 잃어버린 사람에게 말할 수 있도록 돕는 것은 중요하다. 말할 수 없는 사람을 말할 수 있게 도와서 그 사람의 상태를 살펴보고, 새로운 관점으로 전환할 수 있도록 도와야 한다. 변학수(2007)

에서는 문학치료의 핵심은 잃어버린 언어를 발견하는 것이라고 하였고, 말할 수 없었던 것, 말하지 못했던 것에 대한 언어를 재생하는 것이 문학치료라고 하였다.[28]

의사소통에서 자기고백은 그 자체로서 치유효과가 있다고 한다. 자기 문제를 중요타인에게 표현하는 것으로써 그 문제를 객관화시킬 수 있고, 자기고백의 과정에서 자기문제에 대한 새로운 인식을 할 수 있는 기회를 가질 수 있다. 또한 자기문제를 타인과 공유하고 타인의 지지를 받으므로 자기 문제를 해결할 수 있는 힘을 얻게 되며 나아가 자기공개를 한 타인과는 더욱 돈독한 관계를 형성할 수도 있다.

그러나 자기고백이 지닌 부정적인 측면도 있다. 신뢰하고 있던 타인이 고백한 내용을 빌미로 삼아 이용할 수도 있고, 비밀을 지켜주지 못해 기존의 신뢰를 무너뜨리는 일도 가능하다. 그러므로 자기고백은 긍정적인 측면과 부정적인 측면을 고려해서 그 정도와 대상을 신중히 고려해야 한다.

일반적인 경우가 이렇다면 내적인 상처를 지닌 사람의 경우는 자기고백, 자기표현을 한다는 것은 그렇게 간단하고 쉬운 일이 아니다. 리쾨르는 과학적, 논리적인 언어보다 비논리적인 언어표현인 은유에 의해 인간에 대한 이해를 더 잘할 수 있다고 하였다.[29] 비논리적인 언어표현은 직선적이고 논리적인 언어표현보다 안정되게 자기를 표현할 수 있다. 은유는 과학적이고, 논리적인 표현이 아니라, 간접적이고 우회적인 표현으로 문제를 지닌 사람들에게 적합하여

28) 변학수(2007), 『문학치료』, 학지사, p.13.

29) 정기철(2004), 『상징, 은유, 그리고 이야기』, 문예출판사, p.12.

표현할 수 없었던 것을 표현하게 돕는다. 즉 은유는 사람의 사고, 세계관, 가치관에 대한 표현을 촉진시키는 역할을 한다. 은유는 그 사람의 기본적인 사고와 정서를 반영하고 있다. 은유를 통하여 표현된 내담자의 사고, 가치관, 세계관은 내담자의 상태를 진단할 수 있게 활용이 가능하다.

박영순(2000)에서 은유는 보조관념(매체)을 이루는 게슈탈트가 원관념을 이루는 게슈탈트에 작용해서 주제를 부분적으로 재구성시키는 것으로 볼 수 있다고 하였다.30) 잘못된 사고를 반영하는 은유는 새로운 목표영역과 근원영역을 재구성하여 왜곡된 사고를 변화시킬 수 있다. 이러한 변화 가능성은 은유가 치료도구로서 역할을 할 수 있게 하는 특징이다.

이 글에서는 은유의 이러한 특징을 활용하기 위해 한국어의 관용표현, 죽은은유, 어휘의 다의현상 속에서 진단과 치료의 도구로 활용되거나, 활용 가능한 은유를 고찰하도록 한다.

전통적으로 은유표현의 구조는 'A는 B다'로 '-같이', '-듯이'의 개입 없이 원관념(tenor)과 보조관념(vehicle)으로 구성된다. 원관념과 보조관념은 I. A. Richards의 용어로 은유는 보조관념(vehicle)과 원관념(tenor)의 상호작용이라고 하였다. Goatly(1997)에서는 한 언어 단위의 관습적인 지시 대상을 Vehicle(보조개념), 비관습적인 실제의 지시 대상(원관념, 목표개념)은 Topic, 유추에 의한 유사성은 Ground(바탕)라고 하였다. 이것을 각각 V-term, T-term, G-term으로 불렀다.31) Zoltan Kővecses(2009)에서 은유는 근원영역과 목표영역

---

30) 박영순(2000), 『한국어 은유 연구』, 고려대학교출판부, p.25.

31) Goatly, Andrew(1997). The Language of Metaphors, London: Routledge, p.9.

으로 구성되는데, 근원영역은 물리적 영역이고 목표영역은 추상적 영역이며, 근원영역과 목표영역 간에는 기본적이고 개념적 대응인 사상[32]이 있다고 하였다.[33]

지금부터 은유의 치료적 활용에 대해서 살피기 위해 기존의 상담, 치료 현장에서 은유를 활용한 예를 소개하고 '죽은은유'와 '개인은유'를 활용한 치료의 방법과 과정을 살펴볼 것이다.

인지언어학에서의 은유의 개념은 언어표현을 넘어서는 개념, 사고로서의 은유이다. 은유는 언어표현으로서의 은유보다 큰 개념으로 Zoltan Kővecses(2009)에서 언어적 용법에 기초하여 어떤 개념적 은유가 있는지에 대한 가설에 도달하기 때문에 무엇이 은유적 언어표현으로 간주되는지를 아는 것이 중요하다고 하였다.[34] 개념, 사고로서의 은유를 유추할 수 있다는 것에 은유적 언어표현의 중요성이 있다. 은유적 언어표현의 형식은 어휘에서부터 문장, 이야기까지 다양한 형태를 취한다.

---

32) Zoltan Kővecses, 김동환 역(2009), 『은유와 문화의 만남』, 연세대학교출판부, pp.31-34.

예 : 사랑은 여행이다

사상 : 여행객 →연인

차량→사랑 관계

33) 이 글에서는 인지언어학적인 은유의 개념을 전제로 하고 있으므로 전통적인 용어인 보조관념, 원관념 대신 각각 근원영역, 목표영역으로 용어를 통일한다.

34) Zoltan Kővecses, 김동환 역(2009), 앞의 책, p.35.

2.1 상담치료에서의 은유의 활용

상담, 치료 분야에서의 은유 활용은 언어표현으로서의 은유와 개념, 사고로서의 은유를 모두 적극적으로 활용하고 있다. 상담에서 은유를 이용한 상담기법으로 밀턴 에릭슨(Milton H. Erickson)을 들 수 있다.[35] 밀턴 에릭슨은 현대 심리치료 분야에 속한 상담가로 상담에 있어서 정형화된 이론적 틀을 거부하고 상담자와 내담자의 관계를 근거로 한 상담의 개별화를 강조하였다. 에릭슨은 상담자와 내담자 사이의 상호작용과 효율적인 의사소통을 강조하였다. 관계중심의 내담자에게 은유적 의사소통은 상담의 중심이다.[36] 에릭슨은 내담자의 고통이 크면 클수록 의사소통이 간접적이어야 하며 직접적인 의사소통으로 인한 저항을 피하기 위해서라도 상담자의 접근이 은유적이어야 함을 강조했다.[37] 간접적 의사소통의 한 전략으로서 은유는 무의식과 의식을 연결시켜주는 기능을 하므로 내담자의 사고, 가치관, 세계관을 진단하게 하고, 새로운 은유를 통해 사고를 변화시킬 수 있으므로 은유는 내담자의 사고와 현실을 창조적으로 변화시킬 수 있다.[38]

이윤주 · 양정국(2007)에서 은유는 단순한 상상력이 아니라 의미혁신을 통해 세상을 다시 그려 내고, 우리에게 실재에 대해 무언가

---

35) 이윤주 · 양정국(2007). 앞의 책, 학지사, p.13

36) 앞의 책, p.91.

37) Rosen, S.(Eds.)(1982), My voice will go with you : A teaching seminar with Milton H. Ericson, New York : Norton, 같은 책, p.84에서 재인용.

38) 은유는 성인(聖人)들의 의사소통 방법으로서도 많이 활용이 됐는데, 성인들이 주는 깨달음도 이러한 은유적 의사소통에 기인한 면도 있다.

새로운 것을 이야기해 주므로 새로운 세상을 만드는 은유의 힘을 강조하였다. 그러면서 내담자의 은유 구조를 확인하고, 목표 설정을 돕는 은유, 감정패턴의 재구조화를 통한 은유, 관계 맥락에서의 은유를 파악하는 등 상담기법을 구체화하였다.[39]

2.2 촉매제로서의 은유와 치료도구로서의 은유

은유적 언어표현의 단위는 어휘에서 문장, 이야기에 이르기까지 다양하다. 박영순(2000)은 "은유의 정도성(degree of metaphoricity)"에 따라 그 의미나 화자의 의도를 쉽게 알 수 있는 것, 난해한 것, 매우 난해한 정도 등으로 은유를 구분하기도 한다.[40] 관용적 은유인 죽은은유는 은유의 정도성이 누구나 그 의미나 의도를 쉽게 알 수 있는 은유에 해당한다. 수사학자들은 문학적 은유를 중요하게 다루고 관습화된 죽은은유에는 무관심했다. 그러나 인지언어학적 측면에서 죽은은유는 일상언어처럼 사용되는 은유로, 박영순(2000)에서는 죽은은유의 보편적 의미와 사용을 고려해서 '일반화된 은유', '대중화된 은유'로 명명을 제안하기도 하였다.[41]

죽은은유인 관용표현의 예를 통해 촉매제로서의 활용 가능성을 고찰할 것이다. 기존 상담에서 이용하는 방법 중에 개념은유를 원용하고 있는 예도 함께 고찰할 것이다. 우선, 신체어로 구성된 감정

---

39) 이윤주 · 양정국(2007), 앞의 책, p.106.

40) 박영순(2000), 『한국어 은유 연구』, 고려대학교출판부, p.2.

41) 같은 책, p.39.

관용표현이다.

(1) ㄱ. 눈에 쌍심지를 켜다, 눈에 불이 나다
ㄴ. 가슴에서 불이 나다
ㄷ. 얼굴이 뜨겁다
ㄹ. 가슴이 따뜻하다

(1)ㄱ, ㄴ은 [분노는 불]이라는 개념은유를 설정할 수 있다. 각 관용표현을 구성하는 신체어가 다를 뿐이다. (1)ㄷ에서는 [창피함은 뜨거움]이라는 개념은유를, (1)ㄹ에서는 [사랑은 따뜻함]이라는 개념은유를 설정할 수 있다. (1)의 예는 모두 [감정은 온도]이라는 개념은유의 언어표현들이다.

여러 은유표현을 통해 [감정은 온도]라는 언어현상에 나타난 개념은유를 치료에 활용할 수 있다. 예를 들어 감정표현에 있어 상처를 가진 내담자의 경우 감정에 대한 표현을 회피하는 경우, [감정은 열]이라는 개념은유를 활용해서 온도를 연상시키는 이미지를 이용하는 방법 또는 직접 온도의 변화를 이용하는 방법은 내담자의 무의식에 있던 감정의 문제를 의식으로 표출시킬 수 있는 촉매제 역할을 할 수 있다. 즉, 보편적인 개념은유는 내담자의 무의식에 갇혀 있는 심리적인 문제를 들춰내는 촉매로서의 역할을 할 가능성이 높다.

다음 내담자에게서 감정의 문제가 의식 수준으로 표현이 되면 개인은유로 문제의 감정을 표현하게 돕는다. 보편적인 개념은유에 의한 사고의 활성화는 새로운 은유를 생성하는 사고에도 영향을 준다. 예를 들어 (1)ㄱ의 관습적이고 보편적인 분노는 개인에 따라 다른 이미지로 떠오를 수 있다. 어떤 내담자는 분노를 불을 뿜는 용, 어떤 이는 가마솥에서 물이 펄펄 끓는 것일 수도 있다. 즉 자기 분노의 은유를 찾게 하고 그 은유 속에서 보지 못한 분노의 은폐된 면을 자각하게 해서 새로운 인식을 돕고, 그 인식을 새로운 은유로 바꿔 주면 내담자의 감정의 문제가 해결될 수 있다.

관용화된 은유는 그 언어표현 속에 개념은유을 통해 내담자의 문제에 간접적으로 촉매의 역할을 하고, 새롭게 찾은 자기 분노의 은유를 새롭게 반응하게 해서 수정하도록 도우므로 치료도구로서 은유를 활용하게 되는 것이다.

다음은 어휘의 사용에서 전제된 개념은유의 예를 살펴보도록 한다.

(2) ㄱ. 입 혹은 전, 아가리, 주둥이
ㄴ. 배, 중배, 복판배, 밑배, 가슴배, 가슴
ㄷ. 몸통
ㄹ. 목
ㅁ. 허리
ㅂ. 굽, 겉굽, 안굽, 통굽[42]

(2)는 모두 그릇을 부분을 지칭하는 어휘들이다. (2)에는 [그릇은 신체]라는 개념은유가 전제된다. 옹기장인과 사기장인들은 그릇을 신체로 인식하며 그릇의 부분 명칭을 신체어로 은유화하였다. 박영순(2000:232)에서 몸을 지닌 인간과 물리적 세계와의 상호작용을 통해 사물에 대한 이해를 하는 것이라고 하였다. 그릇 전체를 신체로 여기고 그 부분 명칭을 각각의 신체어로 대치하여 이해하는 것이다. 이는 신체를 이용해서 그릇을 가장 효율적으로 이해한 표현

42) 정성미(2009),. 「직업어에서의 은유」, 『강동엽선생퇴임기념논총』, p.695. 위의 논문에서의 예이다. 이 어휘의 예는 2007년, 2008년 두 차례의 민족생활어 조사(국립국어원, 한남대학교)에서 조사된 어휘이다.

이다. (2)의 예를 통해서 사물을 이해할 때 우리의 신체를 은유적으로 활용하는 것을 볼 수 있다.

우리의 몸은 세계를 이해하는 통로가 된다. 자기의 몸을 잘 이해하는 것은 기존 상담이나 치료에 있어서 매우 중요한 부분이다. 자기 몸에 대한 이해를 은유를 활용하여 시도하는 예를 볼 수 있다. 가족치료에서는 자기 신체를 의인화하여 신체 부위에 독립된 인격을 부여하는 방법을 활용한다. 그런 다음 자기 신체와의 대화를 통해 결국 내적대화를 하게 하고, 내적대화를 통한 자기와의 화해를 시도하며, 긍정적인 동기부여를 통해, 자아정체성과 자존감을 상승시키게 돕는다. 이 또한 신체의 부분을 의인화한 은유를 통해 가능한 것이다.

(3) ㄱ. 마음을 비우다
ㄴ. 마음에 차다
ㄷ. 마음이 더럽다
ㄹ. 마음이 흔들리다
ㅁ. 마음이 가라앉다
ㅂ. 마음을 주고받다

(3)ㄱ, ㄴ에서는 [마음은 용기(用器)]라는 개념은유가 전제된 언어표현이고, (3)ㄷ-ㅂ은 [마음은 용기(用器)]이라는 개념은유를 전제로 해서 활용이 가능한 표현들이다. 상담이나 치료에서는 내담자가 자기 마음의 상태를 표현하는 것이 중요한데, 용기(用器)라는 사물로 마음을 구체화해서 실제 용기(用器)를 통해 그 마음을 조용히 관조하게 하거나 물에 띄워 흔들리거나 가라앉게 할 수도 있다. 이는 무의식에서의 감정, 기억, 상처 등을 구체적으로 표현하는 촉매

제 역할을 할 수 있다. (3)에는 보이지 않는 마음이 가시적인 것으로 표현되어 있다. 즉 [마음은 가시적인 것]이라는 개념은유도 가능하다. 이러한 개념은유는 마음을 가시적으로 상징할 수 있는 대체 사물을 이용하여 보이지 않는 마음의 상태나 문제를 가시적으로 표현할 수 있게 내담자를 독려할 수 있다.

(4) ㄱ. 오르지 못할 나무는 쳐다보지도 마라.
ㄴ. 곧은 나무가 쉬 꺾인다.
ㄷ. 굽은 나무가 선산을 지킨다.
ㄹ. 열 번 찍어 안 넘어가는 나무 없다.
ㅁ. 가지 많은 나무에 바람 잘 날 없다.

(4)는 '나무'와 관련된 속담이다. (4)에서 '나무'는 식물인 '나무'가 아니다. (4)는 공통적으로 [나무는 사람]이라는 개념은유를 전제로 한다. 미술치료에서는 '나무그림'을 자아그림으로 본다. 나무의 굵기나 나무의 잎, 주변에 그려진 다른 사물 등을 통해 진단을 한다. (4)와 같은 공통된 개념은유를 전제로 시 쓰기를 활용하면서 자아의 문제에 접근할 수 있다.

(5) 나는 (   ) 나무 ------------------- 객관적 자아정체감
나는 (장소) 서 있는 나무-------------- 주관적 자아정체감(구체적 조건 제시)
나는 (감정) 나무
나는 (시간)의 나무
나는 (상황)의 나무

(5)과 같이 [나무는 나]를 통해 괄호 안에 조건을 제시하는 통제된 글쓰기를 통해 자기 표현을 하게 한다. 이는 자기의 이야기를

직접적으로 하는 것보다 좀 더 쉽게 자기의 이야기를 표현하도록 도우며, 여러 표현들을 찾는 과정에서 자기 자신에 대한 생각을 하게 유도할 수 있다. 또한 완성된 글을 통해 자기를 객관적인 관점에서 바라볼 수 있게 한다.

(6) 왕따의 경우
광장에 서 있는 나무
광장에 서 있는 외로운 나무
사람들은 내 곁에 머무르기를 싫어한다.
결혼이민자의 경우
나는 다른 마당에 옮겨 심겨진 나무

지금까지 죽은은유, 은유를 활용한 어휘 사용, 속담 등 관용적인 표현에서의 개념은유를 치료적 도구로 활용하는 예나, 그 가능성에 대하여 검토하여 보았다. 이번에는 개인은유에 해당하는 예를 통하여 치료적 도구로서의 활용 가능성에 대하여 살펴보겠다.

(7) ㄱ. 아버지는 왕이다.
ㄴ. 전쟁터를 방불케 하는 토론장

(7)은 은유 표현의 문장이다. (7)에서 근원영역은 '왕, 전쟁터'이고, 목표영역은 '아버지, 토론'이다. 근원영역을 통해 목표영역을 이해하게 된다. 즉 '아버지, 토론'에 대해 이해하게 된다. 또한 '아버지는 집에서 가장 높은 분이다'라는 의미를 강조하는 효과를 주기도 한다. 은유는 그 부분을 강조(전경화)하는 기능이 있다. (7ㄴ) '토론은 전쟁이다'는 토론의 전쟁적인 부분을 강조하게 된다. 이러한 은유구조를 갖춘 은유표현을 통해 일정 부분이 강조되기 때문에 내담자의 '아버지, 토론'이라는 대상에 가려진 부분이 있게 된다. 가려

진 부분을 부각시키고 활성화시키는 것도 매우 중요한 변화방법이다. '토론은 파티다'라는 은유는 토론을 자기의견을 관철시키고 남의 의견을 무시하는 것이 아니라 서로의 의견을 나누면서 다양한 정보와 관계를 나누는 파티와 같은 토론의 속성을 깨닫게 함으로써 '토론'에 대한 새로운 이해가 가능하다. 이 또한 은유를 활용한 치료이다.

또한 (7)과 같은 은유구조는 다의미적인 해석이 가능하다. 이는 내담자가 불리한 경우 피할 수 있는 공간을 열어 주게 되어 심리적 부담을 덜어 주는 효과를 주기도 한다.

다양한 단위의 은유 표현이나 은유 표현 속의 개념은유를 통해 상담과 치료의 활용 가능성에 대하여 살펴보았다. 은유는 상담치료 분야에서 이미 많이 활용되고 있었다. 언어표현에 보편적인 개념은유와 우리 문화의 다양성을 반영한 개념은유 등 은유에 대한 국어학 연구는 상담과 치료에서 구체적인 방법으로 활용이 가능하다. 상담, 치료도구로 활용될 은유에 대한 총체적인 연구가 필요하고, 은유를 치료의 도구로 활용하는 데에도 문화적, 발달적인 것 고려해서 제시해야 한다. 또한 이를 적용한 임상연구가 보완되어야 한다.

※ 이 글은 『어문론집』42(2009)에 실린 필자의 논문 「은유의 치료적 활용」을 수정한 것이다.

5장

연상어휘

1. 대학생과 여성결혼이민자의 연상어휘 비교

인문치료에서 대상자의 문제를 진단하고 임상 결과 자료를 분석하는 데 있어서 언어는 매우 중요하다. 어휘나 문장의 분석을 통한 인문치료의 진단과 치료는 인문학을 활용한 치유의 추상적인 논의들을 보완할 수 있다. 연상어휘 검사는 이미 연상검사가 콤플렉스의 의식화를 촉진한다는 치료적 효과를 보고함으로써 검사의 임상적 유용성을 입증하였다(박현순, 2005:18). 이 글은 인문치료 진단과 치료를 위한 연상어휘검사 개발의 예비적 고찰이다.

18, 19세기 영국철학자들은 모든 지식의 근원은 외부세계의 영향으로부터 생기는 감각으로, 감각과 심상, 관념이 동적인 연상과정의 복잡한 사고과정을 철저히 밝히려고 하였다(이부영 · 서국희, 1995:2). 서양에서의 연상어휘연구는 1879년 Francis Galton에 의한 최초의 연상 실험 이후, Wundt학파에서 체계적으로 연구하였다. 1883년 Trautscholdt에 의해 연상 검사에 대한 논문이 최초로 발표되었고, 1896년 E. Kraepelin이 연상검사를 정신병의 연구에 도입하였다. 또한 G. Aschaffenburg는 자극어와 반응어 사이의 형태적인 연

구를 하였다. 1908년 C. G. Jung이 F. W. Kaeding의 빈도사전에 의거하여 최다 빈도의 단어 100개를 자극어로 선택하여 완성시켰다(이철 · 이부영, 1976:65).

국내에서의 연상어휘 연구는 정신의학과 언어심리학, 인지심리학에 근거한 언어학 등 여러 분야에서 논의되었다. 정신의학에서의 연상어휘 연구는 연상어휘검사를 중심으로 이루어졌다. 정신의학의 연상어휘 연구에는 이철 · 이부영(1976), 손봉기(1979), 이수철 · 이부영(1982), 이부영 · 서국희(1995) 등이 있다.

이철 · 이부영(1976)은 융의 연상 검사를 한국인에게 적합하도록 번역, 개조하여 대학생들을 대상으로 한국인 정상군의 반응 형태를 살폈다. 융의 연상 검사는 피조사자의 연상 지연 반응시간과 재생장애 조사를 통해 피조사자의 콤플렉스 징후를 고찰했다.

손봉기(1979)는 교육 수준이 낮은 농촌 주민 50명을 대상으로 융의 연상검사를 실시하였다. 융의 연상 검사가 몇 가지 기술상의 문제점들이 있지만 한국인에게도 적용 가능함을 실례 분석을 통해 보여주었다. 손봉기(1979)는 한국인의 관습 및 고유의 개념에 근거를 두고 국어에 조화되는 형태의 연상검사의 필요성을 주장하였다.

이수철 · 이부영(1982)은 정신분열증 환자와 정상군에게 연상검사를 실시하여 정신분열증 환자의 연상 과정의 특이성 유무와 콤플렉스 분포 상의 특징 유무를 비교하였다. 연상검사의 자극어는 1976년 이부영이 번역한 것을 사용하였고(이수철 · 이부영, 1982: 427), 연구 결과 정신분열증 환자가 콤플렉스가 있을 때, 반응시간이 지연되고 또 이러한 자극어들에서 재생장애가 많이 일어난다는 이론이 정상인보다 덜 부합된다고 하였다. 또한 정신분열증 환자에게서 보속현상, 음향연상, 신어조작, 고유명사 반응, 무의미한 반응

등이 특징적으로 나타난다고 하였다(이수철 · 이부영, 1982:428-429).

이부영 · 서국희(1995)는 융의 단어 연상 검사를 우리 문화와 말의 특성에 맞게 수정한 한국형 축약 수정안(자극어 50개)을 제작하고, 효용성을 검증하였다. 또한 박현숙(2005)은 한국형 단어연상검사를 개발하여 적용한 단일 사례연구이다. 이는 상담학에서 진행된 연구로, 방법은 정신의학에서의 조사 방법과 분류와 동일하게 하였다.

정신의학에서의 연상검사는 연상 반응시간과 연상 재생 실패를 통해 콤플렉스를 파악하는 검사이다(이부영 · 서국희(1995:2). 그러나 연상 반응시간은 콤플렉스의 영향뿐 아니라, 단어의 생소함과 어려움, 잘못들음[1]), 협조의 변동, 주의력의 동요(이수철 · 이부영, 1982:428) 등 다른 원인에 의해 지연될 수 있지만 반응시간 지연을 모두 콤플렉스로 귀결시킨다는 것에 문제가 있다. 또한 정신의학에서 반응어의 형태적 분류시 내적연상과 외적연상에 대한 기준이 없어서 연상반응어에 대한 새로운 분류기준이 제시될 필요성이 있다.

언어학에서의 연상어휘 연구는 연상어휘조사를 통한 어휘의 의미관계를 규명하는 것에 목적을 두고 있다. 언어학에서의 연상어휘 연구에는 이인섭(1981), 이인섭(1985), 이찬규(2002), 이유미 · 이찬규(2007), 강소영(2010) 등이 있다.

이인섭(1981)에서는 연상을 통해 유사성과 접근성에 기초한 연상

---

1) "2. 초록색, 7. 기선, 17. 호수 26. 푸른 39. 풍습 52. 가른다 67. 당근 81. 품위, 97. 달 등은 자극어로서 희귀한 점, 난해한 점, 또는 무의미한 점이 있어서 자극어의 변경 내지는 배열의 변화가 필요할 것으로 생각된다."(손봉기, 1979:36).

반응은 자극어에 대한 심리적 감정가를 제공하여 어휘의 부차적 의미를 이해하는 데 도움이 된다고 하였다(이인섭, 1981:387). 자유연상반응으로 근접성에 터를 둔 문장구성적 연상반응이 가장 보편적임을 확인하였다(이인섭, 1981:394-395).

이인섭(1985)에서는 아동의 연상어휘 간의 의미관계를 살펴보고 아동들의 심리적 과정 속에서 의미관계의 발달과정을 고찰하였다(이인섭, 1985:415). 연상어휘는 대체로 유의, 기능, 표징, 내포라는 의미 범주에 들고, 저학년에선 기능이란 범주가 많은데, 이는 구체성, 개별성의 경험과 관련된다고 하였다. 고학년에선 내포가 분화 발달하는데, 이것은 추상성, 일반성의 발달로 해석된다. 이인섭(1985)은 언어발달적 측면에서 연상어휘와 언어용법의 발달을 규명하였다(이인섭, 1985:429-430).

이찬규(2002)는 인간의 언어 인지능력과 사회적 영향의 상호 연관성을 검증하기 위해 기억과 추론화 방식에 대한 결과를 반영한 가설을 설정하고, 설문조사하여 언어 의미적, 사회 문화적, 인지적인 관계를 분석하였다(이찬규, 2002:51). 제시어와 반응어의 의미관계를 분석할 때, 계열관계, 결합관계, 복합관계로 설명할 수 없는 경험적 의미 관계가 나타나므로, 의미관계에 대한 보다 폭넓은 검토가 필요함을 제기하였다(이찬규, 2002:75).

이유미 · 이찬규(2007)는 '가족'에 대한 네티즌의 단어 연상 결과를 바탕으로 '가족'의 연상 의미망을 구축하였다. 다른 연상어휘 연구와 달리 '가족'에서 연상된 문장을 분석하여 '가족'에 대한 연상관계를 고찰하였다. 문장 분석 결과 '가족'의 연상어 94,884개를 얻었고 분석을 통해 '가족'의 의미망 구축을 위한 원형의미 요소를 찾고 '가족'의 사회언어학적 분석을 실시하였다.

그 외의 강소영(2010)은 연상법을 통해 '남성다움'의 연상반응어인 형용사를 의미 분석하였다. 연상어휘를 활용한 한국어 교육 연구도 있다(박선옥, 2008).

언어학에서의 연상어휘 연구는 연상자극어와 연상반응어의 어휘적인 특징을 고찰하는 데 목적이 있다. 그러나 연상어휘 연구는 이찬규(2002)에서 지적한 바와 같이 연상반응어 중에서 의미 관계만으로는 설명하기 어려운 관계들이 많아서 이를 규명하는 데는 한계가 있다. 또한 연상자극어의 수가 비교적 적고, 추상어와 구체어를 같이 다루고 있어서 제시어의 속성에 따라 연상반응어들이 다르게 분포(이찬규, 2002:75)된다는 문제도 있다. 또한 이유미·이찬규(2007)는 연상자극어의 전형적인 요소를 방대한 문장 자료를 통해 연상 어휘를 조사한 것인데 자극어-반응어의 일대일 대응 조사와의 비교가 이루어지지 않았다는 한계가 있고, 강소영(2010)은 연상반응어를 특정품사로 한정하여 연상반응어를 유도한 연구라는 한계가 있다.

그러므로 이 글에서는 정신의학의 연상검사가 반응시간 지연을 모두 콤플렉스로 귀결시키는 문제점을 극복하기 위해 반응시간 측정 외에 연상자극어를 구체어로만 한정, 연상 반응어를 조사하여, 연상자극어의 사회계층적인 의미의 특성을 규명하고 이를 인문치료 방향을 설정하는 기초자료로 삼고자 한다. 또한 연상반응어는 언어학적인 분류기준(연합관계, 결합관계)과 경험관계를 좀 더 하위 분류하여 연상어휘검사를 개발할 때 분류기준으로 설정하고자 한다.

소외계층을 위한 인문치료의 치료 방향을 설정하는 데에 연상어휘조사는 사회언어학적 관점에서 계층의 문화와 사고(이찬규, 2002:54)를 신속하게 파악하는 데 있어서 유용하다.

이 글에서는 연상어휘조사 개발을 위해 자극어 선정 시 형태나 속성이 같은 어휘로 구성한 연상자극어가 연상반응에 미치는 영향과 연상반응어에 나타난 계층적 특징을 고찰하였다.

1.1 연상어 조사 방법

1.1.1 연상어 선정

이 글의 연상자극어는 아래와 같은 선정기준에 따라 선정하였다.

첫째 연상자극어는 고빈도어로 한다. 그 이유는 저빈도어에서 재생착오나 재생실패의 빈도가 높다는 지적을 참조하였다.[2] 둘째 연상자극어는 구체어이다. 이 글의 선정어휘는 국립국어원의 150만 어절의 말뭉치에서 구체어를 선택하였다. 이는 연상반응 소요시간에서도 차이가 극명한 두 어휘이기 때문에 연상어휘검사를 두 어휘로 구성한다면 어휘의 속성을 고려해서 소요시간 측정을 달리해야 한다. 그러므로 연상이 쉬운 구체어를 선택하였다.

셋째 명사, 형용사, 동사 중에서 명사는 콤플렉스 징후를 덜 나타낸다고 하였다(이부영 · 서국희, 1995:4). 이는 소요시간을 기준으로 한 것으로 명사의 경우 반응 소요시간이 다른 문법 형태보다 짧다는 것을 의미하는 것이다. 그러나 명사는 그 의미의 다양성이나 체계성, 어휘수를 고려할 때 연상어휘검사에서 반드시 포함되어야 한다. 그러므로 이 글에서는 명사 위주로 구성된 연상어휘를 15개

2) Schlossberg(1957)의 연구. 이부영 · 서국희(1995:7)에서 재인용.
스위스의 융 학파 분석가인 V. kast는 단어 선택의 기준으로 비일상적인 단어를 선택하지 않도록 유의하였다.(이부영 · 서국희, 1995:23-4).

선정하였다.

세 기준에 의해 선정된 어휘는 150만 어절에서 빈도 100 이상인 명사 중에서 구체어인 '밥, 과일, 나무, 꽃, 엄마, 아들, 전화, 친구, 얼굴, 밤, 강물, 발, 집'이다. 여성결혼이민자의 계층의 특징이 반영될 수 있는 한 어휘 '비행기'와 비교를 위한 추상적 의미 '내일'을 임의로 선정하였다. 이 글에서는 콤플렉스를 자극하는 어휘는 선정하지 않고 일상적인 어휘를 선정하였다.

품사별 비교를 위해서 20개 어휘 중 네 개 어휘는 동사, 한 개는 형용사로 구성하였다. 이는 문법 형태가 다른 자극어가 연상반응에 미치는 영향을 고찰하기 위한 것이다. 네 개의 동사는 '보다', '말하다', '만나다', '가다', 한 개의 형용사 '좋다'이다. 이 어휘는 150만 어절에서 빈도 500 이상인 어휘에서 선택하였다. 선정된 연상 자극어는 아래와 같다.

표 5.1 선정 연상어휘

1	2	3	4	5	6	7	8	9	10	11	12	13	14	15	16	17	18	19	20
밥	비행기	과일	나무	꽃	엄마	아들	전화	친구	얼굴	밤	강물	발	내일	집	보다	말하다	좋다	만나다	가다

이인섭(1981:389)에서는 자극어휘를 기초어휘 중에서 몇 가지 기준을 통해 선정하였다. 그 기준은 정의용이성(D), 심상(I), 구체성(C), 유의미성(M), 친숙성(F), 발음용이성(P), 사용빈도(TLF)이다.[3)]

---

3) 이인섭(1981:389)에서 이들 기준을 통해 11개 단어 ① 엄마 ② 아빠 ③ 선생님 ④ 친구 ⑤ 옷 ⑥ 밥 ⑦ 집 ⑧ 나라 ⑨ 말 ⑩ 공부 ⑪ 마음을 선정하였다.

이 글의 연상자극어도 이인섭(1981)의 기준에 부합하는지를 살펴보았다.

표 5.2 연상자극어의 기준 검토

	1	2	3	4	5	6	7	8	9	10	11	12	13	14	15	16	17	18	19	20
	밥	비행기	과일	나무	꽃	엄마	아들	전화	친구	얼굴	밤	강물	발	내일	집	보다	말하다	좋다	만나다	가다
D	○	○	○	○	○	○	○	○	○	○	○	○	○	○	○	○	○	○	○	○
I	○	○	○	○	○	○	○	○	○	○	○	○	○	○	○	○	○	○	○	○
C	○	○	○	○	○	○	○	○	○	○	○	○	○	△	○	△	△	△	△	△
M	○	○	○	○	○	○	○	○	○	○	○	○	○	○	○	○	○	○	○	○
F	○	○	○	○	○	○	○	○	○	○	○	○	○	○	○	○	○	○	○	○
P	○	○	○	○	○	○	○	○	○	○	○	○	○	○	○	○	○	○	○	○
TLF	○	○	○	○	○	○	○	○	○	○	○	○	○	○	○	○	○	○	○	○

이 글의 연상자극어는 고빈도어이고, 구체어인 명사이므로 이인섭(1981)의 기준에서 정의용이성, 심상, 유의미성, 친숙성, 발음용이성, 사용빈도의 기준에 부합하며, 구체성의 경우 추상성을 위한 선정어휘 '내일'과 용언 어휘들이 제외된다.

이부영 · 서국희(1995:27)에서는 시간에 관계없이 널리 쓰이는 단어들은 자연 환경의 이름, 가족 관계, 외모에 관한 말, 좋고 나쁜 감정을 나타내는 말 등이고, 널리 쓰이지 않는 말은 사회의 통념에 맞지 않는 부정적인 이미지를 지닌 단어들로, 단어연상검사의 자극어는 이런 보편성을 띠고 있어 시대적인 차이가 별로 없는 단어들이 더욱 적합할 것이라고 하였다.

이 글의 연상자극어를 의미적으로 분류하였다. 첫째, 엄마, 아들, 친구는 관계적 측면의 어휘이다. 둘째, 얼굴, 발은 신체어휘이다. 셋째, 밥, 집은 의식주를 대표하는 어휘이다. 넷째, 과일, 나무, 꽃, 강물은 자연 환경을 대표하는 어휘이다. 다섯째, 내일, 밤은 시간을 대표하는 어휘이다. 여섯째, 전화, 비행기. 물건을 대표하는 어휘이다. 일곱 번째, 보다, 말하다, 만나다, 가다는 일반동사이다. 여덟 번째, 좋다는 감정형용사이다. 이 글의 연상자극어는 이부영 · 서국희(1995:27)에서 언급한 대로 보편성을 지니고 있고, 자연 환경의 이름, 가족 관계, 외모에 관한 말, 좋고 나쁜 감정을 나타내는 말에 부합하는 어휘들이다.

1.1.2 연상어휘 조사

1) 조사 대상

조사대상은 두 집단이다. 첫 번째 집단은 여성결혼이민자이고 두 번째 집단은 남녀 대학생이다. 여성결혼이민자는 법무부 사회통합 프로그램 단계평가시험에서 초급2에 해당하는 여성으로 한국어로 일상 대화가 가능하다. 중국, 필리핀, 베트남, 우즈베키스탄 여성 등 32명으로 구성되어[4] 있으며 이 글에서는 여성결혼이민자의 한국어 능력, 환경, 경험 등 개인차는 고려하지 않았다.

---

4) 중국: 11명, 필리핀: 5명, 베트남: 4명, 우즈베키스탄: 3명, 러시아: 2명, 캄보디아: 2명, 일본: 2명, 몽골: 1명, 미국: 1명, 카자흐스탄: 1명으로 구성.

대학생은 ○○ 대학교 교양 강의를 듣는 1-4학년생으로 남자 13명, 여자 19명이며, 대학생의 지능, 환경, 경험 등 개인차는 고려하지 않았다.

2) 조사 및 분석방법

20개의 연상자극어가 쓰인 카드를 제시하면서 연상자극어를 불러 준 후 단일 단어 자유 연상법[5]에 의해 첫 번째 떠오르는 단어 하나를 5초 이내에 조사지에 쓰게 했다.

이러한 조사결과를 통해 연상자극어와 연상반응어의 의미관계를 살피고, 사회 언어학적 관점에서 분석할 것이다.

이 글의 연상반응어의 분류기준은 다음과 같다.

첫째, 연합관계에 있는 어휘를 분류한다. 연합관계에 해당하는 어휘는 유사관계, 반의관계, 상위관계, 하위관계 등이다.

둘째, 결합관계에 해당하는 어휘를 분류한다. 결합관계에 해당하는 어휘는 문장 단위의 결합관계와 단어 내적 관계인 복합관계로 나눈다.

셋째, 경험에 의한 관계로, 어휘의미와 연관성이 없고, 실제적인 경험과 연관되어 있다. 경험에 의한 관계는 다시 몇 개의 하위분류로 세분화하였다.

---

5) 이인섭(1981:389)에서 어휘연상법에는 자유연상법과 지정연상법이 있다. 자유연상법은 다시 단일단어연상법과 계속연상법이 있는데 전자는 자극어에 대해 오직 하나의 단어만을 기록하도록 하는 것이며 후자는 자극어에 대해 떠오르는 대로 여러 단어를 일정시간 동안 모두 반응하게 하는 방법이라고 했다.

1.2. 조사 결과 및 논의

1.2.1 연상반응어의 품사분포도

연상자극어와 반응어의 문법적 형태 일치 경향성을 살펴보았다.

표 5.3 여성결혼이민자의 반응어 품사 분류표1

번호	1	2	3	4	5	6	7	8	9	10
	밥	비행기	과일	나무	꽃	엄마	아들	전화	친구	얼굴
명사	22	24	28	28	26	20	27	28	17	20
동사	8	6	2	1	0	6	2	3	8	1
형용사	2	2	2	2	6	6	3	1	7	11
기타				1						

표 5.4 여성결혼이민자의 반응어 품사 분류표2

번호	11	12	13	14	15	16	17	18	19	20
	밤(낮)	강물	발	내일	집	보다	말하다	좋다	만나다	가다
명사	21	19	26	29	24	25	28	27	27	28
동사	3	0	5	2	1	5	3	2	1	4
형용사	8	13	1		7	2	1	3	2	
기타				1					2	

표 5.5 대학생의 반응어 품사 분류표1

번호	1	2	3	4	5	6	7	8	9	10
	밥	비행기	과일	나무	꽃	엄마	아들	전화	친구	얼굴
명사	20	25	22	28	24	22	27	28	23	26
동사	2	3	10			1		1		1
형용사	9	4		4	8	9	5	1	8	5
기타	1							2	1	

표 5.6 대학생의 반응어 품사 분류표2

번호	11	12	13	14	15	16	17	18	19	20
	밤(낮)	강물	발	내일	집	보다	말하다	좋다	만나다	가다
명사	24	15	30	31	20	28	21	21	22	20
동사	1	5	1		1	3	7		3	9
형용사	7	11	1		11	1	3	6	6	2
기타		1		1			1	5	1	1

융은 자극어와 반응어 사이에 문법적 형태가 일치하려는 경향이 있다고 하였다(손봉기, 1979:24). 손봉기(1979)에서는 자극어와 반응어의 문법적 형태 일치율을 고찰하였는데, 명사/명사, 형용사/형용사, 동사/동사의 반응이 각각 66.4%, 50.9%, 51.2%로 나타났다. 융의 저교육 대상자를 대상으로 한 연구에서는 명사/명사, 형용사/형용사, 동사/동사의 반응이 73%, 52%, 33%로, 동사/동사의 경우를 제외하고는 거의 손봉기(1979)와 비슷한 결과이다. 그러나 이철·이부영(1976)에서는 명사, 형용사, 동사가 각각 71.4%, 24.5%, 21.6%로, 형용사의 경우 손봉기(1979)의 1/2 정도밖에 되지 않는다.

이에 대해 손봉기(1979:24)에서는 국어에서 동사나 형용사의 명사형 분류 기준과 연관된다고 하였다. 파생명사를 제외한 동사와 형용사의 명사형을 명사로 분류할 것인가 용언으로 분류할 것인가의 문제이다.

그러나 이러한 언급은 이철·이부영(1976)에서 분류과정이 서술되어 있지 않아 손봉기(1979)의 추측일 수도 있다. 왜냐하면 이 글에서는 원형 위주의 분류를 했음에도 불구하고, 형용사/형용사, 동사/동사의 비율이 이철·이부영(1976)의 연구보다도 현저히 낮게 나왔기 때문이다.

이 글에서는 여성결혼이민자 집단에서 명사/명사의 반응이 74.8%이고, 동사/동사의 반응이 10.2%이고, 형용사/형용사의 반응이 9.4%이다. 대학생 집단에서 명사/명사의 반응이 76.1%, 동사/동사의 반응이 17.2%이고, 형용사/형용사의 반응이 18.8%이다. 이 글에서 명사/명사의 반응이 이철・이부영(1976)의 명사/명사의 반응 비율인 71.4%와 융의 명사/명사의 반응 비율인 73%와 유사한 결과를 보여주었다. 동사/동사의 반응과, 형용사/형용사의 반응은 다른 연구에 비해 비율이 현격히 낮지만, 동사, 형용사의 연상자극어가 소수이기 때문에 동사/동사의 반응과 형용사/형용사의 반응에 대한 부분은 이 글의 결과만을 가지고 결론을 내리기 어렵다. 그러므로 이 글에서는 연상자극어와 연상반응어의 문법적 형태 중에서 명사/명사 반응에 대해서만 같은 문법 형태로 반응하려는 경향성을 지닌다고 결론 지을 수 있다.[6)]

그 외에 연상반응어의 품사분포도에서 나타나는 두 집단의 특징은 아래와 같다.

첫째 명사/명사의 반응이 여성결혼이민자나 대학생 모두 유사한 비율로 나왔고, 대학생 집단이 좀 더 높은 비율이다.

둘째 여성결혼이민자 집단에서는 명사/명사의 반응에서 '친구'와 '강물'은 53.13%, 59.38%로 낮은 비율이고, 대학생 집단에서는 '강물'이 46.88%로 낮은 비율이다. 두 집단 공통적으로 '강물'의 명사/

6) 영어권에서 쓰이는 Rapaport word association test(Rapaport 1988)는 연상자극어로 모두 명사만을 선택했고 명사로 된 자극어는 대개 명사로 된 반응어를 낳는다는 원칙에 입각하여 이외의 품사로 된 반응어를 연상장애로 볼 수 있다고 주장하기도 했다. 이부영・서국희(1995:23-4).

명사의 반응 비율이 낮은 것은 '강물'이 다른 연상자극어와 달리 합성어인 것과 연관이 있을 것으로 보인다. 두 집단에서 '강물'의 연상반응어 중 형용사의 비율이 높은 것이 공통적이다. 연상자극어 '친구'는 여성결혼이민자 집단에서는 명사/동사의 비율이 25%, 명사/형용사의 비율이 21.9%이고, 대학생 집단에서는 명사/명사의 반응이 71.88%, 명사/동사의 반응이 0%, 명사/형용사의 반응이 25%이어서, 명사/동사의 반응에서 차이를 확인할 수 있다. 여성결혼이민자의 집단에서 '친구'의 동사 연상반응어는 주로 '만나다, 지내다, 사귀다'이다.

1.2.2 빈도수를 기준으로 본 연상반응어

이부영 · 서국희(1995:5)에서 Rapaport는 '흔하고 익숙한 자극어는 많은 사람에게서 같은 반응어가 나오도록 한다.'고 주장하면서, 정상인에서 가장 많은 반응어부터 순위별로 나열한 연상빈도표를 작성하였다[7]고 하였다.

이 글에서도 연상반응어의 빈도수를 기준으로 분류하였다. 조사대상자의 수가 32명이기 때문에 연상반응어의 빈도수 3 이상부터 정리하였다.

---

7) 연상빈도표에 없는 단어로 반응한 개수(정상인 5.2/100 단어, 교육 받은 대학생-어휘가 풍부한 9.3/100단어, 조발성 치매 25-50%), 높은 빈도를 가지는 반응의 개수 등을 비교하여 연구하였다.

표 5.7 여성결혼이민자 반응어 빈도순1

자극어	밥	비행기	과일	나무	꽃	엄마	아들	전화	친구	얼굴
반응어	**먹다5**	고향4	사과13	꽃3	아름답다3	보고 싶다3	남자3	엄마3	**만나다5**	거울3
	반찬5	타다3	바나나3	소나무3	예쁘다4	사랑3	사랑4	친구3		미소4
	밥해요1	하늘4	수박3	집4	**장미11**	아빠3	아기4	**핸드폰3**		**예쁘다7**
	쌀9			초록3	향기3	집4		휴대폰3		화장품4

표 5.8 여성결혼이민자 반응어 빈도순 2

자극어	밤(낮)	강물	발	내일	집	보다	말하다	좋다	만나다	가다
반응어	꿈4	깊다3	걷다3	모레4	**가족6**	**눈9**	대화3	기분4	**친구10**	고향3
	자다3	깨끗하다3	냄새4	희망3	남편3	드라마3	**입6**	돈4	엄마3	**여행5**
	잠6	수영3	**신발10**		아파트3	안경3	**한국어5**			**집6**
		춥다3								

여성결혼이민자 집단에서 빈도수 5 이상의 연상반응어는 다음과 같다. 연상자극어-연상반응어(빈도수)로 제시하였다.

밥-쌀(9), 먹다(5), 반찬(5), 과일-사과(13), 꽃-장미(11), 친구-만나다(5), 얼굴-예쁘다(7), 밤-잠(6), 발-신발(10), 집-가족(6), 보다-눈(9), 말하다-입(6), 한국어(5), 만나다-친구(10), 가다-여행(5), 집(6)

표 5.9 대학생 반응어 빈도순1

자극어	밥	비행기	과일	나무	꽃	엄마	아들	전화	친구	얼굴
반응어	김치2	**하늘10**	**상큼하다5**	초록색3	아름답다4	**사랑5**	**나8**	**핸드폰7**	**우정6**	표정3
	따뜻함4	여행3	**사과10**		예쁘다3	아빠4	동생4	휴대폰4		외모3
	맛있다3	스튜어디스3	귤3		**장미7**		듬직함3	아이폰1		**눈9**
	숟가락3	높다3			향기3		딸3			
	쌀5									

표 5.10 대학생 반응어 빈도순2

자극어	밤(낮)	강물	발	내일	집	보다	말하다	좋다	만나다	가다
반응어	**별7**	**흐르다5**	양말4	오늘3	**편안함6**	tv4	**입7**	싫다3	**친구7**	학교4
	달6	차가움3	**신발5**	**시험7**	밥3	안경3	**듣다6**	사랑4		집4
	가로등4	물고기3	손3	미래4		**눈8**		사람3		오다4
			냄새6							

대학생 집단에서 빈도수 5 이상의 연상반응어는 다음과 같다.

밥-쌀(5), 비행기-하늘(10), 과일-상큼하다(5), 사과(10), 꽃-장미(7), 엄마-사랑(5), 아들-나(8), 전화-핸드폰(7), 친구-우정(6), 얼굴-눈(9), 밤-별(7), 달(6), 강물-흐르다(5), 발-신발(5), 냄새(6), 내일-시험(7), 집-편안함(6), 보다-눈(8), 말하다-입(7), 듣다(6), 만나다-친구(7)

빈도수를 기준으로 살펴본 두 집단의 연상반응어 특징을 살펴보면 다음과 같다.

첫째 두 집단에서 공통적으로 5회 이상의 빈도를 보여준 연상반응어는 밥-쌀,[8] 과일-사과, 꽃-장미, 발-신발, 보다-눈, 말하다-입, 만나다-친구이다.

둘째 여성결혼이민자 집단에서 계층적 특징을 보이는 연상반응어는 밥-반찬(5), 얼굴-예쁘다(7), 집-가족(6), 말하다-한국어(5)를 들 수 있다. 5회 이상의 빈도수 연상반응어를 통해서 계층의 정체성을 살펴볼 수 있다. 연상반응어를 첫 번째 집단은 주부, 여성, 외국인임을 알 수 있다.

셋째 여성결혼이민자의 경우 친구-만나다, 만나다-친구로 연상자극어와 연상반응어가 상호 연상하는 것을 확인할 수 있다. 이는 여성결혼이민자의 사회적 활동의 제한으로 인한 만남의 단조로움과 대상에 대한 절실함을 보여준다.

넷째 여성결혼이민자 집단에서는 연상자극어인 '비행기'에 대해 대학생 집단과 달리 다양한 반응을 보여주었다. 필리핀, 중국 등 구체적인 국명이 연상되거나, 국명을 대신하는 '고향', 바람을 나타내는 '타고 싶다', 경제와 연관된 '비싸다' 등이다. 대학생 집단은 '비행기'에 대한 연상반응어로 '하늘(10)', '여행(3)'과 '스튜어디스(3)'가 분포되어 있다.

다섯째 대학생 집단에서 계층적 특징을 보이는 연상반응어는 내일-시험(7)으로, 학생이라는 정체성을 보여준다.

여섯째 대학생 경우 구체어인 연상자극어에 대해 연상반응어가 추상어인 경우는 친구-우정, 엄마-사랑(5), 집-편안함(6)이 있는데, 여성결혼이민자의 경우는 모두 구체어인 자극어에 구체어로 반응

---

8) 연상자극어-연상반응어의 형식으로 제시.

을 보인 점이 다르다.

일곱 번째 대학생 집단에서는 연상자극어인 '전화'에서 핸드폰(7), 휴대폰(4), 아이폰(1) 등 핸드폰 연관 어휘가 많이 보인다. 여성결혼이민자 집단에서는 핸드폰(3), 휴대폰(3)과 함께 '전화'와 관련된 인간관계 어휘인 '가족(2), 남편(2), 부모님(2), 엄마(3), 오빠(1), 친구(3)의 연상반응어가 다양하게 나왔다.

여덟 번째 대학생 집단에서는 연상자극어 '아들'에서 연상반응어 '나(8)'가 가장 많은데, 여성결혼이민자와 구분되는 점이다. 이인섭(1985:418)에서는 친족 영역에 관한 인지구조는 연령에 의존하기 때문에 아동을 상대로 검사하면, '아들', '딸' 등은 잘 나타나지 않는다고 한다. 피검사자들 자신이 실제로 '엄마'에 대해 아들이거나 딸이지만 자신은 '나'로 반응하고 자신의 아들 딸은 없기 때문인 것으로 해석된다고 하였는데, 이 글의 연상반응어와 동일하게 '나'의 반응이 많았다.

빈도수를 기준으로 분류한 연상반응어 분석을 통해 계층에 따라 연상자극어에 의한 연상의 영향 정도가 다르다는 것을 알 수 있고 연상은 경험과 밀접한 관계를 가지고 있음을 알 수 있다.

1.2.3 연상반응어의 의미 분류

정신의학의 연상어휘 연구에서 연상반응어의 분류는 주로 Kraepelin-Aschaffenburg Scheme에 따른다(이철 · 이부영, 1976:66).

① 내적 연상: 자극어와 반응어가 그 말의 뜻에 따라 반응.

② 외적 연상: 자극어와 반응어가 비슷한 말이거나 언어의 일반

적 습관에 의한 반응.

③ 소리 연상: 자극어와 반응어가 단어의 보충, 음향 연상, 또는 운의 관계로 연상되는 것.

그러나 실제 분류과정에서는 내적 연상과 외적 연상으로 분류하는 것이 쉽지 않다. 내적 연상은 자극어의 뜻에 따라 반응하는 것이고, 외적 연상은 자극어와 반응어가 비슷한 말이라고 했는데, 어떻게 분류가 되는지 파악하기 어렵다.

이인섭(1985:428)에서는 연상어휘를 분류할 때 반의, 유사, 종속, 대등, 상위, 유음, 부분-전체, 완결, 자기중심성, 파생법, 단정 등으로 정교하게 분류 가능하지만, 이 분류를 어디까지 할 것인가가 문제라고 하였다. 이는 분류항목이 여러 학문분야에 관련되기 때문이라고 하면서, 이인섭(1985)은 유의, 내포, 표징, 기능, 비유 등의 분류를 시도하였다.

이인섭(1985:418)에서 '엄마'란 어휘는 대체로 유의, 기능, 표징, 내포(속성, 감정), 비유 등의 범주를 위성으로 하는 성좌의 중심이라고 하면서 세부적으로 유의, 기능, 표징, 내포1, 내포2, 비유로 나누고 있다. 여기서 유의는 포섭관계, 중복관계, 상관관계, 근접관계를 이루고, 기능은 직책이나 행위에 관련된 것이다. 표징은 부분이 전체를 상징하는 것이다. 내포1은 속성이고, 내포2는 정감적 표상이라 할 수 있다. '비유'로 묶인 것은 통사적 반응으로 해석 가능하며 내포1과 연결된 것이나, 비유로 표현되었다.

이 글의 연상어휘 중 동일한 연상자극어인 '엄마'를 통해 연상반응어를 분류하고 이인섭(1985)의 '엄마'와 비교해 보겠다. 이인섭(1985)에서 제시된 '엄마'의 연상반응어이다.

유의 아빠, 부모, 새엄마, 할머니, 아주머니, 아기, 동생, 여자, 나
기능 집안일, 집, 부엌, 빨래, 음식, 청소, 밥, 가정, 직장, 살림, 뜨개질, 먹는 것, 과자, 주부, 선생님, 돌봐주다, 키운다, 보살핌, 나를 낳으신 분
표징 냄새, 얼굴, 품, 손, 코, 파마, 앞치마, 미소, 잔소리, 야단, 옷
내포1 인자, 자상, 정성, 사랑, 정, 다정, 은혜, 착함, 훌륭함, 너그러움, 조심, 포근함, 알뜰
내포2 고마움, 감사, 좋다, 무섭다, 즐겁다, 효도
비유 천사, 하늘, 땅, 솜

이 글의 '엄마' 연상반응어를 이인섭(1985)에 따라 분류하면 아래와 같다. 여성결혼이민자와 대학생 집단의 '엄마' 연상반응어이다.

〈여성결혼이민자의 '엄마' 연상반응어〉
유의 아빠, 아버지, 여자, 나, 가족
표징 젖, 눈물, 마음
기능 음식, 집, 고향
내포1 친절하다, 슬프다, 착하다, 사랑하다, 건강, 멀다
내포2 그리움, 보고 싶다, 사랑하다, 존경하다, 행복, 좋다

〈대학생의 '엄마' 연상반응어〉
유의 아빠, 나, 가족
표징 미소, 손, 눈물, 검은색, 피부색
기능 밥, 가정, 집, 음식
내포1 사랑, 웃음, 포근함, 따뜻함
내포2 보고 싶음, 좋다, 미안함, 그리움, 슬픔

이인섭(1985)의 '엄마' 연상반응어와 비교해 보면, 여성결혼이민자와 대학생 집단의 '엄마' 연상반응어는 모두 비유적인 표현이 없

고, 기능이 많지 않다는 것이 특징이다. 적은 수의 조사대상 때문이라고 보기에도 단순하고 다른 항목과 비교해서 상대적으로 적다. 이는 이인섭(1985:415)에서, 저학년에선 기능이란 범주가 많고, 고학년에선 내포가 많다고 한 지적과 일치한다. 여성결혼이민자는 외국인이어서 한국어 어휘력이 부족하지만, 기능이 적고 내포가 많은 것은 대학생과 동일하다.

다만 분류과정에서 '사랑하다, 슬프다, 건강' 등의 경우 내포1에도 내포2에도 포함될 수 있어서 문어 자료 분석이 지니는 한계를 확인하게 된다. 또한 이 글은 인문치료에서 활용할 진단과 치료 목적의 연상어휘검사 개발을 위한 예비적 고찰이기 때문에 이런 세부적인 연상반응어의 분류가 대상자의 정신적, 정서적 문제에 접근하는 데 얼마나 유용할 것인가에 대해서는 회의적이다.

이 글에서는 연상반응어의 분류를 소쉬르의 연합관계와 결합관계와 경험에 의해 연상되는 연상반응어로 분류해 보고 문제점을 고찰해 보려고 한다.

연합관계는 소쉬르의 세로상위 관계로, 기억에 의한 관계를 일컫는다. 유의관계, 반의관계, 상하위관계 등이 이에 속한다. 결합관계는 소쉬르의 가로상의 관계로, 시간의 흐름에 의한 선조상의 관계를 일컫는다. 문장과 단어 내에서의 결합관계로 구분되며 단어 내에서의 결합관계는 복합관계라 한다. 경험관계는 실제 경험에 의한 관계를 일컫는다. 원형관계는 경험관계에 포함된다. 소리연상은 자극어의 소리와 비슷한 반응어에 해당하는데, 단순하게 반응하는 연상어휘로, 정신의학의 연상어휘검사에서는 콤플렉스의 증후로 본다. 기타는 의미를 파악하기 어려운 반응어이기 때문에 분류에서 제외시켰다.

이 글에서는 연상자극어에 의한 연상반응어들의 의미관계를 연합, 결합, 경험관계로 크게 분류하였다.

여성결혼이민자와 대학생의 의미분포도를 비교해 보면 명사의 의미분포도(연상자극어1-15)에서 경험관계가 대체로 높게 나왔고, 용언의 의미분포도(연상자극어16-20)에서는 결합관계가 높게 나왔다. 명사 연상반응어 중 '꽃'과 '나무'의 반응어에서는 두 집단 모두 연합관계가 많이 분포된 것이 특징이고, '친구'의 연상반응어의 분포에서는 두 집단이 차이를 보였다. 여성결혼이민자 집단에서는 결

표 5.11 여성결혼이민자의 의미관계 분류표1

번호	1	2	3	4	5	6	7	8	9	10
	밥	비행기	과일	나무	꽃	엄마	아들	전화	친구	얼굴
연합	9	1	22	8	16	4	6	7	3	
결합	9	7	4	2	7	10	4	4	14	10
경험관계	5	24	6	22	9	18	22	21	15	22
원형관계	9									

표 5.12 여성결혼이민자의 의미관계 분류표2

번호	11	12	13	14	15	16	17	18	19	20
	밤(낮)	강물	발	내일	집	보다	말하다	좋다	만나다	가다
연합	2	4	3	1	1	0	6	2	0	2
결합	11	13	10	4	5	26	18	28	23	26
경험관계	18	15	17	27	26	6	8	2	9	4
원형관계										
소리연상	1		2							

표 5.13 대학생의 의미관계 분류표1

번호	1	2	3	4	5	6	7	8	9	10
	밥	비행기	과일	나무	꽃	엄마	아들	전화	친구	얼굴
연합	4	1	19	3	14	4	13	14	2	1
결합	9	2	9	2	8	3	3	5	6	5
경험관계	13	29	4	27	10	25	16	13	22	26
원형관계	5									
기타	1								2	

표 5.14 대학생의 의미관계 분류표2

번호	11	12	13	14	15	16	17	18	19	20
	밤(낮)	강물	발	내일	집	보다	말하다	좋다	만나다	가다
연합	1	2	6	4	3	2	14	9	3	4
결합	6	14	8	1	12	22	14	17	12	17
경험관계	25	16	18	27	17	8	4	5	17	11
원형관계										
기타								1		
소리연상										

합관계에 더 많이 분포되어 있고, 대학생의 집단에서는 경험관계에 더 많이 분포되어 있다. 여성결혼이민자의 경우 '친구'의 연상반응어 중에서 만나다(5)가 가장 빈도가 높았던 것과 '만나다'의 연상어로 '친구(10)'의 빈도가 높았던 것을 고려하면 여성결혼이민자들이 친구와의 만남을 얼마나 중요하게 생각하는지를 추측할 수 있다. 그러나 대학생 집단에서 '친구'의 경험관계가 많은 것은 '친구'에 대한 개별적인 경험의 다양성에 기인한 것으로 보인다.

이 글의 세 가지 기준에 의한 분류 과정에서도 결합관계와 경험관계에서 중첩되는 면이 있는데 속성, 정서의 의미관계는 결합관계 또는 경험관계로도 볼 수 있기 때문이다. 이 글의 분류 과정에서도 문어 자료 분석의 한계가 드러났다.

1.3 사회언어학적 분석

1.2의 품사, 빈도수, 의미관계를 기준으로 연상반응어를 살펴본 결과 여성결혼이민자와 대학생의 연상어휘가 지니는 특징은 다음과 같다.

연상자극어와 연상반응어의 문법적 형태의 일치 여부를 살펴본 결과, 명사에서는 명사로 반응한다는 결론을 얻을 수 있었다. 명사/명사의 반응이 여성결혼이민자나 대학생 집단에서 각각 74.8%, 76.1%로 높은 비율이 나왔다. 이 글에서는 이뿐 아니라 동사/명사, 형용사/명사의 비율도 높아서 여성결혼이민자 집단에서는 84.38%, 84.38%이고, 대학생 집단에서는 71.7%, 65.63%이다. 이는 명사뿐 아니라 동사, 형용사도 명사로 반응하는 경향성을 보여주지만, 다른 연구의 결과들과 차이가 나고, 조사대상 수가 적어서 더 많은 수의 대상자를 통해 다시 논의되어야 한다. 다만, 두 집단 중에서 여성결혼이민자의 경우 명사로 반응하는 경향이 더 많았다.

연상자극어 '친구'는 여성결혼이민자 집단에서는 명사/동사의 비율이 25%, 명사/형용사의 비율이 21.9%이고, 대학생 집단에서는 명사/동사의 반응이 0%, 명사/형용사의 반응이 25%이어서, 명사/동사의 반응에서 차이가 남을 확인할 수 있었다. 여성결혼이민자의 경우 '친구'와 결합되는 동사는 '만나다, 사귀다, 잘 지내다'이다.

빈도수를 기준으로 살펴본 연상반응어에서는 두 집단의 특징을 볼 수 있었다. 여성결혼이민자 집단에서 계층적 특징을 보이는 연상반응어에는 밥-반찬(5), 얼굴-예쁘다(7), 집-가족(6), 말하다-한국어(5)를 들 수 있다. 대학생의 경우는 내일-시험(7)이다. 5회 이상의 빈도수 연상반응어를 통해서 여성결혼이민자 집단은 주부, 여성, 외국인임을 보여주고, 대학생 집단은 학생임을 나타내 준다.

두 집단의 빈도가 높은 연상반응어를 통해 살펴본 의미관계의 특징을 살펴보면 여성결혼이민자의 경우 친구-만나다, 만나다-친구로 연상자극어와 연상반응어의 상호 연상을 통해 사회적 활동의 제한으로 인한 만남의 단조로움, 대상에 대한 절실함, 부족한 한국어 표현능력 등을 볼 수 있다. 또한 여성결혼이민자 집단에서는 연상자극어인 '비행기'에 대해 대학생 집단과 다른 반응을 보여주었다. 여성결혼이민자는 '비행기'에서 국명이나 '고향', 가고싶은 바람, 티켓가격에 연관된 '비싸다' 등을 연상하였다. 대학생에게 '비행기'는 여성결혼이민자처럼 구체적, 정서적, 경제적인 것을 연상시키는 자극어는 아니었다.

여성결혼이민자와 대학생 집단의 연상반응어에 나타난 계층적 특징은 연상반응어의 구체성과 추상성에 있다. 이인섭(1985)에서 언어발달과 연상어휘의 구체성과 추상성을 연관시켜 고찰했는데, 이 연구에 따르면 여성결혼이민자의 연상반응어에서 구체어가 강한 것은 언어발달상 미숙한 것이지만, 여성결혼이민자는 외국어인 한국어로 연상반응을 한 것이기 때문에 인지와는 별개의 문제라고 생각한다. 그러나 한국어로 의사소통하면서 추상적인 부분에 대한 의사표현이 자유롭지 않은 것은 한국어 어휘력이 부족해서거나, 여성결혼이민자의 심리적인 문제(소외, 우울 등)와 연관된다.

일곱 번째 대학생 집단에서는 연상자극어인 '전화'에서 핸드폰 연관 어휘가 많이 보인다. 여성결혼이민자 집단에서는 '전화'와 관련된 인간관계 어휘가 연상반응어로 다양하게 나왔다. 이는 '전화'가 대학생의 경우 새로운 전화기에 대한 관심을 반영한 것이라면 여성결혼이민자의 경우는 전화를 통해 연결되는 관계에 더 치중하여 연상한다는 것을 보여 준다.

이 글에서는 연상반응어의 품사, 빈도수, 의미 관계 분석을 통해서 여성결혼이민자와 대학생의 연상어휘의 사회언어학적 고찰을 해 보았다. 이 글의 고찰을 통해 두 집단에 대한 인문치료(집단의 경우)를 실시할 때, 여성결혼이민자의 소외, 외로움, 불안의 정서 문제와 관계적인 측면, 경제적인 어려움 등을 고려한 인문치료의 방향을 수립해 나갈 수 있을 것이다.

그러나 이 글의 논의는 기초어휘의 연상어휘를 통한 접근이어서 대상자들의 관련 문제와 연관성 있는 연상어휘를 선정하여 연상어휘조사를 하게 되면 정신적, 정서적 문제에 접근할 수 있을 것이다. 또한 개인의 정신적, 정서적 문제에 접근하기 위한 연상어휘 조사 개발을 위해서는 보완해야 할 점이 있다.

우선 이 글의 연상어휘 조사는 개별 면담 형식으로 이루어진 것이 아니라 집단을 대상으로 한 설문지 조사 형식으로 이루어졌는데, 설문지 조사는 경험관계의 연상반응어를 의미 분류할 때 의미 관계에 대한 피조사자의 보충 설명이 필요한 경우 확인할 수 없다는 단점이 있다. 이를 보완하기 위해서는 정신의학에서 진행하는 개별 면담 조사를 통해 연상반응어들의 의미관계를 세밀하게 분류할 수 있다.

이 글에서는 기존의 연상어휘 조사의 연상자극어와 달리 연상자극어를 한정하여 선정하였다. 그러나 구체어인 연상자극어와 연상반응어들의 의미 관계가 다양한 분포를 보이고 있어서, 구체어 내에서도 의미 속성에 따라 많은 차이가 있음을 볼 수 있었다. '나무', '꽃'의 연상자극어는 하위관계어들이 많이 나타나는 것이 특징이고 대부분의 연상자극어의 반응어들은 경험관계가 높은 분포를 보였다. 연상반응어들의 분포 유형 중에서 연상어휘 조사에 적절한 의미관계 분포도는 무엇인지에 대한 논의도 보완되어야 한다.

의미 분류의 기준에서 결합관계와 연합관계, 경험에 의한 관계를 구분하여 분류하였지만, 결합관계와 경험에 의한 관계가 중첩되는 지점이 있어서 의미 분류의 어려움이 있었다. 의미 분류를 할 때 연상어휘검사의 유효성을 고려한 의미 분류 기준에 대한 논의도 이루어져야 한다.

※ 이 글은 『인문과학연구』33(2012)에 실린 필자의 논문 「연상어휘검사 개발을 위한 예비적 연구–대학생과 여성결혼이민자의 연상어휘 비교」를 수정한 것이다.

2. 연상어휘 의미관계 고찰

이 글의 목적은 여성결혼이민자의 연상어휘 중 경험에 의한 의미관계 연상어휘의 하위 의미 분류를 시도하는 것에 있다. 경험에 의한 의미관계란 연상어휘 중 연상어휘의 어휘의미와 연관되지 않고, 피조사자의 실제 경험에 의한 연상반응어를 의미한다. 이 글에서 경험에 의한 의미관계로 연구 범위를 제한하는 이유는 경험에 의한 연상어휘가 계열관계와 결합관계의 연상어휘보다 양적으로 많지만, 기존 연구에서 하위분류가 본격적으로 다뤄지지 않았기 때문이다.

또한 정신의학에서의 연상어휘 조사는 연상 과정에서의 반응시간, 피조사자의 태도 등을 근거로 이루어지는데, 연상어휘 자체에 대한 의미 분석은 살펴보기 어렵다. 이 글은 연상어휘의 학제 간 연구 성과를 융합하여서 연상어휘의 실제적 활용을 도모하는 인문치료적 시도로, 어휘의미에 의한 연상어휘보다 경험에 의한 연상어휘에 대한 하위분류의 중요성이 크다.

연상어휘 조사는 연상어휘 선정, 연상어휘 조사지 작성, 연상어휘 조사, 연상어휘 분석의 과정으로 진행되었다. 연상어휘는 국립국어원 150만 어절 말뭉치에서 빈도 100 이상인 고빈도어이면서, 구체어인 명사 15개와 국립국어원 150만 어절 말뭉치에서 500 이상인 고빈도 형용사 1개, 동사 4개로, 총 20개 어휘이다. 또한 이 글에서의 연상어휘는 정신의학에서의 연상어휘와 달리 콤플렉스와 연관되지 않은 기초어휘이다. 이 글이 경험관계에 의한 의미 분류를 위한 방법 모색이기 때문에 콤플렉스와 관련된 연상어휘를 선정하지는 않았다.

연상어휘 조사는 두 집단을 대상으로 이루어졌는데, 여성결혼이민자가 주로 20대 여성인 점을 고려해서 같은 연령층의 대학생 집단을 비교집단으로 선정하였다. 여성결혼이민자는 모두 32명으로 중국, 필리핀, 베트남 등의 여성결혼이민자이고 개인차는 고려하지 않았다. 대학생은 모두 32명으로 개인의 환경, 경험 등 개인차를 고려하지 않았다. 연상조사 방법은 연상 자극어에 하나의 단어로 반응하는 자유연상법으로 진행되었다.

연상어휘 조사 후에 연상반응어를 분석하였다. 연상반응어는 어휘의미에 의한 계열관계, 결합관계와 경험에 의한 의미관계를 먼저 구분하고, 경험에 의한 의미관계를 세부적으로 분석하였다.

연상어휘의 기존 연구를 살펴보면, 정신의학에서는 연상검사를 콤플렉스를 환기시켜 의식화하는 도구로 활용하기 때문에 연상어휘 자체보다는 콤플렉스 징후[9)]를 찾는 데 주목한다. 정신의학의 연상어휘 연구에는 이철 · 이부영(1976), 손봉기(1979), 이수철 · 이부영(1982), 이부영 · 서국희(1995) 등이 있다.

언어학에서는 연상검사를 통해 연상어휘의 의미관계 또는 의미를 규명하는 데 연구 목적을 두고 있다. 언어학에서의 연상어휘 연구에는 이인섭(1981), 이인섭(1985), 이찬규(2002), 이유미 · 이찬규(2007), 강소영(2010) 등이 있다.

두 분야에서 모두 연상검사를 통해 추출된 연상반응어를 일정한 기준으로 분류하는데, 정신의학에서는 연상반응어를 Kraepelin-Aschaffenburg Scheme[10)]에 의해 내적 연상, 외적 연상, 소리 연상으로 분류하였다(이철 · 이부영, 1976:66).[11)]

---

9) 융의 콤플렉스 징후 기준에는 ① 지연 반응시간, ② 재생 장애, ③ 보속현상(perseveration): 바로 직전의 반응이 그 다음 반응에 영향을 미치는 것, ④ 무반응: 40초가 지나도록 반응이 없거나 또는 그 이전에 반응이 없음을 표시하는 경우, ⑤ 자극어의 반복, ⑥ 잘못 들음, ⑦ 이상한 얼굴 표정 또는 몸짓, ⑧ 감탄사, ⑨ 말더듬, ⑩ 잘못 말함, ⑪ 무의미한 반응, ⑫ 음향 연상, 단어 보충, ⑬ 간접 반응, ⑭ 여러 단어 또는 문장으로 된 반응어, ⑮ 외국어 반응, ⑯ 동일 반응어의 반복 사용이 있다.

10) 이철 · 이부영(1976:65)에서 이들은 Wundt학파에 속했으며 1896년 E. Kraopelin이 연상검사를 정신병의 연구에 도입했고 G. Aschaffenburg가 자극어와 반응어 사이의 형태적인 연구를 하였다고 한다.

11) 내적 연상: 자극어와 반응어가 그 말의 뜻에 따라 반응
외적 연상: 자극어와 반응어가 비슷한 말이거나 언어의 일반적 습관에 의한 반응
소리 연상: 자극어와 반응어가 단어의 보충, 음향 연상, 또는 韻의 관계로 연상되는 것

언어학 연상어휘연구에서는 분류를 하지 않는 경우도 있고, 분류하는 경우도 분류기준을 다르게 제시한다. 이인섭(1985:429-430)에서 연상어휘는 대체로 유의, 기능, 표징, 내포라는 의미범주에 든다고 하였다. 이찬규(2002:75)는 연상어휘를 계열관계, 결합관계, 복합관계, 설명할 수 없는 경험적 의미 관계에 따라 분류하였다.

이 글에서는 연상어휘를 분류하는 목적이 어휘의미관계를 규명하는 것이 아니고, 연상어휘를 통해 피조사자의 사고에 접근하기 위한 것으로, 분류의 기준도 이 목적에 부합하는 기준을 마련하여야 한다. 이찬규(2002)의 분류와 같이 우선 언어의 의미에 의한 연상이냐, 아니면 실제에서 경험에 의한 연상이냐를 분류하는 것이 필요하다. 언어의 의미에 의한 연상은 이찬규(2002)의 분류에서 계열관계, 결합관계, 복합관계 또는 Kraepelin-Aschaffenburg Scheme의 내적연상에 해당한다. 그러나 Kraepelin-Aschaffenburg Scheme의 외적연상이 실제 경험에 의한 연상과 대응되는 것은 아니다. 오히려 '비슷한 말'은 계열관계를 의미하는 것으로 언어의 의미에 의한 연상이다. 이찬규(2002)의 실제 경험에 의한 경험적 의미관계는 하위 분류에는 미치지 못하였고, 이를 위해 의미 관계에 대한 보다 폭넓은 검토가 필요함을 제기하였다.

이 글에서는 연상자극어[12]에 의한 연상반응어들의 의미관계를 계열관계와 결합관계인 어휘의미에 의한 연상과 실제 경험에 의한 관계로 대분하고 경험관계에 해당하는 연상어의 의미관계를 고찰해 봄으로써 실제 경험관계에 의한 연상관계의 하위 분류에 대해

---

12) 이 글에서는 연상자극어로 150만 어절 말뭉치에서 빈도수 100 이상인 명사 15개, 빈도수 500 이상인 동사, 형용사 5개를 선정하였다. 선정된 연상자극어는 기초어휘이면서 구체어이다.

논의하고자 한다.

먼저 여성결혼이민자의 연상반응어와 대학생 집단의 연상반응어를 연상자극어 아래 각각 대비하여 표로 제시하였다.

이 중에서 경험관계는 실제 경험에 의한 의미관계를 나타내는데, 두 집단 모두 경험관계가 많은 것이 동일하다. 예외적인 연상자극

표 5.15 여성결혼이민자 & 대학생 연상어휘 의미관계 비교(1-5)

	밥		비행기		과일		나무		꽃	
번호	1(외)[13]	1(대)	2(외)	2(대)	3(외)	3(대)	4(외)	4(대)	5(외)	5(대)
계열	9	4	1	1	22	19	8	3	16	14
결합	9	9	7	2	4	9	2	2	7	8
경험 관계	5	13	24	29	6	4	22	27	9	10
원형 관계	9	5								
기타										

표 5.16 여성결혼이민자 & 대학생 연상어휘 의미관계 비교(6-10)

	엄마		아들		전화		친구		얼굴	
번호	6(외)	6(대)	7(외)	7(대)	8(외)	8(대)	9(외)	9(대)	10(외)	10(대)
계열	4	4	6	5	7	14	3	2		1
결합	10	3	4	3	4	5	14	6	10	5
경험 관계	18	25	22	24	21	13	15	22	22	26
원형 관계										

13) (외)는 외국인인 여성결혼이민자를 나타나는 약어이고, (대)는 대학생 집단을 의미하는 약어이다.

표 5.17 여성결혼이민자 & 대학생 연상어휘 의미관계 비교(11-15)

	밤(낮)		강물		발		내일		집	
번호	11(외)	11(대)	12(외)	12(대)	13(외)	13(대)	14(외)	14(대)	15(외)	15(대)
계열	2	1	4	2	3	6	1	4	1	3
결합	11	6	13	14	10	8	4	1	5	12
경험관계	18	25	15	16	17	18	27	27	26	17
원형관계										

표 5.18 여성결혼이민자 & 대학생 연상어휘 의미관계 비교(16-20)

	보다		말하다		좋다		만나다		가다	
번호	16(외)	16(대)	17(외)	17(대)	18(외)	18(대)	19(외)	19(대)	20(외)	20(대)
계열	0	2	6	14	2	9	0	3	2	4
결합	26	22	18	14	28	17	23	12	26	17
경험관계	6	8	8	4	2	5	9	17	4	11
원형관계										
기타						1				

이 중에서 경험관계는 실제 경험에 의한 의미관계를 나타내는데, 두 집단 모두 경험관계가 많은 것이 동일하다. 예외적인 연상자극어에는 '과일', '꽃'이 있다.[14] 이 연상자극어에서는 두 집단 모두 계열관계가 많다. 이 중에서 경험관계의 하위분류를 위한 세부적 의미관계 고찰을 위해 경험관계가 많은 1-15의 연상반응어 의미 분포를 상세하게 살피고자 한다. 표의 왼쪽은 어휘 의미에 의한 계열

14) '과일', '꽃'에서 계열관계 연상반응어가 많은 것은 과일, 꽃 모두 하위어를 공통적으로 연상했기 때문으로 어휘의 의미 속성과 연관된 것으로 보인다.

관계, 결합관계, 복합관계의 연상반응어를 제시하였고, 표의 오른쪽은 경험에 의한 의미관계를 제시하였다.

2.1 연상어휘 의미관계

2.1.1 밥 연상어휘의 의미관계

<table>
<tr><td>반의(반찬, 빵, 국)</td><td rowspan="4">밥(여성결혼이민자)</td><td>관련 행위(식사, 요리)</td></tr>
<tr><td>하위(아침, 저녁)</td><td>관련 상태(배고픔)</td></tr>
<tr><td>결합(맛있다/ 먹다, 먹고 싶다, 만들다)</td><td>관련 신체(배)</td></tr>
<tr><td>복합(그릇)</td><td>관련 기분, 느낌(좋다)</td></tr>
<tr><td></td><td>쌀(원형)</td><td></td></tr>
</table>

<table>
<tr><td>반의(반찬, 국)</td><td rowspan="4">밥(대학생)</td><td>반의의 하위(된장찌개, 김치)</td></tr>
<tr><td>상위(음식)</td><td>관련행위자(엄마)</td></tr>
<tr><td rowspan="2">결합(따뜻하다, 맛있다)</td><td>관련 사물(숟가락, 식탁)</td></tr>
<tr><td>관련 상태(배고픔)</td></tr>
<tr><td>복합(그릇)</td><td>쌀(원형)</td><td>취득 방법(얻다)</td></tr>
</table>

여성결혼이민자 집단에서는 '밥'의 계열관계에 의한 반응어에 반의관계 '반찬, 빵, 국'이 있었다. 또한 '아침'과 '저녁'은 '아침밥'과 '저녁밥'에 해당하는 것으로 '밥'의 하위어이다. 대학생 집단에서도 반의관계인 '반찬, 국'이 있고, 상위어인 '음식'이 있다.

여성결혼이민자의 경우, 결합관계에 '맛있다, 먹다, 먹고 싶다, 만들다'가 있고, 복합관계인 '그릇'도 있다. 이 중 '만들다'는 밥을 지어야 하는 주부의 삶이 반영된 연상반응어이다. 대학생의 경우, 결합관계에 '따뜻하다, 맛있다, 그릇'이 있다. '따뜻하다'의 경우 '밥'

의 속성일 수도 있다.

경험관계는 여성결혼이민자의 경우 '식사', '요리', '배고픔'이다. '식사'는 '밥'을 먹는 행위이고, '요리'는 '여러 조리 과정을 거쳐 음식을 만듦이나 음식 자체'를 일컫는다. '식사'와 '요리'는 밥을 매개로 한 관련 행위어이다. '배고픔'은 밥을 먹지 않았을 때의 상태를 일컫는 말로, 관련 상태이다. '배'는 '밥'과 연관된 몸의 일부분이고, '좋다'는 '밥'으로 인해 경험되어지는 느낌, 기분이다.

대학생의 경우 경험관계 해당어휘가 다양하다. '밥'과 함께 먹는 반찬의 일종인 '된장찌개, 김치', 밥을 짓는 행위자인 '엄마', 밥을 먹는 도구나 관련 물건인 '숟가락, 식탁', 밥을 안 먹은 상태인 '배고픔', 밥을 먹게 된 방법적 행위인 '얻다'이다. 여성결혼이민자나 대학생 모두 '밥'의 자극어로 가장 높은 빈도를 보였던 반응어는 '쌀'이다. '쌀'은 '밥'의 재료로, 계열관계로 설정할 수 있지만, 밥의 원형 관계로 설정하였다.

두 집단 경험관계에서 연상반응어의 분포가 관련 상태인 '배고픔'은 동일하지만 여성결혼이민자의 경우는 '밥'과 관련된 행위어가 추출된 반면 대학생의 경우 '밥'과 연관된 관련행위자가 연상되었다. 또한 여성결혼이민자의 연상반응어보다 구체어들이 많은 것이 특징이다.

2.1.2 비행기 연상어휘의 의미관계

여성결혼이민자의 경우 연상자극어 '비행기'의 계열관계에 있는 반응어는 공하위어인 '자동차'이고, 대학생의 경우는 '교통수단'으로 상위어에 해당한다. 결합관계에 있는 반응어는 여성결혼이민자

공하위(자동차)	비행기(여성결혼이민자)	목적 또는 목적지 (여행, 고향, 중국, 베트남, 필리핀, 집)
		관련인물(부모님)
결합(타고 싶다, 타다)		접근성/부분(하늘, 공항, 앉다, 짐/날개)
결합, 복합(비행기표)		비행기표(돈, 비싸요)

		목적, 목적지 (여행, 미국, 제주도)
상위(교통수단)		
결합(날다)	비행기(대학생)	접근성 (하늘, 공항, 활주로, 승무원, 스튜어디스, 밥)
		신체적 증상(귀 아픔)
		관련계층(공군)
		상징물 관련(놀다)
		상징, 상태(하늘색, 높다)

의 경우, '타고 싶다, 타다'이고 복합관계에 해당하는 '비행기 표'가 있다. 대학생의 결합관계 반응어는 '날다'이다.

여성결혼이민자의 경험관계 어휘는 다양하다. 비행기를 타는 목적이나 목적지에 해당하는 '여행, 고향, 중국, 베트남, 필리핀, 집'과, 비행기를 타고 가서 만나고 싶은 사람인 '부모님', 비행기가 착륙, 이륙하는 곳인 '하늘, 공항', 비행기 이용 시 관련 행위 또는 휴대한 물건인 '앉다, 짐', 비행기 부분에 해당하는 '날개'가 있다. 비행기 표에 대한 부담을 표현하는 '돈, 비싸요'가 있다.

대학생의 경험관계 어휘는 여성결혼이민자의 어휘와 다른 양상을 보여준다. 비행기를 타는 목적이나 목적지에 해당하는 어휘는 '여행, 미국, 제주도'로, '여행'은 공통적이지만, 목적지 '미국', '제주도'로 여행의 목적지를 나타내는데 여성결혼이민자들의 목적지가 고향(모국)인 것과 다른 점이다. 비행기가 착륙, 이륙하는 곳인 '하늘, 공항'은 동일하며, '공항'은 더 구체적인 공항명이 연상되었다. 또한 공항과 연관된 연상어로 '활주로, 승무원, 스튜어디스, 밥'이 연상되기도 했다. 이 중 '밥'은 기내식을 가리키는 연상어로 보인다. 또한 비행기를 탔을 때의 신체적 증상인 '귀 아픔'과 비행기를 타는 군인인 '공군', '비행기'를 장난감 '비행기'로 인식해서 연상한 것 같은 '놀다'가 있다. 대학생들의 반응어 중에 '하늘색'은 비행기에서 연상된 색이며, '높다'는 비행기가 날 때의 상태이다.[15]

2.1.3 과일 연상어휘의 의미관계

하위(사과, 망고)	과일(여성결혼이민자)	긍정적 영향(건강, 피부)
		관련 장소(가게)
결합(사다, 먹다, 맛있다)		관련 음식(주스)

하위(사과)	과일(대학생)	긍정적 영향(비타민 C)
결합(상큼하다, 맛있다, 달다)		
복합(바구니)		

여성결혼이민자의 '과일'의 계열관계 반응어는 '사과'를 비롯한 과일의 하위어들이다. 대학생의 연상어휘에도 하위어가 공통적으

15) '높다'는 동요 속에 나오는 구절에 영향을 받은 것으로 보이는 연상어이다. (동요의 가사: "기차는 빨라. 빠르면 비행기. 비행기는 높아. 높으면 백두산.")

로 나타난다. 여성결혼이민자의 반응어에는 열대과일인 '망고'가 포함되어 있다. 여성결혼이민자의 결합관계 반응어는 '사다, 먹다, 맛있다'이다. 대학생의 결합관계 반응어에는 '상큼하다, 맛있다, 달다'가 있는데, 모두 과일의 속성에 해당하는 서술어들이다.

여성결혼이민자의 경험관계 반응어는 과일을 먹는 것이 미치는 긍정적 영향에 해당하는 '건강', '피부'와 과일을 파는 장소인 '가게'와 과일을 갈아서 만드는 음료인 '주스'가 있다. '가게'와 '주스'는 결합관계 중 복합관계로 볼 수 있다. 대학생의 경험관계 반응어에는 '비타민C, 바구니'가 있다. '비타민 C'는 사과 속에 있는 대표적 영양소이고 '바구니'는 과일을 담는 용기로 복합관계로 볼 수 있다.

2.1.4 나무 연상어휘의 의미관계

<table>
<tr><td>하위(소나무 NARA-필리핀 나무, 은행나무)</td><td rowspan="5">나무(여성결혼이민자)</td><td>생산품(가구, 집)</td></tr>
<tr><td>반의(꽃)</td><td>상징(초록색, 녹색)</td></tr>
<tr><td></td><td>관련 계절(봄, 가을)</td></tr>
<tr><td rowspan="2">결합(크다, 아름답다)</td><td>접근성(새, 산)
나무 부분(잎)
나무 상태(단풍)</td></tr>
<tr><td>?(멋)</td></tr>
</table>

<table>
<tr><td>하위(소나무)</td><td rowspan="5">나무(대학생)</td><td>완성품(휴지)</td></tr>
<tr><td>반의(풀)</td><td>상징(초록색, 파란색)</td></tr>
<tr><td></td><td>관련 계절(가을)</td></tr>
<tr><td rowspan="2">결합(딱딱하다, 한결같다)</td><td>접근성(새, 숲, 그늘, 물, 자연)
나무 부분(잎, 낙엽, 줄기, 뿌리, 나뭇잎, 과일)</td></tr>
<tr><td>관련 문화(세종대왕, 풍경화, 산림경영, 식목일)
속성(시원)</td></tr>
</table>

여성결혼이민자의 ‘나무’의 계열관계에 있는 반응어에는 하위관계인 ‘소나무, NARA(필리핀 나무), 은행나무’가 있다. ‘꽃’은 반의관계이다. 대학생의 계열관계 반응어에 하위관계인 ‘소나무’, 반의관계인 ‘풀’이 있다. 여성결혼이민자의 결합관계 반응어로는 ‘크다, 아름답다’이고, 대학생의 결합관계 반응어는 ‘딱딱하다, 한결같다’이다.

여성결혼이민자의 경험관계 반응어는 다양하다. ‘나무’로 만드는 ‘가구, 집’, 그리고 ‘나무’의 색깔인 ‘초록색, 녹색’, 나무와 연관된 계절인 ‘봄’과 ‘가을’, 그리고 가을에 나무와 연관된 상태인 ‘단풍’, 나무의 부분인 ‘잎’, 나무 주변에 있는 ‘새’, 나무가 많은 ‘산’, 의미관계를 예측하기 어려운 ‘멋’도 있다. 대학생의 경험관계 반응어도 다양하다. ‘나무’로 만드는 ‘휴지’ 그리고 ‘나무’의 색깔인 ‘초록색, 파란색’, 나무와 연관된 계절인 ‘가을’, 나무의 부분인 ‘잎, 낙엽, 줄기, 뿌리, 나뭇잎, 과일’ 나무 주변에 있는 ‘새’, 나무가 모인 ‘숲’, ‘그늘, 물, 자연’도 ‘나무’와 접근성이 있는 것들이다. 그 외에 ‘세종대왕, 풍경화, 산림경영, 식목일’이 있고 속성에 해당하는 ‘시원’이 있다.

2.1.5 꽃 연상어휘의 의미관계

<table>
<tr><td>하위(진달래꽃, 백합, 장미, 벚꽃, 눈꽃)</td><td rowspan="5">꽃(여성결혼이민자)</td><td>접근성(나비)</td></tr>
<tr><td></td><td>속성(향기)</td></tr>
<tr><td>결합(예쁘다, 아름답다)</td><td>관련 문화(생일),
상징(봄)</td></tr>
<tr><td rowspan="2"></td><td>?(새길, 날씨)</td></tr>
<tr><td></td></tr>
</table>

하위(난초, 무궁화, 해바라기, 진달래, 장미, 들꽃, 튤립)		접근성(벌)
		속성(향기)
결합(예쁘다, 아름답다, 향기롭다)	꽃(대학생)	상징(봄)
		부분(꽃잎), 상징(빨간색, 분홍색)
		?피아노/ 비유(나)

여성결혼이민자의 '꽃'의 계열관계 반응어는 모두 하위어로, '진달래꽃, 백합, 장미, 벚꽃, 눈꽃'이 있다. 대학생의 계열관계 반응어도 모두 하위어로, '난초, 무궁화, 해바라기, 진달래, 장미, 들꽃, 튤립'이 있다. 여성결혼이민자의 '꽃'의 결합관계 반응어에는 '예쁘다, 아름답다'가 있고, 대학생의 결합관계 반응어에는 '예쁘다, 아름답다, 향기롭다'가 있다.

여성결혼이민자의 '꽃'의 경험관계 반응어에는 '나비, 향기, 생일, 봄'이 있고, 의미관계를 추측하기 어려운 반응어 '새길, 날씨'도 있다. 대학생의 경험관계 반응어에는 '벌, 향기, 봄'이 있고, 꽃의 부분인 '꽃잎', 꽃의 색깔을 나타내는 '빨간색, 분홍색', 개인의 경험을 반영한 '피아노'가 있다. 또한 '꽃'을 자신에 비유하는 '나'도 있으며 이는 자기중심적인 반응어이다.

2.1.6 엄마 연상어휘의 의미관계

여성결혼이민자의 '엄마'의 계열관계 반응어에는 반의관계인 '아빠, 아버지'와, 상위어인 '여자'가 있다. 대학생의 계열관계 반응어

<table>
<tr><td>반의(아빠, 아버지)</td><td rowspan="5">엄마(여성결혼이민자)</td><td>속성(사랑, 애기 사랑하다, 마음, 눈물)</td></tr>
<tr><td>상위(여자)</td><td>부분(젖)</td></tr>
<tr><td>결합(친절하다)</td><td>기능(음식)</td></tr>
<tr><td rowspan="2">결합(존경하다, 보고싶다, 슬프다, 사랑하다, 그립다)</td><td>물리적 거리(멀다), 내적상태 또는 바람(행복, 건강)</td></tr>
<tr><td>자아중심적(나)</td></tr>
</table>

<table>
<tr><td>반의(아빠)</td><td rowspan="6">엄마(대학생)</td><td>(속성)미소, 포근함, 따뜻함, 웃음, 눈물</td></tr>
<tr><td></td><td>(부분)손, 피부색</td></tr>
<tr><td></td><td>기능(음식, 밥)</td></tr>
<tr><td rowspan="3">결합(보고싶다, 좋다)</td><td>접근성(집, 가족, 가정)</td></tr>
<tr><td>내적 상태(사랑, 그리움, 미안함, 슬픔)</td></tr>
<tr><td>상징(검은색)</td></tr>
</table>

는 모두 반의관계인 '아빠'이다. 여성결혼이민자의 '엄마'의 결합관계 반응어에는 '엄마'의 속성을 나타내는 '친절하다, '엄마'에 대한 내적 상태를 나타내는 '존경하다, 보고 싶다, 슬프다, 사랑하다, 그립다'가 있다. 대학생의 '엄마'에 대한 결합관계 반응어는 여성결혼이민자의 반응어보다 다양하지 않다. '엄마'에 대한 내적 상태를 나타내는 '보고 싶다, 좋다'로, '좋다'는 '엄마'의 속성일 수도 있다.

여성결혼이민자의 '엄마'의 경험관계 반응어는 '엄마'의 속성인 '사랑, 애기 사랑하다, 마음, 눈물', '엄마'의 부분에 해당하는 '젖', 기능과 관계되는 '음식', '엄마'가 계신 곳과의 물리적 거리 관련 연상어 '멀다', '엄마'에 대한 내적 상태를 나타내거나 바람을 나타내는 '행복'과 '건강', 내가 '엄마'임을 의미하는 연상어 '나'가 있다.

대학생의 경험관계 반응어는 '엄마'의 속성인 '미소, 포근함, 따뜻함, 웃음, 눈물'이 있고, '엄마'의 부분에 해당하는 '손'과 '피부색', 기능과 관계되는 '음식', '밥', '엄마'가 계신 곳인 '집, 가족, 가정', '엄마'에 대한 내적 상태를 나타내는 '사랑, 그리움, 미안함, 슬픔', 의미 관계를 알 수 없는 연상어 '검은색'도 있다.

2.1.7 아들 연상어휘의 의미관계

반의(딸)	아들(여성결혼이민자)	속성(힘, 잘 안들어요, 미남, 키)
상위(남자)		내적상태(사랑, 행복)
공하위(아이, 애기, 남편, 엄마)		기능(공부, 컴퓨터)
결합(많다, 귀엽다, 잘 먹다)		접근성(문제, 중학생, 교육)

반의(딸)	아들(대학생)	속성(불효자, 장난꾸러기, 말썽)
상위(남자)		
		접근성(동생, 남동생, 오빠)
결합(듬직하다, 씩씩하다, 철없다)		상징(결혼, 파란색)
		?(목욕탕, 고구마, 강아지)
		자기중심적(나)

여성결혼이민자자의 '아들'에 대한 계열관계 연상어에는 반의관계는 '딸', 상위어인 '남자', 가족에 포함되는 공하위어인 '아이, 애기, 남편, 엄마'가 있다. 대학생의 계열관계 반응어는 반의관계인 '딸', 상위어인 '남자' 등 여성결혼이민자와 동일하다.

여성결혼이민자의 '아들'에 대한 결합관계 연상어는 '많다, 귀엽다, 잘 먹다'로 속성이나 특징을 나타내는 서술어와의 결합을 보여준다. 대학생의 결합관계 연상어도 속성을 나타내는 서술어인 '듬직하다, 씩씩하다, 철없다'이다.

여성결혼이민자의 '아들'에 대한 경험관계 연상어는 아들의 속성을 나타내는 '힘, 잘 안들어요, 미남, 키'가 있고, '아들'에 대한 내적 상태를 나타내는 '사랑, 행복', 아들이 하는 행동과 관련된 '공부, 컴퓨터', 아들의 상황과 관련된 '문제, 중학생, 교육' 등의 연상어가 있다. 대학생의 경험관계 연상어는 아들의 속성을 나타내는 '불효자, 장난꾸러기, 말썽'이 있고, 여학생의 경우 접근성에 의해 '동생, 남동생, 오빠'를 연상했다. 그 외 연상어로 '결혼, 파란색'이 있고, 경험관계를 예측하기 어려운 '목욕탕, 고구마, 강아지' 등도 있다. 자신이 아들임을 나타내는 자기중심적 연상어 '나'가 많았다(8회).

'아들' 연상자극어는 연상이 자신을 중심으로 이루어지는 것을 보여준다. 남학생의 경우는 '아들' 연상자극어에서 자신을 연상하는 경우가 많았고, 여학생의 경우는 접근성에 의해 자신의 동생, 오빠를 연상하고 여성결혼이민자의 경우는 자녀를 연상하고 있어 분명한 차이를 보여준다.

2.1.8 전화 연상어휘의 의미관계

<table>
<tr><td>하위(휴대폰, 핸드폰/ 국제전화)</td><td rowspan="6">전화(여성결혼이민자)</td><td>대상(부모님께, 엄마, 오빠, 가족, 친구, 남편)</td></tr>
<tr><td></td><td>목적(안부, 약속, 이야기)</td></tr>
<tr><td>결합(통신하다, 통화하다, 연락하다)</td><td>표현방법(문자)</td></tr>
<tr><td rowspan="3">결합(중요하다)</td><td>?(책상)</td></tr>
<tr><td>외국어반응(시폰, 콜)</td></tr>
</table>

하위(휴대폰, 핸드폰, 아이폰/수화기/위문전화)		대상(친구, 우리집)
		목적(의사소통, 안부)
결합-복합(통화,번호, 선)	전화(대학생)	표현방법(문자, 목소리)
결합(시끄럽다)		부분(신호, 따르릉, 벨소리, 숫자)
		대상에 대한 내적상태(보고싶다)

여성결혼이민자의 ‘전화’에 대한 계열관계 반응어에는 하위관계인 ‘휴대폰, 핸드폰’이 있고, ‘전화’ 방식의 하위관계인 ‘국제전화’도 있다. 대학생의 경우는 여성결혼이민자와 동일하게, ‘휴대폰, 핸드폰’이 많았고, ‘전화’가 기기 자체(송수화기)의 의미도 지니므로 ‘수화기’는 하위관계에 해당한다. 또한 핸드폰의 일종인 ‘아이폰’과 ‘위문전화’가 있다.

여성결혼이민자의 ‘전화’에 대한 결합관계 반응어에는 ‘통신하다, 통화하다, 연락하다’가 있는데, 자극어인 ‘전화’는 이 반응어들의 ‘도구’이다. 또한 ‘전화’의 속성에 관련된 반응어 ‘중요하다’도 있다. 대학생들의 경우 결합관계 반응어에는 ‘통화(하다)’와 복합관계에 해당하는 ‘번호, 선’이 있고, ‘전화’의 속성을 나타내는 ‘시끄럽다’가 있다.

여성결혼이민자의 ‘전화’에 대한 경험관계 반응어에는 ‘전화’의 대상인 ‘부모님께, 엄마, 오빠, 가족, 친구, 남편’이 있고, ‘전화’의 목적 또는 내용인 ‘안부, 약속, 이야기’, ‘전화’의 표현 방법인 ‘문자’, 경험관계를 예측하기 어려운 ‘책상’이 있다. 또한 외국어 반응에 해당하는 ‘시폰, 콜’이 있는데, 그 의미하는 바를 명확히 알 수 없다. 대학생의 경우는 ‘전화’의 대상인 ‘친구, 우리집’이 있고, ‘전화'의 목적 또는 내용인 '의사소통, 안부', '전화'의 표현 방법인 '문자, 목소리', '전화'의 내적 외적 부분에 해당하는 '신호, 따르릉, 벨소리, 숫자', '전화'의 대상에 대한 피조사자의 내적상태로 추측되는 '보고 싶다' 연상어도 있다.

2.1.9 친구 연상어휘의 의미관계

하위(여자친구, 동창)		관련 장소(중국, 식당, 안산)
상위(사람)		관련 행위(이야기, 맥주, 전화)
		관련 상태(힘든 일)
결합(좋다, 그립다, 존경하다, 미안하다)	친구(여성결혼이민자)	비유(가족, 별)
결합(만나다, 사귀다, 지내다, 잘 지내다)		?(그림)
결합(중요하다, 많다)		고유명사(orffy: 이름), 론)
		자극어반복(친구)

하위(짝꿍)		관련 장소(원주, 피시방, 고등학교, 초등학교/멀다)
		관련 행위(술, 놀이, 수다)
		관련 상태(즐거움, 우정)
결합(편함, 친밀함, 따뜻함, 좋다, 착함)	친구(대학생)	자아중심적(나)
결합(많다)		속성(여자)
		?손, 빨간색
		고유명사(다혜, 정소은)
		죽마고우, PUNX, 하주단

여성결혼이민자의 '친구'의 계열관계 연상어에는 하위어인 '여자친구, 동창', 상위어인 '사람'이 있고, 대학생의 연상어에는 하위어인 '짝꿍'이 있다. 여성결혼이민자의 '친구'의 결합관계 연상어에는

'친구'에 대한 내적 상태인 '좋다, 그리움, 존경하다, 미안하다'가 있고, '친구'와 관련된 행위인 '만나다, 사귀다, 지내다, 잘 지내다'가 있다. 또한 '친구'의 속성이나 상태에 해당하는 '중요하다, 많다'가 있다. 대학생의 경우 친구의 속성인 '편함, 친밀함, 따뜻함, 좋다, 착함'이 있고, 상태에 해당하는 '많다'가 있다. 대학생의 경우 친구의 속성이 좀 더 다양하게 연상되었다.

여성결혼이민자의 '친구'의 경험관계 연상어는 '친구'와 연관된 장소인 '중국, 식당, 안산'이 있고, '친구'와 함께 하는 행위 관련 연상어는 '이야기, 맥주, 전화'이다. 또한 '친구'의 상태 혹은 둘 관계 사이의 상태를 나타내는 연상어 '힘든 일'이 있고, '친구'에 대한 은유적 관계인 '가족, 별', 경험관계를 추측하기 어려운 '그림'도 있다. 또한 고유명사인 'orffy(이름), 론'과 자극어의 반복어인 '친구'도 있다. 대학생의 경험관계에는 '친구'와 연관된 장소인 '원주 피씨방'이 있고, 장소에 대한 거리감을 나타내는 연상어 '멀다'도 있다. '친구'와 연관된 시간 혹은 장소에는 '고등학교, 초등학교'가 있다. '친구'와 함께 하는 행위 관련 연상어는 '술, 놀이, 수다'가 있다. 또한 '친구'와 연관된 내적 상태를 나타내는 연상어 '즐거움, 우정'이 있고, 자아중심적인 표현인 '나'가 있다. 또한 속성에 해당하는 '여자'가 있다. 경험관계를 추측하기 어려운 '손, 빨간색' 등과 '친구'의 고유명사인 '다혜, 정소은', 외국어와 고사성어로 연상을 한 예도 있고(죽마고우, PUNX[16]) 그 의미를 알 수 없는 '하주단'도 있다.

16) 펑크족을 일컫는 말.

2.1.10 얼굴 연상어휘의 의미관계

여성결혼이민자의 '얼굴'에 대한 계열관계 연상어는 없고, 대학생의 경우 유의관계에 있는 '면상'이 유일하다. 여성결혼이민자의 결합관계 연상어에는 '예쁘다, 미소 짓다, 미소하다,[17] 잘 생기다'가 있다. 대학생의 경우 '못 생기다, 잘 생기다'의 외모 관련 서술어가 있다. '못 생기다'의 빈도가 '잘 생기다'보다 높다.

	얼굴(여성결혼이민자)	부분(점, 입술, 코, 눈 모양, 눈, 머리)
		관련도구(거울/화장, 화장품, 메이컵)
결합(예쁘다, 미소 짓다, 미소하다, 잘 생기다)		표정(미소, 웃음, 인상)
		관련인물(아들)
		비유(장미꽃)

유의(면상)	얼굴(대학생)	부분/부분속성(눈, 피부/외모/둥근 모양, 흰색, 표정)
		관련 도구/관련 행위(안경/화장)
결합(못 생기다, 잘 생기다)		부정적 평가(신경 쓰이는 것, 못난이, 성형)
		관련인물(강동원)
		자아중심적(나)

여성결혼이민자의 '얼굴'에 대한 경험관계 연상어에는 얼굴의 부

---

17) '미소 짓다'의 오류 표현.

분을 나타내는 '점, 입술, 코, 눈 모양, 눈, 머리'가 있고, '머리'는 '얼굴'을 포함한 전체가 되기도 한다. '얼굴'과 관련된 도구인 '거울', '얼굴'에 하는 행위는 '화장, 화장품, 메이컵', 표정 관련 연상어에는 '미소, 웃음, 인상', 특정인의 얼굴과 관련된 연상어 '아들', 비유적 의미의 연상어 '장미꽃'이 있다. 대학생의 경험관계 연상어에는 얼굴의 부분을 나타내는 '눈, 피부'가 있고, '얼굴'을 포함한 어휘로 '외모'가 있다. '얼굴'에 착용하는 도구인 '안경', '얼굴'에 하는 행위인 '화장', '얼굴'에 대한 부정적인 평가와 관련한 연상어로 '신경 쓰이는 것, 못난이, 성형'이 있다. '얼굴'의 외양적인 특징인 '둥근 모양, 흰색, 표정' 등이 있다. 특정인의 '얼굴'을 떠올린 '강동원', '얼굴'에 대한 자기 중심적인 표현은 '나'이다.

2.1.11 밤 연상어휘의 의미관계

반의(낮)		상징(달, 별, 까만색)
		관련 행위(꿈, 꿈꾸기, 취침, 술, 영화)
결합(자다)	밤(여성결혼이민자)	부정적 의미(귀신, 도둑)
결합(춥다, 깜깜하다)		소리연상(밥)
결합(좋다, 무섭다)		

반의(낮)		상징(달, 별/컴퓨터, 가로등, 전봇대, 엔젤리너스)
	밤(대학생)	내적상태(외로움, 놀고싶다)
결합(어둡다, 고요하다, 깜깜하다)		부정적 의미(치한)
결합(차분함, 편안)		?길거리

여성결혼이민자의 '밤(낮)'의 계열관계 연상어에는 반의관계인 '낮'이 있고, 대학생의 경우도 동일하다. 여성결혼이민자의 결합관계 연상어에는 '자다, 춥다'가 있는데, '밤'은 '자다' 행위가 이루어지는 시간을 의미하며, '춥다, 깜깜하다'는 '밤'의 속성을 나타낸다. '좋다, 무섭다'는 '밤'에 느끼는 정서와 관련된 연상어이다. 대학생의 경우는 '밤'의 속성에 해당하는 '어둡다, 고요하다, 깜깜하다'와 '밤'에 느끼는 정서와 관련된 연상어 '차분함, 편안'이 있다.

여성결혼이민자의 경험관계 연상어에는 '밤'의 상징인 '달, 별, 까만색'이 있고, '밤'에 행해지는 행위와 관련된 연상어는 '꿈, 꿈꾸기, 취침, 술, 영화'이고, '밤'에 대한 부정적 의미를 지닌 연상어는 '귀신, 도둑'이다. 소리의 유사함으로 인한 연상어에는 '밥'이 있다. 대학생의 경험관계 연상어에는 '밤'의 상징인 '달, 별'이 동일하게 있고, '밤'을 상징하는 상징물로 '컴퓨터, 가로등, 전봇대, 엔젤리너스[18]'가 있다. '밤' 시간의 내적 상태에 관련된 연상어인 '외로움, 놀고 싶다'가 있으며, '밤'에 대한 부정적 의미의 연상어에는 '치한'이 있다. 경험관계를 추측하기 어려운 '길거리'도 있다.

2.1.12 강물 연상어휘의 의미관계

여성결혼이민자의 '강물'에 대한 계열관계 반응어는 반의관계인 '바다, 산'이 있다. 대학생의 계열관계 반응어에는 '강물'의 상위어인 '물'과 '강물'의 유의관계인 '개울'이 있다. 여성결혼이민자의 '강물'에 대한 결합관계 반응어에는 '강물'의 속성을 나타내는 '깨

18) '엔젤리너스'는 커피 전문점을 나타내는 고유명사.

	강물(여성결혼이민자)	
반의(바다, 산)		관련 행위(수영, 낚시, 물놀이, 소풍)
		접근성(물고기, 다리)
결합(깨끗하다, 아름답다, 춥다, 깊다, 맑다, 깨끗하다, 시원하다)		비유/?(시간/새로운)
복합(강물고기)		고유명사(소양강, 송화강)

상위(물)	강물(대학생)	
유의(개울)		접근성(외가댁/물고기, 연어, 조약돌, 배, 다리)
		느낌(우울, 상쾌함)
결합(시원하다, 차갑다, 맑다, 빛나다, 잔잔하다, 시원하다, 조용하다)		
결합(흐르다)		

끗하다, 아름답다, 춥다, 깊다, 맑다, 깨끗하다, 시원하다'와 복합관계에 해당하는 '강물고기'가 있다. 대학생의 경우도 '강물'의 속성인 '시원하다, 차갑다, 맑다, 빛나다, 잔잔하다, 시원하다, 조용하다'가 있다. 또한 상태를 나타내는 '흐르다'도 있다.

여성결혼이민자의 '강물'에 대한 경험관계 반응어에는 '강물'에서 하는 행위인 '수영, 낚시, 물놀이, 소풍'이 있고, '강물' 속이나 주변에 있는 것인 '물고기, 다리'가 있다. '강물'의 비유적 연상어에는 '시간'이 있고, 그 경험관계를 추측하기 어려운 '새로운'도 있다. 여성결혼이민자의 경험관계 연상어에는 '강물'의 고유명사인 '소양강, 송화강'이 있다. 대학생의 경우는 '강물'이 있는 장소인 '외가댁', 강물 속이나 주변에 있는 것에는 '물고기, 연어, 조약돌, 배, 다리'가 있다. '강물'과 관련된 정서에는 '우울, 상쾌함'이 있다.

2.1.13 발 연상어휘의 의미관계

반의(손, 머리)	발(여성결혼이민자)	착용물(신발, 운동화, 양말, 구두, 운동화)
		인접성(다리)
결합(짧다)		소리연상(팔, 발전)
결합(씻다, 걷다)		발(자극어 반복)
복합(냄새, 걸음)		

반의(손)	발(대학생)	착용물(신발, 양말)
하위(족발, 평발)		부분(발톱, 발가락)
상위(신체)		상태(힘들다, 무좀, 페티큐어)
결합(움직인다, 걸어요)		관련운동(축구)
복합(냄새, 걸음)		

여성결혼이민자의 '발'에 대한 계열관계 반응어에는 반의관계인 '손, 머리'가 있고, 대학생의 경우는 반의관계인 '손'과 하위관계인 '족발, 평발'과 상위관계인 '신체'가 있다. 여성결혼이민자의 결합관계 반응어에는 '발'의 속성에 해당하는 '짧다[19]', '발'에 가하는 행위는 '씻다', '발'의 움직임 관련 어휘인 '걷다', 복합관계인 '냄새'가 있다. 대학생의 경우도 복합관계에 해당하는 '냄새'가 많았고, '발'의 움직임에 관련한 '움직인다, 걸어요'가 있고 복합관계인 '걸음'도 있다.

---

19) '발' 자체의 길이로 볼 수도 있고 발보다는 '다리'에 연관된 연상어라 볼 수도 있다.

여성결혼이민자의 '발'에 대한 경험관계 반응어에는 '발'의 착용물인 '신발, 운동화, 양말, 구두, 운동화'가 있고, '발'의 인접성과 관련된 연상어인 '다리'가 있다. 또한 유사한 소리연상에 의한 '팔, 발전'이 있고 자극어 반복 반응도 있었다. 대학생의 경우 '발'의 부분인 '발톱, 발가락'이 있고, '발'의 착용물인 '신발, 양말'이, '발'의 상태와 관련된 연상어인 '힘들다, 무좀, 페티큐어[20]'가 있다. '발'과 연관된 운동인 '축구'가 있다.

2.1.14 내일 연상어휘의 의미관계

<table>
<tr><td>반의(오늘)</td><td rowspan="5">내일(여성결혼이민자)</td><td>관련시간(곧, 금요일, 휴일)</td></tr>
<tr><td></td><td>관련사건, 사물(숙제, 영어, 학원일, 약속, 좋은 일, 엄마 만나요, 밥, 컴퓨터, 시장, 친구, 살다, 계획</td></tr>
<tr><td>복합(모레)</td><td>자극어반복(내일)</td></tr>
<tr><td></td><td>?날씨/생각</td></tr>
<tr><td></td><td>비유(행복, 미래, 희망, 기회)</td></tr>
</table>

<table>
<tr><td>반의(오늘)</td><td rowspan="5">내일(대학생)</td><td>관련시간(화요일)</td></tr>
<tr><td>상위(미래)</td><td>관련사건, 사물(시험, 공부, 학원, 할 일, 일기, 메모, 과제, 방학, 계획)</td></tr>
<tr><td>복합(모레)</td><td></td></tr>
<tr><td></td><td>독백(뭐하지)/?희</td></tr>
<tr><td></td><td>비유(희망, 기대, 햇살)</td></tr>
</table>

20) 페티큐어는 발의 전문적인 치료나 발톱의 메니큐어 기술.

여성결혼이민자의 '내일'에 대한 계열관계 연상어에는 반의관계인 '오늘'이 있고, 대학생의 경우도 동일하다. 결합관계의 연상어도 여성결혼이민자와 대학생 모두 '모레'이고 대학생의 경우 '내일'의 상위어인 '미래'가 있다.

여성결혼이민자의 '내일'에 대한 경험관계 연상반응어에는 '내일'과 관련된 시간 연상어는 '곧, 금요일, 휴일'이 있다. '내일'의 계획이나 일정과 관련된 어휘에는 '숙제, 영어, 학원일, 약속, 좋은 일, 엄마 만나요, 밥, 컴퓨터, 시장, 친구, 살다, 계획'이 있고, 연상자극어의 반복도 있다. '내일'의 상황과 관련된 '날씨', 경험관계를 추측하기 어려운 '생각'이 있다. '내일'의 비유적 의미에 해당하는 '행복, 미래, 희망, 기회'가 있다. 대학생의 경우는 '내일'과 관련된 시간 연상어인 '화요일', '내일'의 계획이나 일정과 관련된 어휘에는 '시험, 공부, 학원, 할 일, 일기, 메모, 과제, 방학, 계획'이 있고, '내일'의 비유적 의미로 '희망, 기대, 햇살'이 있다. 독백 같은 연상어 '뭐하지'와 경험관계 추측하기 어려운 연상어 '희'도 있다.

2.1.15 집 연상어휘의 의미관계

<table>
<tr><td>하위(우리집)</td><td rowspan="7">집(여성결혼이민자)</td><td>관련장소(베트남, 원주)</td></tr>
<tr><td></td><td>관련사건, 사물(일, 잠, 텔레비)</td></tr>
<tr><td>결합(작다, 쓸쓸하다, 따뜻하다, 예쁘다)</td><td>관련인물(가족, 식구, 아빠, 남편, 엄마)</td></tr>
<tr><td rowspan="3"></td><td>내적상태/외로움/돈, 사기</td></tr>
<tr><td>부분(기와)</td></tr>
<tr><td>?(하늘, 존경하다)</td></tr>
</table>

유의(가정)		관련장소(원주, 대전, 서울)
하위(아파트)		관련사건, 사물(이사, 결혼, 잠, 저녁식사, 밥)
	집(대학생)	관련인물(부모님, 엄마)
결합(편하다, 편안하다, 따뜻하다, 포근하다, 안락하다)		속성/접근성(온기/땅)
결합(가고싶다)		부분(지붕)
		자극어 반복(집)

여성결혼이민자의 '집'에 대한 계열관계 연상반응어에 '우리집'이 있다. 대학생의 경우 유의관계의 '가정'이 있고 하위어로 '아파트'가 있다. 여성결혼이민자의 '집'에 대한 결합관계 연상반응어에는 속성을 나타내는 '작다, 쓸쓸하다, 따뜻하다, 예쁘다'가 있다. 대학생의 경우도 속성을 나타내는 '편하다, 편안하다, 따뜻하다, 포근하다, 안락하다'가 있고, '집'에 대한 내적 상태인 '가고 싶다'가 있다.

여성결혼이민자의 '집'의 경험관계 연상반응어는 다양하다. '집'이 있는 장소 관련어는 '베트남, 원주'가 있고, '집'에서 하는 행위어나 대상인 '일, 잠, 텔레비', '집'에서 동거하는 사람인 '가족, 식구, 아빠, 남편, 엄마'가 있다. '집'에서 느끼는 내적 상태와 관련된 연상반응어는 '외로움'이고, '집'의 경제적인 면과 관련된 반응어는 '돈, 사기'이다. '집'의 부분인 '기와'가 있고, 경험관계를 추측하기 어려운 '하늘, 존경하다'도 있다. 대학생의 경우 '집'이 있는 장소 관련어는 '원주, 대전, 서울'이 있고, '집'에서 하는 행위 관련어는 '이사, 결혼, 저녁식사, 밥, 잠'이고, 집에서 동거하는 사람인 '부모님, 엄마'가 있다. '집'의 느낌을 표현한 연상반응어는 '온기'이고,

접근성에 의한 '땅', '집'의 부분인 '지붕'이 있다. 대학생의 경우 연상자극어의 반복이 보인다.

2.2 경험에 의한 연상어휘의 의미 분포

지금까지 살펴본 경험에 의한 의미관계를 연상자극어의 의미 분포를 정리해 보면 다음과 같다.

밥	여성결혼이민자	관련행위, 관련상태, 관련신체, 관련기분, 느낌
	대학생	관련행위자, 관련사물, 관련상태, 취득방법, 반의의 하위

집	여성결혼이민자	관련장소, 관련사건, 사물, 관련인물, 내적상태, 부분
	대학생	관련장소, 관련사건, 사물, 관련인물, 속성, 접근성, 부분, 자극어 반복

비행기	여성결혼이민자	목적, 목적지, 관련인물, 비행기표
	대학생	목적, 목적지, 접근성, 신체적 증상, 관련계층, 상징물 관련, 상징

전화	여성결혼이민자	대상, 목적, 표현방법, 외국어반응
	대학생	대상, 목적, 표현방법, 부분, 대상에 대한 내적상태

과일	여성결혼이민자	긍정적 영향, 관련장소, 관련음식
	대학생	긍정적 영향, 용기

나무	여성결혼이민자	생산품, 상징, 관련계절, 접근성, 부분, 상태
	대학생	완성품, 상징, 관련계절, 접근성, 부분, 관련문화

꽃	여성결혼이민자	접근성, 속성, 관련문화, 상징
	대학생	접근성, 속성, 상징, 부분, 비유
강물	여성결혼이민자	관련행위, 접근성, 비유, 고유명사
	대학생	접근성, 느낌
엄마	여성결혼이민자	속성, 부분, 기능, 물리적 거리, 내적상태, 바람, 자아중심적
	대학생	속성, 부분, 기능, 접근성, 내적상태, 상징
아들	여성결혼이민자	속성, 내적상태, 기능, 접근성
	대학생	속성, 접근성, 상징, 자기중심적
친구	여성결혼이민자	관련 장소, 관련행위, 관련 상태, 비유, 고유명사, 자극어반복
	대학생	관련 장소, 관련행위, 관련 상태, 자아중심적, 속성, 고유명사
발	여성결혼이민자	착용물, 인접성, 소리연상, 자극어 반복
	대학생	착용물, 부분, 상태, 관련운동
얼굴	여성결혼이민자	부분, 관련도구, 표정, 관련인물, 비유
	대학생	부분, 부분속성, 관련도구, 관련행위, 관련인물, 자아중심적
밤	여성결혼이민자	상징, 관련행위, 부정적 의미, 소리연상
	대학생	상징, 내적상태, 부정적 의미
내일	여성결혼이민자	관련시간, 관련사건, 사물, 자극어반복, 비유
	대학생	관련시간, 관련사건, 사물, 독백, 비유

밥과 집, 비행기와 전화, 자연에 해당하는 과일, 나무, 꽃, 강물, 인간을 지칭하는 엄마, 아들, 친구, 신체의 부분인 발과 얼굴, 시간 관련어인 밤과 내일 등 유사한 의미 부류의 연상자극어별로 비교해 보아도, 연상반응어에서 공통점을 찾기가 어렵다. 이는 경험적 의미 관계를 하위분류하는 기준 마련이 개별어휘에 따라 달리 제시되어야 한다는 점을 보여준다.

그런 반면 두 집단에서의 연상반응어의 분포는 공통적인 부분과 차별된 부분이 있다. 예를 들어 '밥'은 관련 상태가 공통적이다. 그러나 '밥'은 여성결혼이민자 집단에서는 관련행위, 관련된 신체, 기분 느낌의 의미 분포를 보였고, 대학생 집단에서는 관련행위자, 관련사물, 취득방법의 의미 분포를 보였다. '비행기'는 목적, 목적지가 공통적이고, 여성결혼이민자 집단에서는 관련인물, 비행기표가, 대학생 집단에서는 접근성, 신체적 증상, 관련계층, 상징물, 상징으로 차이가 난다. 여성결혼이민자 집단의 경험에 의한 연상어휘의 분포가 대학생 집단의 연상어휘 분포보다 단조롭다. 경험에 의한 의미관계를 하위분류함으로써 의미 분석 자료를 기준으로 피조사자의 연상반응어의 보편성과 개별성을 구분할 수 있을 것이다.

이 글에서는 여성결혼이민자와 대학생의 연상어휘 중 경험에 의한 의미관계의 하위분류를 시도하였다. 경험에 의한 연상어휘의 하위분류는 개별어휘에 특성에 따라 다른 양상을 보이고 두 계층 간에 유사한 의미관계 분포를 보이는 것이 특징이다.

이 글에서의 연상어휘 조사는 집단을 대상으로 하는 설문지 형태로 이루어졌는데, 경험에 의한 의미관계는 분류 과정에서 피조사자의 보완 설명이 필요한 경우가 많아서 한계가 있었고, 연상어휘 검사 시에는 면담 과정이 필요함을 확인할 수 있었다. 연상어휘 조사를 면담 형식으로 진행하게 되면 의미관계를 파악하기 어려운 연상자극어와 연상반응어의 의미관계를 좀 더 분명하게 분류할 수 있게 된다.

집단을 대상으로 하는 설문지 형태의 연상어휘 조사는 한계가 있기는 하지만 양적으로 연상어휘를 확보할 수 있다. 설문지에 의한 연상반응어의 의미 분석 자료를 확보하면 개별 조사자의 연상어휘의 분포의 보편성과 개별성을 판단하는 근거 자료로도 활용할 수 있어서 두 형식의 연상어휘검사를 병행하는 것이 필요하다.

※ 이 글은 『다문화콘텐츠연구』12(2012)에 실린 필자의 논문 「연상어휘 의미관계 고찰: 여성결혼이민자의 연상어휘를 중심으로」를 수정한 것이다.

6장

애도와 치유의 언어

인생은 생로병사의 문제, 잘 살고, 잘 늙고, 잘 병들고, 잘 죽는 문제를 포함하여 인생 전체를 어떤 관점으로 이해하느냐에 좌우된다. 특히, 생로병사(生老病死) 중 노(老), 병(病), 사(死)는 사람이면 누구든지 외면하고 싶은 인생의 부정적인 면이지만, 생(生)과 불가분하며, 노(老), 병(病), 사(死)의 문제를 어떻게 받아 들이냐는 잘 사는(生) 문제와 직결된다. 어떻게 늙어가며, 어떻게 병을 앓을 것이며, 어떻게 자신의 죽음 또는 타인의 죽음을 받아 들이냐는 삶의 의미 찾기, 삶의 질과 연관된다.

그러나 노(老), 병(病), 사(死)의 문제를 수용하는 과정에서 우리는 불가피하게 분노하고, 슬퍼하고, 우울해 하는 등 복잡한 감정의 문제를 겪게 된다. 특히 노(老), 병(病)의 결과 또는 그 외의 이유로 맞게 되는 자신과 타인의 사(死)의 문제는 고통 그 자체로, 이 글은 타인의 죽음 앞에서 겪게 되는 슬픔의 문제에 대한 연구이다.

1. 슬픔과 우울

슬픔은 사람이나 대상과의 상실을 경험할 때 상실에 대한 정서적 반응이고,[1] 우울은 분명한 이유 없이 장기간 지속되는 불행한 기분이다.[2] 슬픔은 병리적으로 다뤄지지 않지만[3] 우울은 병리적인 감정이다. 프로이트는, 슬픔은 사랑하는 대상에 대한 무의식적인 상실이 없지만 우울증은 무의식적인 상실과 관련이 있다[4]라고 진술하

---

1) 슬픔의 공통적인 요소로, 무감각, 공허감, 외로움 그리고 고립감, 공포와 불안, 죄책감과 수치심, 분노, 절망, 신체화를 들고 있다. 무감각은 상실의 충격을 받게 되면 우리 몸의 조직은 아무 것도 느낄 수 없는 상태에 들어감으로써 최대의 충격으로부터 스스로를 보호하게 되는데, 초기 슬픔에서 아무 것도 느낄 수 없는 감정의 부재인 무감각 상태가 나타나서 시공간의 개념을 잊으며, 정신이 나간 것처럼 목적 없이 헤매게 되는 것이다(Anderson, Herbert & Mitchell, Kenneth R. 2005:64-65). 신체화란 사별로 인한 상실은 신체적 건강에 영향을 끼쳐서 두통, 불면, 식욕부진, 체중감소, 현기증, 어지러움증, 소화불량 증세들이 나타나는 것이다(Anderson, Herbert & Mitchell, Kenneth R. 2005:89). 죄책감과 수치심은 자신이 잘못한 경우에 혼합되는 감정이고, 회복불가능한 상실에 의한 무력감도 슬픔의 일부이다. 또한 비활동성도 우울과 공통적인 슬픔의 특질이다(Kalat, James W. & Shiota, Michelle N. 2009:193).

2) 우울은 일상생활을 방해하기에 충분할 정도로 심각한 것으로 적어도 2주 동안 매일 지속적으로 즐거움과 흥미 그리고 생산적 활동을 상실하는 것으로 정의된다.(Kalat, James W. & Shiota, Michelle N., 2009:192).

3) 우울은 병리적으로 다뤄지기 때문에 우울을 진단하는 척도지가 개발되어 사용되고 있다. 우울을 진단하는 대표적인 척도로 Beck 우울 척도II가 있다. 우울 척도II는 슬픔, 죄책감, 자기비난, 자살에 대한 생각, 흥미상실, 수면문제, 피로 등에 관한 선다형 질문지이다. 이 척도에서 15점을 넘으면 중간 정도의 우울을, 30점을 넘으면 심각한 우울을 나타내는 것이다. 그러나 일시적이거나 가벼운 슬픔은 구분해 내지 못한다(Kalat, James W. & Shiota, Michelle N., 2009:197-198).

였다. Kalat, James W. & Shiota, Michelle N.(2009:192)는 사별 후 애도는 정상적인 큰 슬픔으로 사별한 사람의 경우 우울증으로 진단해서는 안 된다고 하였다.

병리적인 우울의 주요 증상은 DSM－IV[5]에 제시되어 있다.

첫째 하루의 대부분, 그리고 거의 매일 지속되는 우울한 기분이 주관적 보고나 객관적 관찰을 통해 나타난다. 둘째 거의 모든 일상 활동에 대한 흥미나 즐거움이 하루의 대부분 또는 거의 매일같이 뚜렷하게 저하되어 있다. 셋째 체중조절을 하고 있지 않는 상태에서 현저한 체중감소나 체중 증가가 나타난다. 또는 현저한 식욕감소나 증가가 거의 매일 나타난다. 넷째 거의 매일 불면이나 과다수면이 나타난다. 다섯째 거의 매일 정신운동성 초조나 지체를 나타낸다. 즉 좌불안석이나 처져 있는 느낌이 주관적 보고나 관찰을 통해 나타난다. 여섯째 거의 매일 피로감이나 활력상실을 나타낸다. 일곱째 거의 매일 무가치감이나 과도하고 부적절한 죄책감을 느낀다. 여덟째 거의 매일 사고력이나 집중력이 감소 또는 우유부단함이 주관적 호소나 관찰에서 나타난다. 아홉째 죽음에 대한 반복적인 생각이나 특정한 계획 없이 반복적으로 자살에 대한 생각이나 자살을 기도하거나 자살하기 위한 구체적 계획을 세운다. DSM－IV에서는 우울의 증상을 신체적 특징, 정서적 특징, 죽음에 대한 반복적인 생각 등으로 구분하였다. <표 6.1> 참조.

---

4) Freud, Sigmund., 윤희기 · 박찬부 역(1997), 「슬픔과 우울증」, 『정신분석학의 근본개념』, 열린책들, p.245.

5) DSM(Diagnostic and Statistical Manual of Mental Disorders)-4는 미국정신과에서 사용하는 정신질환 분류이다.

우울을 진단하는 자가 설문지는 Beck의 우울진단 도구가 대표적이다. 벡의 자가우울척도(BDI:Beck Depression Inventory)는 사고와 감정 영역(10문항), 활동 및 대인관계 영역(7문항), 신체적 증후 영

표 6.1 벡의 자가 우울척도 문항 분류

사고와 감정	활동 및 대인 관계
1. 슬프거나 마음이 무겁습니다.	11. 가족, 친구에 대해 별로 관심이 없습니다.
2. 불행하거나 우울합니다.	12. 외롭습니다.
3. 한동안 울거나 눈물을 흘립니다.	13. 가족이나 친구와 보내는 시간이 별로 없습니다.
4. 힘이 없고 어떤 일에 자신감도 없습니다.	14. 어떤 일을 하고 싶은 생각이 별로 없습니다.
5. 희망이 없습니다.	15. 일이나 기타 활동에 대해 재미가 없습니다.
6. 내가 귀하다라는 생각이 별로 없습니다.	16. 일이나 기타 활동을 하고 싶지 않아서 피합니다.
7. 지금 현재 삶이 가치가 없고 적절하지 않다고 느낍니다.	17. 생활이 즐겁거나 만족스럽지 않습니다.
8. 죄가 많다는 생각과 부끄럽습니다.	
9. 자신이 나쁘고 못났다고 생각합니다.	
10. 어떤 일을 결정하는 것이 어렵습니다.	

신체적 증후	자살충동
18. 피로합니다	23. 죽음에 대해 생각해 본적이 있습니까?
19. 잠을 푹 자기 어렵거나 아주 많이 잡니다.	24. 인생이 끝나기를 원합니까?
20. 식욕이 줄거나 많이 늘었습니다.	25. 자해 할 계획이 있습니까?
21. 남편과의 잠자리가 별로 좋지 않습니다	
22. 건강에 대해 걱정합니다	

역(5문항), 자살 충동 영역(3문항) 등 네 개의 영역으로 구성되어 있다.

그러나 김수이(2010a)에서는 벡의 자가우울 척도와 같은 직설화법의 질문지가 환자에게 주는 중압감은 상당하고 특히 큰 슬픔이나 우울증 환자에게 자가 설문지를 작성하도록 하는 것은 그 자체로서 슬픔과 우울을 더 심화시킬 수 있다고 하였다. 현재 우울증에 대한 정신의학의 용어, 화법, 치유방법이 일반인들의 일상과 자연스럽게 연계되기에는 매개 고리가 부족하고 소통 자체가 난점이라고 했다.

우울을 진단하는 자가 설문지나 DSM－IV의 우울증상에서 우울은 슬픔과는 뚜렷이 구분되는 것 같지만 슬픔과 우울의 구분은 절대적이지 않고,[6] 괴로움이나 지속시간은 사람마다 개별적이어서 정상적인 슬픔과 우울을 구분하는 기준은 임의적이다.[7] 또한 슬픔이 질병이 아니고 정상적인 정서이지만, 상실에 대해 정상적으로 애도하지 못하면 만성적 슬픔, 우울로 진전될 수 있다고 하였다(Anderson, Herbert & Mitchell, Kenneth R., 2005:56-59). 그러므로 슬픔 가운데 있는 사람들이 슬픔을 잘 애도할 수 있도록 도우므로 병리적인 우울을 막고 인생의 시련을 통해서 삶과 자신에 대한 성숙한 이해와 새로운 의미를 찾을 수 있는 치유적인 접근이 필요하다.

문학작품 속 인물이나 작가의 삶, 또는 작품의 언어를 통해서도

---

6) 슬픔과 우울을 그럴 만한 분명한 이유의 유무, 지속시간이 단기간이냐 장기간이냐에 따라 구분한다. 그러나 우울도 일자리의 상실이나 교우관계의 붕괴 또는 가족들로부터 소외 등으로 발전하게 되고 애도의 경우 애도기간이 1년 이상 지속될 수 있고, 극복되지 못하기도 해서 슬픔도 우울보다 더 오랫동안 지속될 수 있다. 슬픔과 우울을 구분하는 기준이 절대적이지는 않다.(Kalat, James W. & Shiota, Michelle N., 2009:191-192)

7) Kalat, James W. & Shiota, Michelle N.(2009:192).

슬픔과 우울의 문제를 살펴볼 수 있다. 유인순(2007)에서는 작가 김유정의 우울증을 자전소설과 비소설(수필 · 일기 · 서간 · 설문지) 작품들, 지인들의 증언 자료를 통해 살피고 있다. 김유정이 유전적 요인, 조실부모의 불행한 가족관계, 낙제, 실연, 무직, 말더듬, 질병 등의 원인으로 인해 회피성 장애, 경계선성 장애, 편집성 장애, 그리고 양극성 장애가 중첩된 우울증세가 있었고, 그가 우울증에서 벗어날 수 있었던 것은 고향산천과 고향사람들, 창작, 특히 비극적 현실에 대한 성숙한 방어기제로서의 해학적 글쓰기를 통해서였다고 하였다. 유인순(2007)은 작가 김유정의 우울증을 김유정의 자전소설과 다양한 자료를 통해 천착한 점에 의의가 있으나, 성숙한 방어기제로서의 해학적 글쓰기가 우울증 극복에 도움이 되었다는 글쓰기의 구체적인 면에 대해서는 고찰하지 않았다는 아쉬움이 있다.

장선영(2008)에서는 '불충분한 애도'와 햄릿의 의식변화, 내부적 분열, 죽음의 연관성을 중심으로 라캉의 「햄릿」 분석을 프로이트의 '애도와 우울증'을 통해서 프로이트식으로 추론하였다. 햄릿의 불충분한 애도로 인한 우울을 프로이트의 방법으로 고찰한 것에 의의가 있지만 언어문제에 대해서는 언급하지 않았다.

김승희(2008)에서는 애도와 우울증의 특성을 구별하고, 애도와 우울의 언술의 차이를 구분[8]하면서 전후 시 텍스트들이 어떻게 거

8) 애도와 우울증의 차이는 대상 상실에 대한 주체의 태도와 연관된다. 애도는 상실된 대상을 향하던 리비도를 철회하여 다른 대상을 향하여 나아간다. 애도는 삶 충동과 반복 강박이고 라캉의 욕망이고 우울증은 나르시시즘이자 죽음 충동이다.
애도는 사랑의 대상 상실로 인하여 2차적 나르시시즘이 붕괴하고 그 결과 리비도가 집중되어 있던 대상의 전환을 이루어 내면적 승화를 이루는데 반

대한 민족의 재난으로서의 전쟁이 남긴 상실에 대응했으며 애도에 실패한 충동적 리비도가 어떻게 우울증적 언어를 생성하고 있는지를 살폈다. 그러나 애도와 우울에 대한 구체적인 치유방법에 대한 고찰은 없다.

김수이(2010b)에서는 김수영의 시가 현대문명에 대한 저항으로서 선택한 우울증을 주체, 대상, 타자의 세 층위에서 살피면서 치유기제로서 우울증을 앓는 주체가 사랑과 자기관찰과 분석을 통해 스스로 극복해 감을 제시하였다. 김수영의 시에서는 단순한 우울이 아닌 현대문명에 대한 저항으로서 선택한 시적 장치로서의 우울이어서 실제 우울의 언어와는 차이가 있다고 보여진다.

이 글의 연구목적은 「한 말씀만 하소서」에 나타난 애도의 언어를 분석하여 유형화하고 슬픔을 극복하게 하는 치유언어의 특징을 고찰하는 것이다. 이 연구는 박완서의 문학연구는 아니며, 인문치료의 한 모델, 슬픔을 극복하기 위한 인문치료 소통모델을 개발하기 전 단계 연구로, 박완서가 특별한 슬픔의 경험을 어떻게 언어로 표현하고 변화시켜 나갔는가를 고찰하는 애도의 언어에 대한 고찰이다.

이 글의 연구방법은 인문치료[9]의 이론과 방법을 전제로 한다. 인

하여 우울증은 이와 대조적으로 1차적 나르시시즘으로 향하게 된다. 1차적 나르시시즘은 세계로부터의 분리에 대한 어떤 감각도 부재하고 ID와 자아라고 불릴 수 있는 모든 것과의 구별을 결여한다. 따라서 명명하기, 분리하기, 자아와 성 정체성 찾기 등 로고스중심주의적 경향이 감소한다.
우울증에서 애도, 애도에서 우울증으로의 전환은 순간순간 발생할 수 있으며 그 경계선은 모호하다. 애도의 언어와 우울증의 언어에 경계선은 명확하지 않으며 그 둘은 뫼비우스의 띠처럼 시작도 끝도 알 수 없는 미로의 형상을 구축할 수 있다. 김승희(2008:128-129).

9) 정성미 외 12(2009), 『인문치료』, 강원대학교출판부, p.20.

문치료는 소통의 어려움을 겪는 사람들의 문제, 실존의 위기에 처한 사람의 문제, 인생의 문제들을 다양한 관점으로 이해하고 성장하는 것을 목표의 하나로 삼고 있다.

인문치료에서는 소통[10]을 위한 글쓰기를 인문치료의 중요한 한 방법으로 활용하고 있다. 특히 내적 소통의 면에서 글쓰기는 자신의 감정과 사고를 인지하고, 자신의 새로운 모습을 자각하며, 과거를 반성하고, 미래의 자신에 대한 계획을 세우게 돕는다. 작가들도 자신의 문학함을 통해 타인의 고통을 이해하고, 자기 자신을 이해하며 자신을 개혁해 왔다.[11] 그러므로 문학에는 타인의 고통을 이해할 수 있는 길이 있으며, 자기 자신을 알고 변화시킬 수 있는 가능성이 도사리고 있다.

비탄[12] 가운데 쓰인 박완서의 「한 말씀만 하소서」는 박완서가 참척의 슬픔을 애도하는 한 방법으로 쓴 수필집으로, 유사한 경험을 하는 사람들에게 읽기 텍스트로서 치유적인 효과를 줄 수 있다.

이 연구의 의의는 첫째 인문치료의 한 모델, 슬픔을 극복하기 위

인문치료는 인문학적 정신과 방법으로 마음의 건강과 행복한 삶을 위해 인문학 각 분야 및 연계 학문들의 치료적 내용과 기능을 학제적으로 새롭게 통합하여 사람들의 정신적, 정서적, 신체적 문제들을 예방하고 치유하는 이론적 · 실천적 활동이다.

10) 인문치료에서는 소통을 내적 소통과 대인 소통으로 나누고 관계맺기에 어려움을 겪는 사람들의 삶의 문제에 치료적인 접근을 하고 있다.

11) 김수이(2010a), 「우울증에 따른 자살 예방을 위한 한국문학 콘텐츠 구축의 필요성과 방안」. 『한국언어문화』 Vol.42. 한국언어문학학회. p140.

12) '悲嘆'의 사전적 풀이는 '몹시 슬퍼하면서 탄식함'이다. '비탄에 빠지다', '비탄에 잠기다', '비탄에 젖다'와 같은 연어를 구성한다. '비탄'과 유사어인 '悲痛'은 '몹시 슬퍼서 마음이 아픔'이다. '비통에 빠지다', '비통에 잠겨있다', '비통을 가누지 못한다' 등의 연어를 구성한다.

한 인문치료 소통모델을 개발하기 전 슬픔 가운데 있는 사람의 언어에 대해 기본적인 이해를 할 수 있다는 점이다. 비탄 중에 글을 쓴다는 것은 쉽지 않아, 비탄에 빠진 사람의 언어 자료를 얻기는 쉽지 않다. 그런데 「한 말씀만 하소서」는 고통을 이겨내는 과정이나 그 슬픔의 고통을 표현하는 생생한 언어들로 채워져 있어서 이를 분석하면 유사한 경험을 지닌 사람들을 이해하고 슬픔의 언어표현들의 특징을 이해할 수 있게 된다.

둘째 이 글에서 분석한 슬픔의 언어는 인문치료에 참여하는 다른 상실자들의 글쓰기자료와 기초 비교[13)]할 수 있는 자료로 활용할 수 있고 슬픔을 이겨낼 수 있는 언어적인 극복 방안을 통해 슬픔을 극복하기 위한 인문치료 소통모델의 치유방법으로 활용할 수 있다.

이 글에서 분석 자료로 삼은 박완서의 수필집 「한 말씀만 하소서」는 작가가 아들을 잃은 아픔을 이겨내기 위해 가슴 속에서 쏟아내던 몸부림에 가까운 육성들을 기록한 것이다. 이 글에서는 「한 말씀만 하소서」에서 작가가 겪은 참척의 슬픔을 애도하는 언어적인 특징과 슬픔을 극복하는 변화에 자극이 된 언어의 모습을 추적할 것이다.[14)]

---

13) 풍부한 임상이 축적되지 않은 인문치료에서 인문학을 통한 인간에 대한 이해는 대상자를 이해하는 데 기초적인 이해를 제공한다. 이 수필집의 슬픔의 언어 유형은 인문치료 글쓰기에서 나타나는 언어자료와 비교할 수 있는 근거 자료가 될 수 있다. 그러나 이 수필집의 언어자료가 개별성의 한계를 갖고 있기 때문에 임상자료의 축적을 통해 개별성을 극복하기까지는 기초적인 비교자료로서의 가치가 있다.

14) 사고의 전환을 통해 긍정적인 방향으로 선회하도록 한 촉매적인 언어표현을 이 글에서 치유언어(治癒言語)라고 하겠다. 이 용어는 잠정적인 것으로 [긍정적인 방향으로 변화]라는 자질을 지닌 언어이다.

이 글의 분석대상으로 「한 말씀만 하소서[15)]」를 삼은 이유는 이 수필집의 서문에서 작가가 밝혔듯이 고통을 통과하는 과정에서 기록한 글이기 때문이다. 또한 작가는 거의 일기를 책으로 낼 때에도 수정을 하지 않았다고 언급하였다.

> "이건 소설도 아니고 수필도 아니고 일기입니다. 훗날 활자가 될 것을 염두에 두거나 누가 읽게 될지도 모른다는 염려 같은 것을 할 만한 아닌 극한 상황에서 통곡 대신 쓴 것입니다."
> "짐승처럼 치받치는 통곡을 마음대로 할 수 없는 일이었습니다. 통곡을 고스란히 참기가 너무 힘들어 통곡 대신 미친 듯이 끄적거린 게 이 글입니다."
> "지나치다 싶을 만큼 무엄한 포악과 비통의 지나친 반복만 빼고는 거의 고치지 않았습니다."

「한 말씀만 하소서」수필집의 저자인 박완서의 생애 가운데 작가가 경험한 사별을 중심으로 생애를 간단히 살펴보겠다.

- 1931년 10월 20일 경기도 개풍군 청교면 묵송리 박적골에서, 아버지 박영노(朴泳魯), 어머니 홍기숙(洪已宿)의 사이에서 출생하였고, 열 살 위인 오빠가 있었다.
- 1934년 아버지께서 별세하였고, 어머니는 오빠만 데리고 교육을 위해서 상경하였다. 저자는 조부모와 숙부모 밑에서 어린 시절을 보냈다.
- 6.25전쟁으로 오빠를 잃었다.
- 1953년 호영진(扈榮鎭)과 결혼하여 1남 4녀의 자녀를 두었다 (1954년 원숙, 1955년 원순, 1958년 원경, 1960년 원균, 1963년

---

15) 「한 말씀만 하소서」는 「생활성서」 1990년 9월부터 1991년 9월까지 연재되었던 일기를 책으로 엮은 것이다.

원태).

- 1970년 「裸木」으로 「여성동아」여류장편소설 공모에 당선하였고, 6.25 전쟁이 개인사에 미친 영향에 대한 다수의 소설을 썼다.
- 1988. 5. 11 **남편 호영진 씨가 폐암으로 사망하였고,**
- 1988. 8. 31 **외아들 호원태 씨가 사망하였다.**
- 1989. 6 작가는 「문학사상」에 연재 중단(1988.10-1989.6) 되었던 「미망」을 다시 연재하기 시작하였다.
- 1990년 장편 「미망」을 출간하였고(문학사상, 전 3권), 이 작품으로 대한민국문학상 우수상 수상하였다.

박완서의 생애 중 작가가 경험했던 죽음으로 인한 상실은 6・25 전쟁에 잃은 오빠의 죽음을 비롯해서 1988년 같은 해 일어난 남편의 죽음과 아들의 죽음이다. 작가는 여러 소설을 통해 삶의 상처와 그 치유의 노력들을 섬세하게 그려내었다. 특히 「그 많던 싱아는 누가 다 먹었을까」, 「엄마의 말뚝」에서는 오빠와의 사별을, 「여덟 개의 모자로 남은 당신」에서는 남편과의 사별을, 「나의 가장 나종 지니인 것」에서는 아들과의 사별을 소설 속에서 소재로 다루고 있다. 실제의 상실을 작품 속에서 어떻게 변형시키고 그러한 변형이 의미하는 바를 밝히는 것도 매우 의미 있는 연구라 할 수 있으나, 이 글에서는 애도 속에서의 언어적 특징을 중심으로 살펴볼 것이다.

2. 애도의 언어적 특징

김승희(2008::128-129)에서는 애도는 대상의 전환을 이루어 내면적 승화를 이루는데 비해 우울증은 일차적 나르시즘으로 향하게 되고, 세계로부터의 분리에 대한 감각이 부재하고 ID와 자아의 구별이 결여되어서 명명하기, 분리하기 등 로고스중심주의적 경향이 감소한다고 하였다. 구체적으로 애도적 언어는 데리다, 폴 드만의 지적처럼 호격의 근원적 절규, 의인법, 이름의 반복, 작별의 허구를 반복하기 등의 언술형식을 보여준다고 하였다. 또한 우울증적 언어는 그보다는 상실감과 자아의 고갈, 갑작스런 나르시시즘으로의 퇴행 등과 연관되면서 충동적이고도 모순적 언술 특성, 삶과 죽음의 경계에서 무의미와 죽음을 향해 기울어지게 되어 있는 죽음 충동, 기호적 충동과 연관된 혼란의 언어, 모순어법, 비논리, 역설, 뒤죽박죽의 언어 등 코라[16)]적 글쓰기로 나타난다고 하였다.

이 글에서는「한 말씀만 하소서」에 나타난 비탄 속에서의 언어적 특징을 살펴서 슬픔과 우울의 특징을 지니고 있는지를 살펴보고, 슬픔을 극복하기 위한 치유언어를 고찰해 보려고 한다.

2.1 자기 중심적 언어

자기 중심적 언어란 자기비하뿐 아니라 자기혐오, 자기모순, 자기 인식이 결여된 표현과 통제불능의 독백 등을 일컫는다.

Anderson, Herbert & Mitchell, Kenneth R.(2005:19-20)에서는 삶 속에서 큰 상실을 경험할 때 심리적으로 생존하기 위해 자신에 순간적으로 몰두하게 되므로 슬퍼할 때마다 이기적이 되고 움츠러드

16) 코라(Khora)는 프랑스의 여성학자이자 정신분석학자인 Julia Kristeva가 창안한 개념으로 '단절과 분절-리듬으로서 분명한 것, 사실임 직한 것, 공간성, 시간성에 앞서는 무엇'이다. 그녀는 기호를 형성하는 과정과 의미화 과정을 탐구하고 그 기호 생성의 무의식과 욕망의 문제를 다룰 수 있는 '코라'라는 용어를 설정하였다.

는 것은 정상적인 것이라고 하였다.

사별에 의한 충격에 휩싸인 사람의 언어는 일상적인 언어 표현과는 다르다. 「한 말씀만 하소서」에서도 자기를 비하하거나 지나치게 자기중심적인 병리적 언어의 모습을 볼 수 있다.

(1) 싫고 좋고 하는 마음도 우러나지 않아 **물건**처럼 순하게 따라왔다.
너무도 큰 슬픔이 내 마음을 **돌**처럼 딱딱하게 만들어버렸다.
추하고 외롭고 서러운 **짐승**이 된 느낌이었다.
"저 여편네가 아들 잡아먹는 **여편네**래."
그 애는 나를 **중환자** 취급하고 있었다.
나는 비록 이 세상 소리를 듣는 데는 귀 밝으나, 영적인 소리를 듣는 데는 절벽이나 다름없는 **귀머거리**였다.
웃지도 못하게 하련만. **미친년** 같은 생각을 열정적으로 해본다.

(1)은 자기비하의 구체적인 표현이다. '물건', '돌', '짐승', '여편네', '중환자', '귀머거리', '미친년' 등과 같이 원색적인 자기비하 표현이 있다. 사별로 인한 충격으로 무감각한 자신을 '물건', '돌', 분노하고, 절망과 외로움에 떠는 자신을 '짐승', 그리고 환자나 장애인, 욕설로 자신을 비하하고 있다. 자기비하는 슬픔과 우울증의 언어에 모두 나타나는 것으로 슬픔의 자기비하는 시간이 흐름에 따라 점차적으로 회복되어 가는데, 박완서의 일기 후반부에서 자기비하 표현이 현격히 주는 것을 확인할 수 있다.

또한 자기비하뿐 아니라 자기혐오, 자기모순, 자기인식이 결여된 표현들도 보인다((2)).

(2) ㄱ. 나는 미치는 것조차 여의치 않은 내 강철 같은 신경이 **싫고 창피스럽다**.

> 나는 지금까지 내 몸에 남아 있는 어제의 위기 의식에 치욕감을 느꼈다. 나에게 지금 희망이 있다면 내가 죽어가고 있다는 것뿐이다.
>
> 지금은 남을 위해 먹어주는 게 아니라, 내가 먹고 싶어서 먹고 있다는 자의식이 나를 한 없이 부끄럽고 참담하게 했다.
>
> ㄴ. 내 건강이 혐오스러웠다.
>
> 나는 살고 싶은가? 불안했다.
>
> 격렬한 토악질이 치밀어 아침에 먹은걸 깨끗이 토해냈다. 그러면 그렇지 안심이 되면서 마음이 평온해졌다.
>
> ㄷ. 그 때가 언제더라. 먼먼 옛날의 일 같았다. 내가 문인이었던 것도.

(2)ㄱ에서는 참척을 당하고도 자기보호적인 자의식을 느낄 때마다 자기 자신이 싫고, 창피하고, 치욕스러움을 느끼며, 부끄럽고 참담함을 표현하고 있다. ㄴ은 그래서 건강을 혐오스러워 하고, 사는 것을 불안해 하며, 토악질에 안심하는 자기 모순에 빠져 있는 모습을 볼 수 있다. ㄷ에서는 자신의 사회적 정체성을 잃고 있다.

자기중심적인 언어의 예로 '독백'을 들 수 있다. 작가는 자신을 위로하기 위한 수녀님의 방문에 완전히 통제불능의 자기 중심적인 독백을 쏟아놓는다. 수녀님도 이를 이상하게 여기고 심신의 안정을 취할 것을 권한다.[17]

> (3) 식사 후 수녀님한테 눈물을 보이고부터는 걷잡을 수가 없었다. 나는 사진첩까지 꺼내놓고 아들자랑을 하기 시작했다. 그애가 얼마나 특별한 아인지, 나에게 꼭 있어야 할 아들일 뿐 아니라 직업인

---

17) "수녀님도 내 정신의 불균형을 감지한 듯 얼마 동안 부산의 분도 수녀원에 들어가 있으면 어떻겠느냐고 했다. 번거로운 인간관계도 피할 수 있고, 공기 좋고 조용해 심신의 안정을 취할 수 있을 것 같다고 했다."

> 으로서도 이 사회가 얼마나 필요한 인물인지, 그리고 동기간과 일가친척 사이에서 얼마나 사랑과 기대를 모았었는지, 눈에선 눈물을 실새 없이 흘리며, 입에선 침이 마르게 늘어놓았다. 그동안 가족들 사이에선 상처를 피하듯이 조심스럽게 화제에 올리기를 삼가던 아들 얘기를 그 애를 전혀 알지 못하는 수녀님을 상대로 마치 걸신 들린 것처럼 지칠 줄 모르고 해댔다. 특히 우리가 얼마나 특별하고도 완전한 모자 사이였다는 걸 강조할 때 내 허망한 열정은 극에 달했다. **막연한 불안과 함께 예전에 본 미국 영화 속의 사이코 엄마 생각이 났다. 나도 이러다 사이코가 되는 게 아닐까.**

상대방의 입장은 전혀 고려되지 않고 온전히 자신의 아픔과 자신의 문제에 집중되어 있는 자기중심적인 독백은 퇴행적인 독백이라고 할 수 있다. Anderson, Herbert & Mitchell, Kenneth R.(2005:19)에서도 슬픔을 당한 사람은 상실 초기에 유아기의 이기심을 재현하게 된다고 하였다. 자기중심적인 언어는 유아어의 특징이기도 하다. 유아는 타인의 관점과 요구를 무시하는 것이 아니라 타인의 관점을 이해하지 못하기 때문에 자기중심적으로 사고하고 표현한다. 비탄 속에서의 자기중심적 독백은 타인의 관점을 이해하지 못하는 것이 아니라, 자기 슬픔이 커서 타인의 관점을 생각할 여유가 없다. 이는 무의식적으로 자기를 보호하기 위한 방어기제라 할 수 있다.

자기중심적 언어는 우울증적 언어의 특징인 갑작스런 나르시시즘으로의 퇴행 등과 연관되면서 충동적인 언술특성에 가깝지만, 슬픔의 초기에도 우울증적인 언어의 특성이 보이다가 점차 사라져 자기중심적인 언어의 특징이 감소된다. 이는 슬픔과 우울의 언어가 경계선이 명확치 않고, 뫼비우스의 띠처럼 미로의 형상을 구축하고 있다는 점과 일치한다.

2.2. 고통의 언어표현

고통의 언어표현이란 자신이 겪는 몸과 마음의 고통과 관련된 언어표현이다.

「한 말씀만 하소서」에서는 자신의 상황과 감정에 대한 고통스러운 표현들이 자주 등장한다. 자신의 상태를 '병적, 온몸이 바삭바삭 타들어가는 느낌, 병적인 걱정, 가슴에 못이 들어와 박히는 기분, 온몸의 살갗이 다 까진 것처럼 그저 닿는 데마다 쓰리고 아픔, 온몸이 으스러짐'과 같이 병적이고 강렬한 표현을 하였다.

(4) 뜨거운 철판 위에서 들볶이는 참깨처럼 온몸이 바삭바삭 타들어가는 느낌이었다.
온몸이 으스러지는 것 같았다.
병적인 걱정 때문에 지칠 대로 지쳐 돌아왔다.
가슴에 못이 들어와 박히는 기분이었다.

이러한 언어표현은 작가의 애통함과 함께 작가의 몸의 상태와도 연관되는 표현으로 볼 수 있다. 실제 겪는 통증에 근접한 표현이라고 하겠다. 슬픔의 특성 중 신체화와 연관성이 있다. 자신이 겪는 몸과 마음의 고통에 적합한 언어표현을 통해 자신이 겪고 있는 고통을 언어로 표현하고 있다. 이러한 언어표현은 슬픔과 우울에서 공통으로 나타나는 것이다.[18)]

---

18) Freud, Sigmund, 윤희기 · 박찬부 역(1997:245), 슬픔과 우울증, 「정신분석학의 근본개념」, 서울: 열린책들.
"우리는 또한 슬픔의 분위기를 우울증의 경우와 비교해서 마찬가지로 <고통스럽다>고 부르는 것 역시 타당하다고 여긴다."

2.3 불일치 언어

불일치 언어란 현실과 감정, 몸과 감정, 감정과 감정표현, 말과 감정표현의 모순을 보이는 표현을 일컫는다. 김승희(2008:129)에서 제시한 우울증의 언어 중 모순어법이나 비논리역설에 해당한다.

이러한 불일치가 참척을 받아들이는 데 오히려 더 힘들게 하는 요소가 되는 것을 볼 수 있다. 이는 자기의 고통스러운 자아와 사회적 자아가 상충되는 것이라고 할 수 있다.

(5) ㄱ. 구수하다고 칭찬까지 해주면서 한 공기를 다 먹었다. 남은 자식들한테 내 슬픔을 빙자해 응석을 부리는 일 따위는 절대로 하지 말아야지 하는 게 내 자존심이다. 어떻게 기쁜 척해야 하나는 이 몸의 고달픈 업이다.

ㄴ. 자식을 앞세우고도 살겠다고 꾸역꾸역 음식을 처넣는 에미를 생각하니 징그러워서 토할 것 같았다. 격렬한 토악질이 치밀어 아침에 먹은걸 깨끗이 토해냈다. 그러면 그렇지 안심이 되면서 마음이 평온 해졌다.

ㄷ. '혼자 있고 싶어, 제발 날 좀 내버려 둬줘 소리가 목구멍까지 치미는 걸 자제하고 우쭐우쭐 좋아하는 아이들과 어울려 차에 올랐다.

ㄱ은 감정과 감정표현이 불일치하는 고달픔이었다. 이는 슬픈 자아와 타인을 배려하는 사회적 자아의 충돌로 작가의 마음을 더욱 고통스럽게 만드는 것이다. ㄴ은 몸과 평안한 마음이 모순되게도 반대로 움직이는 불일치를 보게 된다. ㄷ은 말도 감정에 충실해서 하는 것이 아니라 감정과 위배되는 언어표현을 함으로써 작가가 큰 상실을 애도할 수 없게 만든다.

작가는 계속해서 사람들과의 접촉을 피하고 관계와 말을 피할 수 있는 장소나 조건을 찾게 되는데, 위에서 살펴본 불일치한 언어가, 애도가 발달적으로 이루어지는 것을 방해하고 자기모순, 자기비하적인 생각들을 하게 하기 때문에 부정적인 영향을 주게 된다. 그래서 작가는 자신의 애도를 위해 서울을 떠나 부산으로, 부산 딸 집에서 수도원으로, 혼자 있으면서 현실과 감정이, 몸과 감정, 감정과 감정표현, 말과 감정표현을 일치시킬 수 있는 상황으로 가기를 갈망한다((6)). 이러한 작가의 애원은 인간관계의 구조가 주는 압박에서 벗어나 통곡하고 싶은 참된 자기의 감정에 충실하고자 한다. 이것은 불일치를 괴로워하고 극복하고자 하는 상실자의 욕구이다.

(6) '혼자 있고 싶어, 제발 날 좀 내버려둬 줘'
오오, 제발 무관심해다오. 스스로 견딜 수 있을 때까지
그렇게 수시로 눈물을 짰건만 생전 울어보지 못한 것처럼 정말로 순수하게 혼자가 됐을 때 제일 먼저 하고 싶은 것은 실컷 울어보는 거다.

2.4 혼돈된 인식 언어

혼돈된 인식 언어란 세계로부터의 분리에 대한 어떤 감각도 부재하고 구별이 결여된 언어를 일컫는다. 김승희(2008:129)의 우울증의 언어 중 뒤죽박죽의 언어에 해당한다.

비탄 속에 있는 작가는 꿈과 현실을 구별하지 못하고, 시간의식에 있어서도 혼돈된 모습을 보인다. 이는 상실의 충격을 받게 되면 우리 몸의 조직은 무감각 상태에 들어가게 되는데 이것도 일종의 자기 보호 기제라고 한다. 따라서 슬픔의 초기 단계에는 다 사람들과 상호작용을 하는 데 있어서 비현실적인 감각으로 가득하다. 이

미 일어난 일을 일어날 수 없다고 우기기도 한다. 충격을 받게 되면 이와 같은 비현실감, 부인, 무감각한 감정이 더해져서 마음의 벽을 쌓고 시공간의 개념을 잊으며 정신이 나간 것처럼 목적 없이 헤매기도 한다(Anderson, Herbert & Mitchell, Kenneth R. 2005:64-65).

(7) 어떻게 그동안을 견디었는지 악몽을 꾼 것 같고, 지금 이러고 있는 것 또한 꿈 깬 후의 또 꿈 같다.
며칠 째 시간 감각이 마비가 된 건지 착락을 일으킨 건지 시시각각이 여삼추 같다가도, 지내놓고 보면 몇 시간이고 몇 날이고 건너편 뛴 것처럼 기억이 지워지곤 한다.

작가는 세상에서 일어나는 일에 대해 별 의미를 찾지 못하고 자신의 비탄과 상관없이 평상시와 동일하게 흘러가는 것에 대해 화해하지 못한다((8)). 어떤 사실에 대한 인식도 '그놈의', '무서운 괴물', '화살' 과 같이 부정적이고 공격적이다((9)). 비탄의 언어는 현실을 부정하고 싶은 마음 등을 표현하는 특징을 지닌다((10)).

(8) 내 아들이 없는데도 축제가 있고 환호와 열광이 있는 세상과 내가 어찌 화해할 수 있을 것인가. 내 기억력말고는 아들이 존재했었다는 아무런 흔적도 남아있지 않은 이 세상이 도무지 낯설고 싫다. 그런 세상과는 생전 화해할 수 있을 것 같지가 않다.「나의 가장 나종 지니인 것」

(9) 아들이 이 세상에 존재하지 않는다는 사실이 무서운 괴물처럼 가차없이 육박해왔다.

(10) "아아, 꿈이었으면, 그 모든 일들이 한바탕의 꿈이었으면, 그리하여 퍼뜩 일어나보니 내 악몽을 근심스럽게 흔들어 깨워준 게 내 아들이었으면."
흉측한 꿈이었을 거야, 설마 나에게 그런 일이 정말 일어났을라구

2.5 부정적 언어와 반복성

이 글에서의 부정적 언어란 분노, 두려움 등 부정적인 감정을 표현한 언어를 일컫는다. 이러한 감정 표현은 슬픔과 우울증에서 모두 볼 수 있다. 「한 말씀만 하소서」에서는 신에 대한 부정과 살의, 원망, 분노, 두려움 등의 부정적인 표현들이 반복적으로 표현되는 것을 볼 수 있다.

(11) 그 아이를 그토록 준수하고 사랑 깊은 아이로 점지하셨더란 말인가. 하느님이란 그럴 수도 있는 분인가. 사랑 그 자체란 하느님이 그것밖에 안되는 분이라니. 차라리 없는 게 낫다. 아니 없는 것과 마찬가지다. 다시금 차라리 없는 게 낫다. 아니 없는 것과 마찬가지다. 다시금 맹렬한 포악이 치밀었다. 신은 죽여도 죽여도 가장 큰 문젯거리로 되살아난다. 사생결단 죽이고 또 죽여 골백번 고쳐 죽여도 아직 다 죽일 여지가 남아 있는 신, 증오의 최대의 극치인 살의, 나의 살의를 위해서도 당신은 있어야 돼. 그저 만만한 건 신이었다. 온종일 신을 죽였다. 죽이고 또 죽이고 일백 번 고쳐 죽여도 죽일 여지가 남아 있는 신, 증오의 마지막 극치인 살의, 내 살의를 위해서도 당신은 있어야 돼.

작가는 가톨릭 신자이기 때문에 자기에게 닥친 참척의 슬픔에 대해 원망할 대상자로 신을 택하고 신을 향한 부정적인 표현들을 반복적으로 쏟아놓는다. 작가가 서문에서 출판할 때 "지나치다 싶을 만큼 무엄한 포악과 비통의 지나친 반복만 빼고는 거의 고치지 않았습니다."라고 했으므로, 더 많은, 더 심한 신을 향한 원망의 표현들이 있었을 것이라 짐작할 수 있다. 다른 애도자들의 경우에는 원망의 대상이 다를 수 있다. 그러나 우울증의 경우는 원망의 대상이 타인이 아닌 자신이며, 이것은 죽음충동과 연관된다는 점에서 애도와는 다르다.

신을 향한 반복적인 언어적 특징도 유아어와 유사한 점이다. 흉내 내거나, 반사적으로 익힌 단어나 음절을 반복 사용하는데 상대에게 뜻을 전하려는 의사 없이 반복하는 그 자체를 즐긴다. 슬픔의 경우는 반복을 즐기는 것은 아니고, 상처를 받은 그 지점에 계속 머물러 있음을 보여 주는 것으로 반복된 원망을 통해 서서히 자식을 잃은 현실을 인식하고 인정하게 되기도 한다. 반복적인 표현은 신을 향한 원망 외에도 참척의 슬픔, 현실 부정 등에도 나타난다.

2.6 언어 접촉 기피와 언어의 의미 왜곡

언어 접촉 기피는 사회적 접촉으로부터 물러나려고 하는 것이다. 이는 슬픔의 충격으로 인해 소통의 민감도가 떨어져서 언어의 의미를 왜곡시키는 것과도 연관된다.

「한 말씀만 하소서」에서 작가가 사람들과 만나는 것 자체를 괴로워하고, 사람을 피하려고 하는데 이를 '슬픔=내버려 둘게요' 가설로 설명할 수 있다. '슬픔=내버려 둘게요' 가설은 무의식적으로 다시 사회적 활동으로 되돌아오기 위해 에너지를 보존하고, 다른 사람들로부터 공개적으로 배척당할 기회를 차단하는 방어로서의 슬픔의 기능을 설명하고 있다.[19] 비탄에 빠져 있는 사람에게는 위로의 언어라 할지라도 그 자체가 괴로움이어서 화제를 회피하는 모습을 보이는데((12)) 슬픔의 방어적인 기능과 연관이 있다.

또한 언어의 의미를 해석하는 면에 있어서도 민감도가 떨어지거

19) Kalat, James W. & Shiota, Michelle N.(2009:196)

나[20] 왜곡해서 듣기도 한다. 또한 타인의 말을 그대로 정확하게 이해하는 데 어려움이 있어서 의미의 왜곡 또는 해석의 차이를 갖게 된다.

(12) 나도 억장이 무너지는 비통 외에는 매사가 몽롱한 중에도 서울을 떠나면 조문을 안 받아도 되겠구나 하는 생각을 구원처럼 떠올렸으니까요

(13) ㄱ. 슬픔과 외로움에 처했을 때, 명절이 얼마나 힘들다는 걸 딸도 모르지는 않는지라 조심스럽게 서울서도 오늘 모두 성묘를 가기로 돼 있다고 알려준다. 둘째, 셋째네 그리고 장조카네 식구 모두에다 그애의 친구들까지 간다고 했으니 버스 한 대쯤 대절해야 했을지도 모른다고 불필요한 혼잣말까지 덧붙인다. 그런 소리까지도 동기간들이 번족한데 명절날 그애가 홀로 쓸쓸하게 누워 있도록 내버려 둘까봐 그렇게 청승맞은 얼굴을 하고 있느냐고 나무라는 말로 들린다.

ㄴ. 서울 아이들로부터 전화로 산에 갔다온 얘기를 들었다. 떼도 잘 자랐거이와 산에 가는 길이 그리 좋더라고 했다. 서울을 벗어 나서 산까지 줄창 코스모스가 어찌나 청초하고 화사하게 피었던지 꿈길 같기도 하고 천국 가는 길 같기도 하더라나. 너무 좋아서 너는 참 좋겠다고 먼저 간 동생을 부러워했단 얘기도 했다. 밝고 약간 들뜬 것 같은 목소리로 그런 소리를 하는 걸 들으니 짐짓 나를 위로하려고 저런다 싶으면서도 역시 자식하고 동기간은 다르다고 어른스럽지 못하게 고까운 생각이 들었다.

---

20) 우울집단과 비우울집단에게 보상의 조건이 다른 시도를 했을 때 비우울집단은 잠재적 보상에 대해 민감하게 반응한 것에 비해 비우울집단의 경우는 보상에 대한 민감도에 덜 반응했다. Kalat, James W. & Shiota, Michelle N. (2009:194).

(13)ㄱ은 딸이 아들에게도 성묘하러 간다고 알려주는데, 동기간들이 번족한데 명절날 그 애가 홀로 쓸쓸하게 누워 있도록 내버려 둘까봐 그렇게 청승맞은 얼굴을 하고 있느냐고 나무라는 말로 왜곡한다. (13)ㄴ은 성묘를 다녀온 딸들이 성묫길이 좋다고 먼저 간 동생을 부러워했다는 얘기를 한편으로는 위로로 이해하면서도 자식하고 동기간은 다르다고 고깝게 받아들인다.

「한 말씀만 하소서」에 나타난 언어의 특징은 자기비하, 자기혐오, 자기모순, 자기인식이 결여된 자기 중심적인 면이 있고 자신이 겪는 몸과 마음의 고통을 호소하고 있다. 또한 현실과 감정, 몸과 감정, 감정과 감정표현, 말과 감정표현 등에 있어서 모순을 보이는 불일치의 언어이며 구별이 결여되거나 모호하고 혼돈된 언어이고, 분노, 두려움 등 부정적인 감정을 표현한 부정적 언어이다. 또한 애도의 언어는 언어 자체의 접촉을 꺼리고 민감도가 떨어져서 의미의 왜곡이 일어나는 특징을 지니고 있다.

자기중심적 언어는 나르시즘적인 특징을 지니고 있는 우울증의 언어의 모습이고, 불일치, 모순, 구별이 결여된 불일치의 언어나 혼돈된 언어의 모습도 우울증의 언어이다. 「한 말씀만 하소서」에서 언급하고 있는 증상은 DSM-4, 벡의 우울척도 항목과 비교하여, 신체적 증상, 사고와 감정, 활동과 대인관계에서는 유사한 증상이 보인다.

「한 말씀만 하소서」의 언어에서는 우울증의 언어와 애도의 언어가 혼재되어 있는 것 같다. 고통의 언어표현이나 부정적인 언어, 언어의 접촉을 꺼리는 것은 슬픔이나 우울에서 공통적으로 나타날 수 있는 언어적 특징이다.[21] 그러나 DSM-4, 벡의 우울척도 항목에서 자살충동과 관련된 언어표현은 없고, 자기와 대상에 대한 경계가 혼란되지 않는 점 등은 「한 말씀만 하소서」의 언어가 병적인 우울보다는 슬픔을 극복하는 과정에서의 애도의 언어임을 보여주는 것이다.

3. 치유언어의 특징

3.1 직접적 표현

데리다, 폴드만이 제시한 애도적 언어인 호격의 근원적 절규, 이름의 반복이 「한 말씀만 하소서」에서도 확인된다.

(14) "원태야, 원태야, 우리 원태야, 내 아들아. 이 세상에 네가 없다니 그게 정말이냐? 하느님도 너무 하십니다. 그 아이는 이 세상에 태어난 지 25년 5개월밖에 안됐습니다. 병 한 번 치른 적이 없고 청동기처럼 단단한 다리와 매달리고 싶은 든든한 어깨와 짙은 눈썹과 우뚝한 코와 익술부리는 입을 가진 준수한 청년입니다."

문자를 통해서, 음성을 통해서 아들의 이름을 부르며 우는 것은 아들이 죽은 것을 인정하고, 객관화시키는 과정이며 발달적인 애도의 한 과정으로 볼 수 있다. 일기에서 '지나친 반복'은 삭제했다[22]

---

21) 4)우울증에서 애도, 애도에서 우울증으로의 전환은 순간순간 발생할 수 있으며 그 경계선은 모호하다. 애도의 언어와 우울증의 언어의 경계선도 명확하지 않으며 그 둘은 뫼비우스의 띠처럼 시작도 끝도 알 수 없는 미로의 형상을 구축할 수 있다. 김승희(2008:129).

22) "지나치다 싶을 만큼 무엄한 포악과 비통의 **지나친 반복**만 빼고는 거의 고치지 않았습니다."

고 언급하고 있는데, 확인할 수는 없지만, 호격의 절규에 해당하는 이름의 반복이 삭제됐을 가능성을 고려하면, 작가는 죽은 아들의 이름을 부르며, 울부짖는 행위를 반복[23]했을 것으로 보인다.

3.2 원망(怨望)의 표현

사별의 고통 가운데 있는 사람은 보통 죽은 자를 향해 분노를 느끼지 않고 가족, 가까운 사람, 신을 향해 분노를 쏟아낸다. 그러나 이러한 분노의 표현은 애통의 과정을 거치기 위해서 필요한 과정이다(Anderson, Herbert & Mitchell, Kenneth R. 2005:84-85). 「한 말씀만 하소서」에서도 신을 향한 분노의 표현들을 확인할 수 있다. 분노의 표현들은 직설적인 표현, 질문형태를 취한 표현도 있다. 신을 향한 질문은 답을 필요로 하지는 않는다. 그 자체가 분노를 발하는 한 방법이다. 그러나 애도의 과정을 마치고 신을 향한 원망과 질문에 답을 찾게 되기도 하는데, 이렇게 얻은 해답은 종교적인 성숙과 인생에 대한 깊은 성찰로 나아갈 수 있게 한다.

(15) 나는 주님과 한번 맞붙어보려고 이곳에 이끌렸고, 혼자 돼보기를 갈망했던 것이다. 주님, 당신은 과연 계신지, 계시다면 내 아들은 왜 죽어야 했는지, 내가 이렇게까지 고통 받아야 하는 건 도대체 영문 영문인지, 더도 말고 덜도 말고 한 말씀만 해보라고 애걸.

---

23) "아들이 이 세상에 살아 있지 않다는 걸 인정하게 되면 그 다음은 가슴을 쥐어뜯으며 미친 듯이 몸을 솟구치면서 울부짖을 차례였다. 그 일이 나에게 얼마나 중요한 의식인지 아무도 모른다."

> 내 아들의 죽음의 의미는 뭘까? 죽음 후에도 만남이 있을까? 그 애의 죽음은 과연 피할 수 없는 운명이었을까? 신이 있기나 있는 것일까? 인간의 기도나 선행과는 상관없이 인간으로 하여금 한 치 앞도 못 내다보게 눈을 가려놓고 그 운명을 마음대로 희롱하는 신이라면 있으나마나 아닐까?

신에 대해 쏟아놓던 사별에 대한 억울함을 대인관계에서 표현하는 것은 신이나, 내적인 대화보다 한 단계 더 치유를 향한 형태로 볼 수 있다. 이는 사별을 현실적으로 인정하게 되고, 상실의 아픔도 희석시킬 수 있다. 또한 상실 대상의 의미를 되새기게 되고, 살아있는 자들과 소통을 시도하는 것이다. 이때는 청자의 공감하는 자세가 매우 중요하다.

> (16) 수녀님하고 나란히 앉자 눈물을 걷잡을 수 없이 복받쳤다. 위로 받고 싶었다. 나는 울며불며 내 미칠 듯한 고통을 하소연하기 시작했다. 내 방에서 혼자 뒹굴며 신에게 퍼붓던 포악과 별로 다르지 않은 푸념이었다. 나는 열심히 단란한 가정을 이루며 살아왔다. 아이들을 건장하고 바르게 잘 길렀고 깊이 사랑했다. 남에게 해를 끼친 일도 없고 마음의 상처가 될 짓도 안하려고 노력하며 살아왔다. 나는 아무리 생각해도 이런 벌을 받을 까닭이 없다. 고약하고 못된 사람도 자식을 앞세우는 벌은 좀처럼 안 받던데 이게 무슨 처사냐? 억울하고 원통하다.

「한 말씀만 하소서」의 후반부에서 작가는 자신이 사별의 비통을 겪어야 하는 이유를 찾게 된다. 근원적인 죄의식, 구원과 관련된 종교적인 해답이고, 스스로도 이 해답에 대하여 '나중에 나의 간지가 또다시 빠져나갈 구멍을 찾게 될지도 모르지만'하면서 주관적이고, 일시적인 해답의 가능성을 언급하면서도 '그 순간만은 그건 꼼짝달

싹도 할 수 없는 정답이었다. 그리고 구원이었다'라고 하며 자기가 겪은 이해할 수 없는 사별에 대한 해답으로 인정하고 있다.[24)]

3.3 변형 문장에 의한 사고전환

작가는 수녀원에서 예비수녀님들이 서로 이야기를 나누는 것을 듣게 되는데, 그것이 자기생각을 전환하는 계기가 되었다고 하였다.[25)] 예비수녀님은 자신의 동생이 말썽을 많이 부려서 집안이 편할 날이 없었다. 그녀는 그 동생에 대해 원망하고, 인생에 대해 비관도 하게 되고, 그러다 문득 '세상엔 속 썩이는 젊은이가 얼마든지 있다, 내 동생이라고 해서 그래서는 안 되란 법이 어디 있나?' '내가

24) "...도대체 내가 무엇을 그렇게 크게 잘못했기에 이런 무서운 벌을 받아야 하느냐는, 질문이라기보다는 포악이요 항의였다. 그러니까 내가 신의 부당함을 항의하고 내가 억울하다고 주장할 수 있는 유일한 근거는 나는 그닥 죄가 없다는 것이었다. ...그대 계시처럼 떠오른 나의 죄는 이러했다.
나는 남에게 뭘 준 적이 없었다. 물질도 사랑도. 내가 아낌없이 물질과 사랑을 나눈 범위는 가족과 친척 중의 극히 일부와 소수의 친구에 국한돼 있었다. 그 밖에 이웃이라 부를 수 있는 타인에게 나는 철저하게 무관심했다. 위선으로 사랑한 척한 적조차 없었다.
타인에 대한 철저한 무관심이어야말로 크나큰 죄라는 것을, 그리하여 그 벌로 나누어도 나누어도 다함이 없는 태산 같은 고통을 받았음을, 나는 명료하게 깨달았다. 하필 변기 앞에 무릎 꿇은 자세로, 나는 그 정답에 머리 숙여 승복했다. 나중에 나의 간지가 또다시 빠져나갈 구멍을 찾게 될지도 모르지만 적어도 그 순간만은 그건 꼼짝달싹도 할 수 없는 정답이었다. 그리고 구원이었다."

25) 그러나 나에게는 특별한 수녀였다. '하필 왜 내가 이런 일을 당해야 하나.' 하는 원망으로 똘똘 뭉친 내 마음에 '왜 당신이라고 그런 일을 당하면 안 되는가?'라는 당돌한 반문을 불러일으킨 수녀였다. 그는 알까. 그가 무심히 던진 한 마디가 내 딱딱한 마음에 일으킨 최초의 균열에 대해.

뭐관대.'라고 생각을 고치니 한결 마음이 가벼워지고 동생과의 관계도 호전되었다는 이야기이다.

작가는 타인의 이야기 속에서 사고를 전환하는 두 개의 변형 문장을 자신의 경우에 적용하여 비슷한 구조의 문장을 생성, 변형을 시도하는데, 여기서 작가는 사고 전환이 될 가능성이 있음을 인정하였다.

> (17) '왜 내 동생이 저래야 되나?와 '왜 내 동생이라고 저러면 안 되나?' 간발의 차이 같지만 실은 사고의 대전환이 아닌가. 나는 신선한 놀라움으로 그 예비수녀님을 다시 바라보았다. 내 막내딸보다도 앳돼 보이는 수녀님이었다. 저 나이에 어쩌면 그런 유연한 사고를 할 수가 있었을까? 내가 만약 "왜 하필 내 아들을 데려갔을까?"라는 집요한 질문과 원한을 "내 아들이라고 해서 데려가지 말란 법이 어디 있나"로 고쳐먹을 수만 있다면, 아아 그럴 수만 있다면. 구원의 실마리가 바로 거기 있을 것 같았다.

(17)에서 "왜 하필 내 아들을 데려갔을까?"에서 "내 아들이라고 해서 데려 가지 말란 법이 어디 있나"로 질문을 변형하면, 기존의 자기 생각과 다른 사고의 혼란을 겪게 되고, 그 균열 속에서 새로운 생각으로 의 모색을 할 가능성이 있다.

3.4 추억에 대한 반추

사별의 어려움을 겪고 있을 때는 상실의 대상과 관련된 기억이 매우 괴롭고 힘들겠지만, 긴 애도의 터널을 뚫고 나올 수 있는 힘은 상실의 대상자와 함께 한 좋은 추억이라고 작가는 얘기하고 있다.

(18) ㄱ. 먼저 간 남편과 아들과 서로 깊이 사랑하고 믿었던 그 좋은 추억의 도움이 없었다면 내가 설사 홀로 섰다고 해도 그건 허세에 불과했을 것이다.

ㄴ. 생각해 낸 못된 버릇 하나가 가장 사랑스러운 버릇이 되어 잠시나마 내 사실감에 위안이 되다니. 못 말릴 노릇이었다.

(18)ㄱ에서는 「한 말씀만 하소서」의 후반부에서 자신이 아들을 잃은 아픔을 이겨낼 수 있었던 것은 남편과 아들과의 좋은 추억 때문이라고 밝히고 있다. ㄴ에서는 아들의 못된 버릇에 대한 기억도 가장 위안이 되는 추억이다.

3.5 침묵의 치유

Anderson, Herbert & Mitchell, Kenneth R.(2005:71)에서는 슬픔 가운데서는 서로 양립할 수 없는 두 가지 욕구가 있다고 한다. 슬픔 가운데 홀로 있고 싶은 욕구와 공동체로부터 고립되지 않고 싶은 욕구이다.[26] 「한 말씀만 하소서」에서도 두 욕구가 모두 표현된다. 작가는 끊임없이 조용한 시간을 갖기 위해 부산으로, 수녀원으로, 미국으로 거처를 옮기는 모습을 보인다.

작가는 사별에 의한 충격은 관계를 피하고, 말을 피해서 더 폐쇄

---

26) 슬픔을 당한 친구와 함께 앉아 있는 유태인의 관습인 '시바'(역자 주-부모, 배우자와 사별한 유대인이 이장 후 지키는 7일간의 복상기간)는 이 두 가지 욕구 사이의 간격을 가장 근접하게 메워주는 것이라고 할 수 있다. 이 때는 유가족의 집을 방문하는 사람들은 간단한 인사나 작별인사 또는 샬롬이라는 말 외에는 단 한 마디도 하지 않는다(Anderson, Herber & Mitchell, Kenneth R. 2005:71).

환경으로 이동을 한다. 작가도 부산의 큰 딸네와 분도 수녀원에서 두 달 정도(1988.9-1988.10) 기거하게 된다. 아들의 조문을 받아야 하는 고통과 수치를 피하고 싶어서 부산으로 내려왔다고 하였다. 분도 수녀원으로 거처를 옮긴 이유는 큰 소리로 울 수 없었기 때문이고, 아들의 죽음이나 자신의 존재를 모르는 사람들 사이에서 있고 싶었기 때문이다. 분도 수녀원에서 어느 정도 회복이 되자 아들과 함께 살던 서울집으로 돌아가려고 시도하지만, 실패하고 다시 미국에 있는 막내딸에게로 간다.

미국은 작가에게 아들과 자신을 모르는 사람들에게 둘러싸이는 것을 의미하고, 언어도 소통되지 않는 곳으로 그 곳에서의 생활을 일기로 남기지는 않았다. 그러나 「한 말씀만 하소서」를 출판하면서 후기로 미국생활에 대해서 언급하였다. 작가는 모국어가 아닌 언어에 둘러싸인 사람의 고독 속에서 모국어에 대한 그리움을 갖게 됐다고 하였다.

미국에서 1989년 1월 서울집으로 돌아왔고 그 이후 작가는 「문학사상」에 연재 중단(1988.10-1989.6)되었던 「미망」을 다시 연재하기 시작하면서 작품 활동을 이어갔다.

이러한 과정을 정리하면 작가는 상실의 아픔으로 인해 말과 관계를 피해서 부산으로, 수녀원으로, 미국으로 도망치듯 갔다가 외국어에 의해 모국어가 차단된, 소통의 진공상태에서 모국어에 대한 그리움을 갖게 되고, 비교적 빠른 시간에 작품 활동을 시작하게 되었다.

(19) 특히 명상의 길을 따라 걷는 아침 산책은 뜬눈으로 몸부림치고 난 후의 지치고 암울한 정신에 찬물을 끼얹듯이 상쾌한 자극이 되었다. 산책길의 나무와 풀과 공기가 하루하루 조금씩 가을빛을 더해가는 것도 바다 빛깔의 변덕보다는 위안이 되었다.

(19)에서 작가는 분도수녀원에 있을 때 조용한 명상의 길이라는 산책로를 거닐면서 침묵 가운데 자연물로부터 위안을 받는 것을 볼 수 있다. 상실자의 슬픔이 너무 클 때는 언어보다는 침묵이 더 유용한 것으로 보인다.

「한 말씀만 하소서」에서 긍정적인 변화에 영향을 주었던 치유언어에는 슬픔을 직설적으로 표현하는 것과 신을 향한 원망, 질문, 변형문장에 의한 사고전환, 추억에 대한 반추, 침묵 등이 있었다.

작가는 큰 슬픔을 딛고, 글쓰기와의 화해, 넓게는 그토록 피해 달아났던 언어와 화해를 하고, 신과도 화해를 하고, 더욱 인생에 대한 성숙한 성찰을 하고, 가족의 품으로 돌아왔다. 그리고 작가는 남편과 아들을 상실했지만, 남편과 아들과 쌓았던 신뢰에 대한 좋은 기억을 통해 그 소중한 의미를 더 깊이 인식하는 성숙된 모습을 보여준다.

이 글은 박완서가 아들을 잃은 큰 상실을 겪는 과정 중에 자신의 슬픔을 글로 표현한 「한 말씀만 하소서」에서 애도의 언어가 지닌 특징과 슬픔을 승화시킬 수 있었던 긍정적 변화의 치유언어를 살펴보려고 하였다. 「한 말씀만 하소서」에 나타난 애도의 언어 유형은 자기 중심적 언어, 고통의 언어, 불일치의 언어, 부정적 언어와 반복성 혼돈된 인식 언어, 언어기피와 왜곡이고, 이는 애도와 우울증의 언어가 혼재되어 있었고, 치유언어는 비탄을 직설적으로 표현하는 것과 신을 향한 원망, 질문, 변형문장에 의한 사고전환, 추억에 대한 반추, 침묵 등이었다.

이 글은 상실의 아픔 속에 있는 참여자의 슬픔을 치유하는 데 있어서 진단과 치유의 언어적 전거를 마련하고자 하였다. 또한 참여자가 만성적 슬픔에 빠지지 않고, 슬픔을 잘 극복할 수 있도록 내적

소통을 돕는 모델 개발에 활용하려고 하였다.

상실의 생생한 기록을 통해 상실자를 위한 소통모델을 개발할 수 있는 구체적인 근거와 방법을 마련하는 것은 의미 있는 일이나, 슬픔은 복잡하고 개별적인 것이다. 이 글이 한 작가의 상실기록을 토대로 한 것은 개별성에 대한 한계를 의미한다. 다른 상실에 관한 텍스트가 보완되어야 한다.

※ 이 글은 『언어학연구』19(2011)에 실린 필자의 논문 「애도와 치유언어의 언어적 특징: 박완서 수필 '한 말씀만 하소서'를 중심으로」를 수정한 것이다.

7장

자아정체성의 언어

북한이탈주민을 위한 인문치료에서는 참여자들이 다양한 인문학 텍스트를 통해서 자기 삶에 대한 이야기를 하게 된다. 자기 삶에 대해 이야기하는 것은 이야기 소재를 선택하고 이야기를 구성하는 방법 등을 통해서 자아정체성을 드러내게 된다.

북한이탈주민에게 '탈북'은 친숙했던 물리적 환경, 문화적 환경 등과의 단절을 의미하게 된다. 이러한 단절은 극심한 자아정체성의 혼란을 겪게 한다. 또한 북한이탈주민은 남한사회의 이질적인 환경에 적응하는 과정에서 정신적인 스트레스를 겪게 되고 어려움에 봉착하게 된다. 북한이탈주민이 남한사회에서 탈북의 트라우마를 잘 극복하고 남한사회에 잘 정착하는 과정은 새로운 자아정체성을 형성하는 과정이라고도 할 수 있다.

그러나 북한이탈주민이라는 용어에서 예측되듯이 북한사회에서 이탈해서 남한사회에 적응해야 하는 주민이라는 집단적 정체성을 강요받는 측면도 있다. 북한에서의 삶의 차이도, 탈북 과정에서의 차이도, 남한사회에 적응하는 과정에서의 차이도, 경험을 수용하는 태도의 차이도 북한이탈주민이라는 집단적 정체성 안으로 함몰된다. 그러므로 북한이탈주민이라는 집단적 정체성과 함께 개별적 정체성을 통합하는 것은 북한이탈주민의 자아정체성의 확립에 중요한 부분이다.

이 글의 목적은 인문치료의 말하기 글쓰기에 나타난 자기 삶의 이야기를 통해 북한이탈주민의 자아정체성을 어떻게 발현하고 있는지를 살펴보는 데 있다.

자아정체성 작업에서 언어는 중요한 수단이다. 일상적 의사소통 행위를 통해서 정체성이 설계되고, 표현되며, 협상되거나 거부되고, 용인되기도 한다(회네 & 데퍼만, 2006:70). 자아정체성은 끊임없이 다양한 맥락 가운데 변화하고, 작업 중에 있는 언어적, 상징적 구조로 이해될 수 있다(회네 & 데퍼만, 2006:72)고 하였다.

그러므로 자아정체성을 확인하기 위해서 그들의 언어 표현에 주목할 필요가 있다. 이 글에서는 북한이탈주민의 언어 표현 속에 나타나는 내러티브 구조 분석과 언어 정밀 분석의 방법[1])을 활용하여 북한이탈주민의 자아정체성을 고찰하고자 한다. 북한이탈주민 인문치료 참여자가 어떤 주제로 이야기를 하는가? 이야기를 할 때 평가, 설명, 묘사, 에피소드 등 어떤 방법으로 이야기하는가? 이야기의 관점은 부정적인가 혹은 긍정적인가? 그리고 이야기 속에 등장인물, 시간 등 화용론적 측면과 수사적 측면에 대해서 살펴 볼 것이다.

우선 1절에서는 자아정체성의 개념과 북한이탈주민의 자기 삶 이야기 자료, 내러티브의 구조 분석과 언어 분석 방법에 대해서 살펴볼 것이다. 2절에서는 실제 북한이탈주민의 자기 삶 이야기 사례 분석을 통해서 북한이탈주민의 내러티브 자아정체성에 대해 논의

---

1) 가브리엘레 루치우스-회네 · 아르눌프 데퍼만, 박용익 역(2006), 『이야기 분석』, 역락, p.444.

할 것이다.

1. 자아정체성 개념과 자기 삶 이야기 분석

1.1 자아정체성 개념

자아정체성은 포괄적 의미로, 자기에 대한 인식이다. 한 개인의 대인관계 · 가치 · 목표 · 역할 및 이념 등에 있어서 자기의 고유성과 자기통일성, 일관성을 갖게 되는 자기다움에 대한 인식이라고 정의한다(김성원, 2015:6). 또한 에릭슨의 객관적 측면과 개별적 정체성 간의 조화를 의미한다고도 하였다(김성원, 2015:17-8).

에릭슨(1956)은 정체성을 객관적 측면과 개별적 정체성으로 구분하였다. 집단에 대한 귀속감 또는 일체감을 의미하는 정체성을 객관적 측면의 정체성이라 하고, 개별적 정체성은 개인적 정체성과 자아정체성으로 구분하였다. 개인적 정체성은 시간의 흐름, 상황의 변화 속에서도 동일한 존재로 인식되는 자기 자신을 의미하고, 자아정체성은 개인적 정체성보다 포괄적 개념이라고 하였다.

에릭슨의 심리사회적 발달 단계[2]는 프로이트의 정신발달단계를 심화시킨 이론으로, 성인의 자아정체성을 설명하는 데 유용하다. 북한이탈주민의 자아정체성 문제도 크게는 성인의 자아정체성 발달

2) 1단계 신뢰 대 불신(0~2세), 2단계 자율성 대 수치(2~3세), 3단계 주도 대 죄의식(4~5세), 4단계 근면성 대 열등감(6~11세), 5단계 정체감 대 역할 혼미(12~18세) 6단계 친밀감 대 고립감(19~24세) 7단계 생산성 대 침체성(25~54세) 8단계 통합성 대 절망감(54세 이상)

의 범위에 있다. 북한이탈주민의 특수성은 탈북으로 인한 물리적, 문화적 환경의 단절로 인해 에릭슨의 5단계, 6단계, 7단계의 정상적인 성장이 어렵다는 점이다. 그래서 8단계의 절망감처럼 문화적 사회적 차이로 인한 '죽음' 같은 절망감이 북한이탈주민을 괴롭히게 된다. 이럴 때 새로운 정체성의 발견은 새로운 삶의 방향을 제시해 줄 수 있으므로 역할 혼미, 고립감, 침체성 등 부정적인 면을 극복하고, 자신에 대한 긍정적 평가, 친밀감, 생산성, 통합성을 찾아가게 할 수 있다.

특히 남한사회에서 소외계층에 해당하는 북한이탈주민은 부정적 자아정체성을 형성할 가능성이 커서 북한이탈주민 스스로 자기의 자아정체성을 어떻게 가치 평가하는가는 매우 중요한 문제이다. 부정적 자아정체성과 연관된 개념으로 콤플렉스가 있다. 물론 콤플렉스가 부정적이지만은 않다. 아들러는 콤플렉스의 주요 부분인 열등감이 항상 존재하는 것이고 이것이 행동의 동기가 된다고 하였다. 즉 열등감은 추진력이 있는 것으로, 쿠르트 레빈의 긴장체계와 개념이 비슷하다고 하였다(박아청, 1999:58). 콤플렉스로 언급되는 부정적 자아정체성과 능력감, 사명감 같은 긍정적 자아정체성이 과거에 대한 집착, 미래로부터의 유인 등 다양한 상황을 통합해 가는 것이 자아정체성이라고 하였다(박아청, 1999:58).

그러면 우리는 어떻게 북한이탈주민의 자아정체성에 접근해 갈 수 있을까? 타인과 비교되는 북한이탈주민의 독특성은 어떻게 알 수 있는가? 그것은 결국 북한이탈주민이 자기 삶과 자신에 대해 무엇을 어떻게 이야기하는가와 깊이 연관된다. 북한이탈주민의 이야기에 주목하면 그 사람의 정체성에 다가갈 수 있을 것이다.

최근 자아정체성에 관한 연구의 한 대안으로 내러티브 정체성 연구가 주목받고 있다(김태희 · 김종백, 2016:3-4). 내러티브 정체성이라는 용어는 Ricoeur(1991)에 의하여 제안되었다. Ricoeur는 내러티브 정체성을 '한 개인이 자기의 실제 삶의 역사 속에서 자기 동일성, 지속성과 성격을 구축하는 것'이라고 정의하였다. McAdams(1995, 2001)는 심리학적 배경에서 내러티브 정체성을 개념화하였다. McAdams(1995, 1998, 2001)는 내러티브 정체성을 '과거를 재구성하고 현재를 수용하며 미래에 대한 기대감을 통합함으로써 개인의 삶의 목적 및 의미를 파악하게 하고, 그 결과 자기(self)를 내면화하고 서서히 변화시키는 생애 이야기' 라고 정의하였다(김태희 · 김종백, 2016:3-4). Lucius-Hoene and Deppermann는 내러티브(narrative)를 이야기 화자의 인생사에 대한 자기 성찰과 자기 인식이자, '나는 누구이고 어떤 인간으로 이해되고 싶은가?'에 대한 자기 표현이다라고 하였다(이정은, 2014:55).

이 글에서는 포괄적인 자아정체성의 개념 중에서 북한이탈주민의 자아정체성을 살펴보는 데 그들의 삶 이야기를 분석함으로써 북한이탈주민의 내러티브 정체성을 살펴보고자 한다.

회네 & 데퍼만(2006:73)은 정체성을 실증적으로 연구하기 위해서, 한 사람이 행하는 상호이해와 통합의 이행 방법에서 정체성이 구체적으로 어떻게 발현되는가를 시간적 차원, 사회적 차원, 자기 관련적 차원에서 살펴보아야 한다고 하였다. 첫째 시간적 차원은 서 자기 체험의 인생사적 변화들과 관련된다. 둘째 사회적 차원은 한 개인과 그가 속한 환경 사이의 관계와 관련된다. 셋째 자기 관련적 차원은 자기 경험의 다양한 관점과 관련된다.

이 글에서는 회네 & 데퍼만(2006)의 세 차원의 정체성 발현 방법으로 북한이탈주민의 자아정체성을 살펴볼 것이다.

1.2 자기 삶 이야기 분석 자료

정성미(2015)에서는 북한이탈주민의 언어표현 속 트라우마와 치유의 모습을 확인하였다. 이 글에서의 분석 자료는 정성미(2015)[3]에서 분석된 자료의 일부와 정성미(2015)에서 누락된 자료이다. 이 자료의 개별적 사례 중심으로 내러티브 정체성을 확인하게 될 것이다.

북한이탈주민을 위한 인문치료는 2014년 하반기에 진행된 프로그램으로, 10회기 90분으로 구성된 프로그램이다(정성미, 2015: 129-130). 이 글에서는 이 프로그램에 참여한 북한이탈주민 1인의 말하기, 글쓰기 자료를 연구 대상으로 한다.[4]

이 글의 글쓰기 자료는 프로그램 진행 과정에서 대상자들이 쓴 문자 자료이고, 말하기 자료는 프로그램 중 자기 이야기를 표현한 음성 자료로, 전사하여 정리하였다. 인권 보호 차원에서 지명이나 사생활과 관련된 내용은 생략하거나 변형하여 제시하였음을 밝힌다.

표 7.1 참여자 정보

연번	성명	출생년도	남한거주기간	성별	프로그램	특징
1	북1	1986년	6년	여	2014하반기	남한직행

인문치료 프로그램은 정성미(2015)에 제시되어 있으므로 핵심적인 활동 주제만 정리하여 <표 7.2>에 제시하였다.

---

3) 정성미(2015), 「북한이탈주민의 언어표현과 치유」, 『우리말교육현장연구』 9(1), pp.121-150.

4) 같은 책, p.130.

표 7.2 인문치료 핵심 활동 및 목표

회기	핵심 인문치료 활동	목표
1회기	시 듣고 그림 그린 후 글쓰기	자유롭게 연상하고 생각 나누기
2회기	내가 좋아하는 것(콜라주 작업) 말하기	현재 나의 기호 파악하기
3회기	인생 파노라마 그림 그린 후 글쓰기	삶을 전체적 관점으로 조망하기
4회기	어린 시절 상상하고 찰흙빚고 글쓰기(시)	과거의 나 만나기
5회기	<검피아저씨의 뱃놀이> 그림책 보고 말하기	나의 특성 알아차리기
6회기	미래 그림일기 쓰고 말하기	미래의 나 만나기
7회기	<돌멩이도 울 줄 안다> 시 다시쓰기	나의 감정 만나기
8회기	자기 물건과 대화나눈 후, 대화문 쓰기	나에 대한 이해
9회기	돌 고른 후 이야기 나누기, 산책 후 글쓰기 <징검다리> 시를 듣고 이야기 나누기 내 인생 징검다리에게 편지쓰기	현재 감정 나누기 자유롭게 연상하고 생각 나누기
10회기	<보물> 그림책 보고 이야기 나누기	자기 인생의 위치 확인하기

이 글에서의 언어 자료들은 회기마다 의도된 질문 형태로 반응을 유도하였다. 또한 집단원 간의 형평성을 고려하면서 발화 기회, 발화 시간을 제한하여 진행하였으나, 발화가 길어지는 경우 탄력적으로 진행하였다. 대부분 이 글의 말하기, 글쓰기 자료는 짧은 글이 많은 것이 특징이다.

1.3 자기 삶 이야기 분석 방법

회네 & 데퍼만(2006)의 세 차원의 정체성 발현 방법을 고찰하기 위해 각 세 차원의 자아정체성에서 구체적으로 논의될 내용은 다음과 같다.

첫째 시간적 차원은 자기 체험의 인생사적 변화들과 관련된다. 이를 살펴보기 위해 어떤 경험의 공간을 선택해서 이야기하는가? 이야기의 결속성과 의미 관련성을 찾아보는 것이 중요하다. 이를 위해서 인생의 경험에 대한 서사적 모델은 무엇인가? 화자가 인생의 사건들에 대해 행위 주도권을 갖는가? 그리고 이야기된 자아에서 이야기하는 자아의 변화를 어떻게 생각하는가를 중심으로 살펴볼 것이다.

둘째 사회적 차원은 한 개인과 그가 속한 환경 사이의 관계와 관련된다. 이를 살펴보기 위해 누구와 연관된 이야기를 하는가? 누구와 어떤 이야기를 주고 받는가에 주목할 필요가 있다.

셋째 자기 관련적 차원은 자기 경험의 다양한 관점과 관련되는데, 자기 관련 진술의 방식이 명시적인 예와 암시적인 예에 대해서 살펴보고, 평가, 설명, 묘사, 에피소드 등 어떠한 방식으로 이야기하고 있는가도 살펴볼 것이다. 그리고 긍정적, 부정적으로 평가하는 부분에 대해서도 살펴볼 것이다.

또한 자기 삶 이야기를 분석하면서 거시 구조 분석과 수사학적, 화용론적 정밀 분석을 연계해서 진행할 것이다. (Lucius-Hoene and Deppermann, 2006:444)

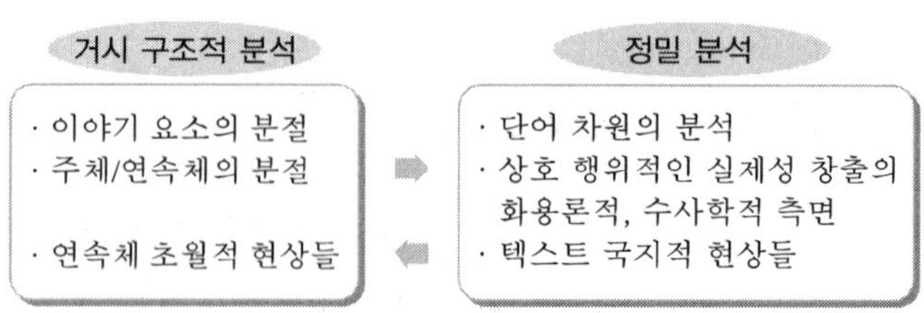

2. 북한이탈주민의 자기 삶 이야기 분석을 통한 자아정체성

2.1 시간적 차원의 자아정체성

사람들이 삶의 이야기를 할 때 삶의 전부를 말하는 것은 불가능하다. 그러므로 자신을 드러내는 이야기를 선택하게 되는데, 자기 스스로 주제화하는 삶의 이야기는 자아정체성 구성 행위로서 함의를 지닌다고 하였다(이정은, 2014:58-9).

북한이탈주민1은 인문치료 활동 중 어떤 삶의 이야기를 선택해서 말하거나 쓰고 있는지 살펴볼 것이다.

표 7.3 선택 주제

회기	인문치료 중심 활동	선택된 주제
1회기	시 듣고 그림 그린 후 글쓰기	과거와 현재 자신이 살고 있는 모습에 대한 감상<말하기> 가족에 대한 생각<피드백>
2회기	내가 좋아하는 것(콜라주 작업) 말하기	좋아하는 것<말하기>
3회기	인생 파노라마 그림 그린 후 글쓰기	북한에서의 삶 탈북 도하의 경험*
4회기	어린 시절 상상하고 찰흙빚고 글쓰기(시)	불참
5회기	<검피아저씨의 뱃놀이> 그림책 보고 말하기	자신의 특성 <말하기>
6회기	미래 그림일기 쓰고 말하기	미래의 사업 이야기 <말하기> 상상 속 자신의 모습<글쓰기>
7회기	<돌멩이도 울 줄 안다> 시 다시쓰기	가정, 가족에 대한 그리움<말하기>
8회기	자기 물건과 대화 나눈 후, 대화문 쓰기	자신의 성격 <말하기>
9회기	산책 후 글쓰기 <징검다리>시를 듣고 이야기 나누기 내 인생 징검다리에게 편지쓰기	탈북 도하의 경험**<피드백> 미래 후손들에 대하여
10회기	<보물>그림책 보고 이야기 나누기	자신의 삶

1회기 말하기 자료에서는 과거와 현재 자신의 모습에 대해 고맙고 신기한 소회를 밝힌다. 그러면서 혼자 서 있는 느낌이 뿌듯하지만은 않음을 밝히고 있다.

> 그냥 지금 하늘 아래 혼자 서 있는 거 같은 느낌. 맑은 하늘 쳐다보면서 뿌듯한 건 아니구요. 옛날 생각과 현재 살고 있는 모습이 신기하고, 고맙고 ...생각들이 스쳐 지나가는데 처음 느꼈어요 〈북1, 1회기 말하기〉

2회기에서는 중심 활동에 따라 좋아하는 것과 좋아하는 것 말하기에 대한 느낌을 밝히고 있다.

> 서로 공통점이 닮은점이 많다는 것을 느꼈다. 본인의 모습을 다시 생각하게 된 것 같고, 내가 무엇을 좋아하는지 어떤 스타일의 사람이었구나 생각하게 된 것 같다. 〈북1, 2회기 글쓰기〉

3회기에서는 북한에서의 삶에 대해 잘 살다가 어려워지는 과정을 간략하게 이야기하고, 탈북하게 된 과정을 상세하게 이야기하였다. 회기 전체 말하기 중 가장 길게 이야기하였다.

5회기에서는 책 내용을 중심으로 책 속의 등장인물에 대한 평가와 자신의 특성을 표현하였다.

> "그 주인 아저씨가 어떻게 보면 배가 뒤집혀 지고 배가 난리가 났는데 성질 낼 것 같았는데, 그런 내용은 전혀 없고, 분위기 좋은 데서 차 마시고, 각자 집으로 가자? 이게 주님의 뜻인가?"

6회기에서는 미래의 일을 상상해서 그림일기를 썼고 그것에 대하여 말하기 활동을 하였다. 주로 사업에 대한 이야기를 구체적이고 상세하게 하였다. 말하기 중 두 번째로 긴 이야기였다. 글쓰기에서는 미래의 사업가인 자신의 모습을 상상해서 글로 표현하였다.

직원들을 사장이 아닌, 같은 사무실의 주인답게 올바른 태도와 감성적인 마인드의 사장으로 머물기를 바라며...나의 마음이 밝으니 직원들도 밝은 웃음으로 출근을 했습니다. 〈북1, 6회기 글쓰기〉

7회기에서는 시를 통해서 가족, 가정에 대한 그리움, 그리고 혼자임에 주목하고 있다.

"가족하고 떨어져 보니까 가정이 그립다. 그건 혼자 있는 사람만이 느껴요. 설명으로 잘 안되거든요. 〈북1, 7회기 말하기〉

8회기에서는 신발과의 대화를 상상하면서 대화문 쓰기를 했는데, 자신의 성격에 대해 언급하였다.

나는 무슨 일이든 앞에서 바로 지직하는 것이 좋더라. 빙빙 돌리지 않고그 말을 들은 나 바로 작업 들어간다. 열심히 깔끔하게 닦았다. 〈북1, 8회기 글쓰기〉

9회기에서는 피드백 과정에서 탈북 도하의 경험을 다시 이야기하고, 미래 후손들에 대하여도 글쓰기를 통해 표현하였다.

그것을 바탕으로 하여 희망의 꿈을 놓지 않을 것이고 더 나아가서는 다음 세대 후대들이 지금보다 더 좋은 세상에서 오래도록 살아있기를 마음 속 진심으로 바랄 뿐입니다. 〈북1, 9회기 글쓰기〉

10회기에서는 인생의 보물을 선택하는 말하기에서 태어나지 않은 미래의 자녀를 선택하여 이야기했지만 보물에게 보내는 편지에서는 자신의 삶에 대하여 이야기하였다.

엄마아빠한테 태어나 줘서 너무 고맙고 감사해. 너를 이 세상에 태어나기까지 엄마, 아빠는 얼마나 많은 일들과 시련이 있었겠니? 특히 너의 엄마. 하지만 너로 인하여 앞으로의 어려움도 다 잊겠지. 더도 말고, 덜도 말고 엄마 아빠 바라는 자식으로 살아주면 감사하겠어.
〈북1, 10회기 글쓰기〉

진짜 한국에 와서 여기까지 오기까지 진짜 힘들었거든요. 정말 힘들고 힘든 날 대개 많았고. 혼자서 진짜 이제 말한 거처럼 엄마아빠 여기까지 오기 많은 일들과 많은 시련이 있었겠지. 특히 너네 엄만 더했겠지. 저 살아올 때 갑자기 지금 딱 생각하니까 힘들었던 날 포기할까 생각도 몇 번 생각했고 아니 아니라고 나를 막 채찍질하고 다독이면서 막 힘들었거든요. 지금의 그때 그 상황 잘 극복하고 여기까지 오거 한쪽으론 고맙고 자기 자신에게 고맙고. 〈북1, 10회기 말하기〉

1회기에서 10회기까지 선택된 삶의 이야기를 과거, 현재, 미래 순서로로 정리하면 다음과 같다.

과거: 북한에서의 삶(3회기), 탈북 도하의 경험(3회기, 9회기)
현재: 현재 가족에 대한 그리움(1회기, 7회기), 좋아하는 것(2회기), 자신의 특성(5회기), 자신의 성격(8회기),
미래: 미래 사업에 대한 꿈(6회기), 자녀에 대한 생각(10회기)
전체적 관점: 힘들었지만 잘 이겨낸 자신에 대한 고마움(1회기, 10회기).

과거의 삶의 이야기는 북한에서의 삶과 탈북할 때 두만강을 건너던 경험에 대한 이야기이고, 현재의 삶의 이야기는 북한의 가족에 대한 그리움, 자신의 기호, 성격, 특성에 대한 이야기이며, 미래의 삶의 이야기는 사업에 대한 꿈, 자녀에 대한 이야기이다. 또한 과거의 삶을 현재적 시점에서 통합하여 이야기한 것도 있다. 과거는 힘들고, 현재는 외롭지만 그래도 잘 이겨낸 자신과 삶에 대한 고마움의 의미를 부여하고 있다. 이는 서사적 모델 중에서 직선적 모델에 해당한다. 북한이탈주민1은 자신의 삶에서 과거의 어려움을 견뎌내고, 현재의 외로움을 승화시켜서, 미래의 꿈을 향해 노력하는 모델로 삶의 이야기를 구성하고 있다.

이러한 삶의 이야기에서 이야기된 자아에서 이야기하는 자아의 변화에 대해 파악함으로써 새로운 자아정체성으로 융합되어가는 양상을 살펴볼 수 있다.

1) ㄱ. 그냥 지금 하늘 아래 혼자 서 있는 거 같은 느낌. 맑은 하늘 쳐다보면서 뿌듯한 건 아니구요. 옛날 생각과 현재 살고 있는 모습이 신기하고, 고맙고. 〈북1, 1회기 말하기〉
ㄴ. 한국에 온 것도 잘한 것 같고, 한국에서도 열심히 사는 것도 잘하고, 〈북1, 2회기 말하기〉
ㄷ. 지금 생각해 보면 한국에 올 생각한 거 제일 잘 생각한 거 같아요. 〈북1, 3회기 말하기〉
ㄹ. 지금의 그때 그 상황 잘 극복하고 여기까지 오거 한쪽으론 고맙고 자기 자신에게 고맙고. 〈북1, 10회 말하기〉

1)ㄱ에서 음악과 시를 들으며, 과거의 일들을 생각하면서, 현재 자신이 살고 있는 모습에 대해 신기하고 고맙다고 그 변화를 긍정적으로 언급하고 있다. 1)ㄴ에서 다시 한 번 과거 탈북해서 한국에 온 일과 한국에서 적응하기 위해 열심히 산 일에 대해 긍정적으로 평가하는 모습을 확인할 수 있다. 1)ㄷ에서 한국에 온 일에 대해서 다시 한 번 자신이 한 일 중 가장 잘 생각한 것으로 의미를 부여하고 있다. ㄹ은 삶의 보물인 미래의 자녀에게 쓰는 편지의 한 부분으로, 상황을 잘 극복하고 현재에 이른 자신에 대해 고마움을 표현하고 있다. 10회기의 말하기, 글쓰기를 통해서 과거의 사건에 대해서

과거의 자신에 대해서, 후회하거나 부정적으로 평가하는 모습을 찾아 볼 수 없다. 과거의 힘듦을 인정하면서도 그 과정을 잘 인내한 과거의 자신에게 현재의 자신이 고마움을 반복적으로 표현하고, 긍정적으로 평가하고 있다.

북한이탈주민1의 삶의 이야기 속에서 행위 주도권을 갖고 있는 모습을 확인해 볼 수 있었다.

> 지금 생각해 보면 한국에 올 생각한 거 제일 잘 생각한 거 같아요. 한 쪽으로 생각하면 부모한테 미안하고 얘기도 안 하고 아무 말 없이 나왔으니까 집에서 대개 가슴 아프고 그게 미안하고 가슴에 못이 박혀서 그 생각을 하면 전화할 때마다 엄마 미안해, 미안해. 그랬는데 지금 생각해 보면 철이 들었나 오래 살다보니까 그랬는지 모르겠는데 그것도 잠시구나 포기할 건 포기하고 아닌 건 아니고 옳은 건 옳고 그런 거는 분명하게 구분을 해야되겠더라구요. 자꾸 이런데 치우치고 저런데 치우치면 저만 힘들어지더라구요. 혼자다 보니까. 생각을 딱 접었어요. 집 생각, 부모 생각 당연히 나지요. 어떨 땐 집의 사람들 지금 뭐하지 이런 생각도 들고 그렇다고 제가 생각한다고 해결날 일도 아니고 아예 포기했어요. 아예 접고 그래 내 능력껏 해 줄 수 있는 건 해 주고 더 보내 줄 수 있는 건 해 주고 그건 내 최선을 다하는 것만으로 잘하는 거라 생각하고. 왔으니까 이왕 내 인생을 찾아 왔으니까 〈북1, 3회기 말하기〉

북한이탈주민1은 탈북이 북에 남겨진 가족을 생각할 때 힘들기는 하지만 탈북 결심을 한 것에 대해 제일 잘 한 일이라고 의미를 부여하고 있고, 현실적으로 자기가 할 수 있는 부분은 최선을 다해서 해 주고, 해 줄 수 없는 부분에 대해서도 현실을 인정하고 있다. 북한이탈주민1은 기대와 다른 남한 사회 상황, 북한의 정치문화 환경 등 남 탓을 할 수도 있는 상황에서도 해결 가능한 문제들을 주도적으로 해결해 나가려고 한다.

미래의 삶에 대한 이야기를 할 때도 주도적인 모습을 보여주고 있다.

> 지금 결혼해서 10년 뒤면 아이가 10살 되거든요. 뭐 하나 할 것 같기도 하거든요. 그때까지는 제가 돌봐주고 이후엔 맨날 뭐 아마 신랑이 신랑 집안은 신랑이 기둥인 거 같아도 제가 제 일을 하고 싶어요. 저는. 신랑이 암만 잘 벌고 잘 해준다하더라도 마냥 그 신랑 믿고 있을 수는 없잖아요. 저도 저 나름대로 일을 하고 싶어져서 제가 그런 생각 갖고 있는 거야. 지금. 나중엔 신랑은 신랑이고 나는 내 일을 개척해야 되겠다. 내 자식한테도 부끄럽지 않게 부모답게 잘 하고 싶어가지고. 〈북1, 6회기 말하기〉

결혼을 해서 신랑과 자신을 매우 독립적으로 생각하고 있고, 자신의 일을 갖기를 희망하고 있다. 또한 그것이 자녀에게 부끄럽지 않은 부모가 되고 싶은 생각과도 연결된다. 남한 출신의 남편에게 의존하지 않고, 자신의 삶을 주도적으로 살아가고자 하는 모습을 보인다.

자기 삶 이야기 분석에서 거시 구조 분석과 단어 분석, 수사학적, 화용론적 분석과 같은 정밀 분석을 연계해서 살펴볼 때 구체적 근거를 통해 자아정체성을 주장할 수 있다. 단어 차원과 수사학적, 목소리 분석을 통해서 시간적 차원의 자아정체성을 살펴보도록 한다.

> 2) ㄱ. 혼자 서 있는 거 같은 느낌. 맑은 하늘 쳐다보면서 뿌듯한 건 아니구요. 옛날 생각과 현재 살고 있는 모습이 신기하고, 고맙고 ...생각들이 스쳐 지나가는데 처음 느꼈어요. 〈1회기 말하기〉
> ㄴ. 오늘 대개 집에 가서 잘 잘 것 같아요. 제가 신경이 좀 예민해서 하는 일도 사무직이다 보니까 맨날 숫자 계산하고 그런 일

> 을 하고 있다 보니 신경이 좀 신경적이거든요. 잠을 잘 못자요. 제가. 조금 약간 그런 게 머리에 근데 오늘은 진짜 마음이 편해요. 내가 왜 이러지. 〈1회기 피드백〉

2)에서 '혼자'라는 단어를 세 번 사용하였고, '가족'도 세 번 반복적으로 사용하였다. '혼자' 서 있는 느낌은 맑은 하늘 쳐다보면서 뿌듯하지는 않다고 하였다. '혼자'는 남한사회에서 잘 적응하기 위해서, 북한의 가족을 위해서 무엇이든지 하기 위해서, 최선을 다하는 삶을 산다. '혼자'는 과거를 돌아보거나 그리움과 같은 감정에 빠지지 않도록 자신을 통제하는 긴장 상태이고 예민하다. 그래서 '혼자'는 맑은 하늘을 쳐다보지만 뿌듯하지는 않았던 것이다. 과거의 자신, 과거의 삶과 단절되고, 주변 사람들과도 단절된 '혼자'가 인문치료 활동을 통해서 의도치 않게 과거의 시간과 만나는 경험을 하게 되고, 이런 경험이 처음하는 것이라 고백한다.

1회기에서 '혼자'와 함께 세 번 반복 사용된 단어는 '가족'이다.

> 3) ㄱ 가족 같은 느낌 〈1회기 피드백〉
> ㄴ. 가족이 계시는 게 든든한 버팀목 같아요. ...힘든 일 있어도 가족을 위해서 뭐든지 해야 되겠다하는 생각. 〈1회기 피드백〉

3)의 '가족'은 다른 참여자에게 하는 피드백에서 사용하였다. 다른 참여자들의 삶의 이야기를 들으며, 그들에게 '가족'을 발견해 내고, 그 의미를 강조해 주고 있다. '가족'은 버팀목이고, 뭐든지 할 수 있게 하는 존재이다. '혼자'이었기에 더 절실하게 의미를 찾게 된 '가족'의 소중함을 반복적으로 사용하고 있다.

시간적 차원의 자아정체성과 관련해서 수사학적으로 살펴볼 이야기는 3회기에서의 탈북 도하 경험 이야기와 6회기의 미래일기 쓰기를 통한 상상한 미래 이야기이다. 두 이야기는 다른 이야기에 비해 분량이 많은 이야기이다.

> 그날 시퍼란 대낮에 강 건너 가지고 고모부가 이런 일을 하다보니까 삼촌이 데리러 나와 있었어요. 앞에 딱 보이더라구요. 강 건너에 차 끌고 빨간 옷 딱 입고 서 있더라구요. 삼촌 저 있으니까 저기까지만 가! 무작정 물에 딱 뛰어들었는데 군대 한 명이 뒤쫓아 오매 총으로 사격했다는데 저를. 저는 못 들었어요. 하도 정신이 없다보니까
>
> 〈북1, 3회기 말하기〉

이야기를 하는 방식이 말을 그대로 재현하거나 부분적으로 현재 시제를 사용하면서, 마치 그 일이 지금 벌어지고 있는 것 같이 현장감 있게 구체적으로 이야기를 하고 있다. 목소리도 빠르고 쉼이 없이 이야기를 진행하였다.

6회기의 미래일기 내용은 사적인 부분의 내용이라 공개하지는 않지만 미래의 사업에 대한 구상을 이야기할 때 실제 그 일을 지금 시작해도 될 정도로 구체적인 사업 방법에 대해서 설명하였다. 미래에 대해 구체적으로 생각하고 계획하는 것을 일상적으로 하고 있는 것을 표현하기도 하였다.

> 그림을 그리고 있어요. 제가 수첩에다가 이쪽에다 할 일 못할 일 다 적어놨어요. ...요만한 사소한 것까지 수첩에다 ....하나씩 그면서 아 이거 했고, 했고, 종당엔 어디까지 갈지 모르겠는데 하나씩 그면서 나갈려고요. 아 그렇게 됐으면 좋겠는데.

탈북 도하 경험담에서 구체적인 장면을 묘사하듯 생생하게 표현하는 방식으로 이야기한 것에 비해 미래 사업 계획에 대해서는 구체적으로 설명하는 방식으로 이야기를 하고 있다. 두 이야기 모두

구체적이라는 점에서 공통적이다.

2.2 사회적 차원의 정체성

사회적 차원은 한 개인과 그가 속한 환경 사이의 관계와 관련된다. 이를 살펴보기 위해서 이야기 내 등장하는 인물에 대해 살펴볼 것이다. 사회적 차원의 정체성을 분석하면서 논자의 주관적인 평가가 개입될 수 있기 때문에 객관적인 사실 중심으로 인물들 사이의 관계에 주목할 것이다.

북한이탈주민1이 가장 비중있게 이야기하는 탈북 도하 경험 이야기에 탈북에 도움을 준 중요 인물이 있다.

> 고모가 얘기하다보니까 한국 가고싶냐? 가겠노라 확답을 했죠, 고모부가 저의 성격을 아니까 얘가 이 정도로 대답하는 거 보니까 갈 마음은 있구나하고 고모부가 판단하셨나봐요. 〈3회기 말하기〉

북한이탈주민1의 탈북을 도와 준 고모와 고모부이다. 이들은 북한이탈주민1의 탈북 결심이 확고함을 알고 조카가 탈북의 위험을 감당하고, 남한사회에서의 삶을 잘 살아갈 것에 대해 어느 정도 신뢰했기 때문에 탈북을 도왔던 것으로 보인다. 탈북이 실패할 경우, 본인들에게도 위험이 닥칠 수 있기 때문에 조카에 대한 신뢰가 없으면 탈북은 시도되기 어려웠을 것이다.

두 번째 인물은 북한이탈주민1의 엄마이다.

> 엄마, 나 중국 가서 한 3년 돈 벌다 올까? 내가 22살인가 3살인가 그때였어요. 엄마가 펄쩍 뛰는 거예요. 무슨 소리 하는 거냐고 안 된다고 자르더라구요. 그래. 내가 얘기를 하면 안되겠구나. 내가 얘기를

하면 못가겠다 싶어서 아무 얘기 안하고 접었어요. 내가 시내를 나간다고 하면 엄마가 계속해서 경계를 하는 거예요. 갔다 안 올까봐. 그런 눈치를 받고, 제가 일년 동안 아무 소리 없이 가만히 있었거든요...
한 쪽으로 생각하면 부모한테 미안하고 얘기도 안 하고 아무 말 없이 나왔으니까 집에서 대개 가슴 아프고 그게 미안하고 가슴에 못이 박혀서 그 생각을 하면 전화할 때마다 엄마 미안해, 미안해.
〈3회기 말하기〉

북한이탈주민1과 엄마와의 관계에서 보면, 북한이탈주민1이 엄마에게 중국행에 대한 의향을 알아보는 과정에서 엄마는 딸에 대해 경계하는 모습을 보인다. 이에 북한이탈주민1은 자기 뜻을 포기하지 않고, 엄마에게 알리지 않고 탈북을 시도한다. 그것도 성공적으로 탈북하기 위해 일년 동안을 인내하며 때를 기다려서 시도하게 된다. 그러나 후에 엄마에게 미안함을 표현하기도 한다. 탈북의 성공을 위해서 감정을 절제하는 모습이 확인된다.

세 번째 인물은 미래의 자녀이다. 10회기에서 인생의 보물로 미래의 자녀를 설정하였다. 대부분의 참여자들이 인생의 보물을 과거의 경험과 연관된 것을 선택하는 것과는 다른 점이다.

4) ㄱ. 엄마아빠한테 태어나 줘서 너무 고맙고 감사해. 너를 이 세상에 태여나기까지 엄마가 얼마나 많은 일들과 시련이 있었겠니? 특히 너의 엄마. 하지만 너로 인하여 앞으로의 어려움도 다 잊겠지. 〈10회기 글쓰기〉

ㄴ. 진짜 한국에 와서 여기까지 오기까지 진짜 힘들었거든요. 정말 힘들고 힘든 날 대개 많았고. 혼자서 진짜 이제 말한 거처럼 엄마아빠 여기까지 오기 많은 일들과 많은 시련이 있었겠지... 저 살아올 때 갑자기 지금 딱 생각하니까 힘들었던 날 포기할

> 까 생각도 몇 번 생각했고 아니 아니라고 나를 막 채찍질하고 다독이면서 막 힘들었거든요. 지금의 그때 그 상황 잘 극복하고 여기까지 오거 한쪽으론 고맙고 자기 자신에게 고맙고. 〈10회기 말하기〉

4)ㄱ에서는 미래에 태어날 자녀는 엄마가 겪었던 많은 일들과 시련을 이해해 줄 상대이면서 미래에도 있을 어려움까지 잊게 해 줄 고맙고 소중한 존재임을 표현하고 있다. 4)ㄴ에서는 쓴 글을 읽은 후에 말하기로, 북한이탈주민1은 지금까지 절제했던 감정을 처음으로 표현하고 있다. '진짜', '정말'을 통해서 '힘듦'을 강조하고 있다. '힘들다'는 짧은 말하기에서 네 번 반복해서 사용되었다. '많은 일들과 많은 시련', '포기'도 힘듦과 연관된 단어들이다. 자신의 힘듦을 현재의 누구에게도 터놓지 못하다가 비로소 자신의 감정을 진솔하게 표현하는 모습을 보여 준다. 그리고 마지막 회기까지 함께한 집단원들을 향해서 자신의 감정을 표현하였다.

다음은 인문치료 과정에서 서로의 이야기를 들어주던 집단원들과의 관계에서 자아정체성을 살펴볼 것이다.

화자가 청자를 대상으로 어떤 인물로 자리매김을 하는가는 자아정체성을 살펴보는 데 매우 중요하다. 이는 그런 정체성으로 이해받기를 요구하는 것으로 'Identity claim'이라고도 한다. 그러나 말하기, 글쓰기 모두 어느 정도는 청자에게 자신이 어떤 인물로 보여지기를 원하는 면이 있기 때문에 자기 관련적 차원의 정체성과 중복되는 면들이 많다. 그러므로 사회적 차원의 자아정체성에서는 다른 집단원의 이야기에 북한이탈주민1의 반응인 피드백을 중심으로 자리매김을 살펴볼 것이다.

그런데 북한이탈주민1의 피드백은 대체로 '가족'에 대한 이야기나 평화를 기원하는 등 피드백을 충분히 하지 않아서, 자리매김을 파악하기는 어려웠다. 다만 주목할 만한 피드백은 다른 집단원이 두만강 도하 경험을 이야기하자, 자신의 도하 경험을 반복적으로 표현한 피드백이다. 여기서 북한이탈주민1은 화자에게 분명한 자기 역할을 하게 된다.

> ...그게 지금 생각하면 강을 건넜다는 자체가 용기가 정말 똑같은 심정이.., 〈9회기 피드백〉

이는 다른 집단원과 도하의 경험을 공유한 사람으로서 동일시하며, 다른 집단원에게 탈북 도하의 경험의 의미를 '용기'로 정리해 준다. 그럼으로써 다른 집단원의 삶에 위로를 주고, 격려하는 역할을 해 주고 있다.

2.3 자기 관련적 차원의 정체성

여기에선 자기 관련적 차원의 정체성을 살펴볼 것이다. 어떤 내용의 자기 관련 진술을 하고 있는지, 진술 방식이 명시적인지 암시적인지, 평가, 설명, 묘사, 에피소드의 방식으로 이야기하는지 살펴볼 것이다. 그리고 반복적인 부분, 긍정적, 부정적으로 평가하는 부분에 대해서도 살펴볼 것이다.

자기 관련 진술을 명시적 진술과 암시적 진술로 나누어 살펴보도록 한다. 자기관련 진술은 청자를 대상으로 자아정체성을 자리매김하는 것이므로 주목해서 살펴보아야 할 것이다. 화자는 청자에게 자신이 표현한 자아정체성으로 이해받기를 요구하고 있다.

5) ㄱ. 제가 신경이 좀 예민해서 하는 일도 사무직이다 보니까 맨날 숫자 계산하고 그런 일을 하고 있다 보니 신경이 좀 신경적이거든요. 〈북1, 1회기 말하기〉

ㄴ. 철이 없었는데, 그래도 나름대로 제 생각이 있었나봐요. 여기 있어봤자 저의 앞날이 전혀 안보이더라구요. 희망도 없고 사는 이유도 모르겠고, 〈북1, 3회기 말하기〉

ㄷ. 그것도 잠시구나 포기할 건 포기하고 아닌 건 아니고 옳은 건 옳고 그런 거는 분명하게 구분을 해야되겠더라구요. 자꾸 이런데 치우치고 저런데 치우치면 저만 힘들어지더라구요. 혼자다 보니까. 생각을 딱 접었어요....제가 생각한다고 해결날 일도 아니고 아예 포기했어요. 내 능력껏 해 줄 수 있는 건 해 주고 더 보내 줄 수 있는 건 해 주고 그건 내 최선을 다하는 것만으로 잘하는 거라 생각하고. 왔으니까 이왕 내 인생을 찾아 왔으니까 〈북1, 3회기 말하기〉

5)ㄱ-ㄷ은 모두 자기 관련 표현을 명시적으로 진술한 예이다. 5)ㄱ에서는 북한이탈주민1이 신경이 예민함을 표현하고 있고 예민함의 이유를 사무직이기 때문이라고 밝히고 있다. 5)ㄴ에서는 북한에서는 미래에 희망이 없다는 상황을 파악하고 대처할 줄 아는 사람으로 표현하고 있다. 5)ㄷ에서는 자신이 할 수 있는 것과 할 수 없는 것에 대한 경계를 확실히 해서 너무 힘들어지기 전에 포기하거나 할 수 있는 부분에서는 최선을 다할 줄 아는 사람으로 묘사하고 있다.

다음은 자기 관련 진술을 암시적으로 한 예를 살펴보도록 한다.

6) ㄱ. 저번 주 제가 참석을 못해서 항상 마음에 걸리더라구요. 내가 내 자리를 지키지 못해 가지구 계속 와서 그 생각이 계속 드

는 거예요. 〈북1, 5회기 말하기〉

ㄴ. 니가 이 배를 이끌고 갈 수 있으면 타도 돼."<북1, 5회기 말하기>

ㄷ. 진짜 흰쌀밥 먹고, 기억이 나거든요. 어릴 땐데요. 기름튀김 맨날 해 먹고 흰쌀밥, 누룽지밥 데굴데굴 굴러다니고 대개 잘 살다가 〈북1. 5회기 말하기〉

6)ㄱ은 북한이탈주민1이 집단원들에게 지난 회기 결석한 것에 대한 사과 표현이다. 이 사과 표현을 통해 청자들은 북한이탈주민1이 성실하고 책임감 강한 사람임을 암시적으로 알 수 있다. 6)ㄴ은 그림책 등장인물이 집단원들에게 어떤 말을 했을지를 상상해 보는 활동으로 인문학 텍스트를 통해서 간접적으로 자기 삶의 이야기를 하는 것이다. 이는 자신에 대한 직접 이야기를 하는 것보다 긴장을 완화시켜서 자신의 모습을 더 편안하게 표현할 수 있다는 장점이 있다. 북한이탈주민1은 6)ㄴ에서 자신이 리더십이 있는 주도적인 사람임을 암시적으로 알려 주고 있다. 6)ㄷ은 묘사적으로 자신이 북한에서 잘 사는 사람이었음을 암시적으로 표현한 것이다. 이는 다른 집단원들에서도 자주 확인된다. 명시적 진술과 암시적 진술은 모두 설명과 묘사의 방법으로 이야기를 했는데, 암시적 진술이 묘사의 방법으로 이야기하는 경향이 더 강하다.

2.4 북한이탈주민의 자아정체성 논의

북한이탈주민은 인문치료의 글쓰기, 말하기 자료를 통해서 자아정체성을 발현하였고, 이를 시간적 차원의 자아정체성, 사회적 차원의 자아정체성, 자기 관련적 차원의 자아정체성으로 나누어 살펴보았다. 그 내용을 정리하면 다음과 같다.

표 7.4 분석 내용

	분석 내용
시간적 차원의 자아정체성	거시 구조적 분석 · 자아의 변화: 과거 힘듦을 인정하면서도 그 과정을 잘 인내한 과거의 자신에게 현재의 자신이 고마움을 반복적으로 표현하고, 긍정적으로 평가. · 직선적 모델: 자신의 삶에서 과거의 어려움을 견뎌내고, 현재의 외로움을 승화시켜서, 미래의 꿈을 향해 노력하는 모델로 삶의 이야기를 구성. · 인생의 주도권: 주도적인 면모를 보임. 해결 가능한 문제들을 주도적으로 해결, 남편에게 의존하지 않고 자기의 일을 하기 원함. 정밀 언어 분석 '혼자'는 과거를 돌아보거나 그리움과 같은 감정에 빠지지 않도록 자신을 통제하는 긴장 상태이고 예민하다. '가족'은 버팀목이고, 뭐든지 할 수 있게 하는 존재이다. '혼자'이었기에 더 절실하게 의미를 찾게 된 '가족'의 소중함을 반복적으로 사용하고 있다. 탈북 도하 경험 이야기는 그 이야기 방식이 말을 그대로 재현하거나 부분적으로 현재시제를 사용하였다. 마치 그 일이 지금 벌어지고 있는 것 같이 현장감 있게 구체적으로 이야기를 하였다. 목소리도 빠르고 쉼이 없이 이야기를 진행하였다. 6회기의 미래일기 내용은 사적인 부분의 내용이라 공개하지는 않지만 미래의 사업에 대한 구상을 이야기할 때 실제 그 일을 지금 시작해도 될 정도로 구체적인 사업 방법에 대해서 설명하였다. 이는 미래에 대해 구체적으로 생각하고 계획하는 것을 평상시에도 하고 있음을 볼 수 있다.
사회적 차원의	· 탈북의 도움을 준 고모, 고모부와의 관계에서 탈북을 감당할 만한 자로 신뢰받고 있다.
자아정체성	· 엄마와의 관계에서는 엄마의 뜻을 거역하고 탈북의 의지를 포기하지 않는 모습을 확인할 수 있다. 탈북을 성공적으로 하기 위해 감정을 절제하고, 일년이라는 시간을 인내한다. · 미래의 자녀와의 관계에서는 자신의 삶의 시련을 이해해 줄 상대로 미래의 어려움을 잊게 해 주는 소중한 존재로 기대한다. 미래의 삶에 대한 기대감을 확인할 수 있다. · 피드백: 대부분의 피드백에서는 '가족'과 연관된 피드백을 주로 하였고, 다른 집단원의 도하의 경험을 들으며, 자신과 동일시하였다. 또한 다른 집단원에게 탈북 도하의 경험의 의미를 '용기'로 정리해 준다. 다른 집단원의 삶에 위로를 주고, 격려하는 역할을 해 주고 있다.

표 7.4 분석 내용(계속)

	분석 내용
자기 관련적 차원의 자아정체성	명시적 진술: · 예민함-사무직 · 북한에서는 미래에 희망이 없다는 상황을 파악하고 대처할 줄 아는 사람으로 표현 · 포기하거나 할 수 있는 부분에서는 최선을 다할 줄 아는 사람으로 묘사 암시적 진술: · 사과표현-성실하고 책임감 강한 사람임을 암시적 · 리더십이 있는 주도적인 사람임을 암시적 명시적 진술과 암시적 진술은 모두 설명과 묘사의 방법으로 이야기를 했는데, 암시적 진술이 묘사의 방법으로 이야기하는 경향이 더 강하다.

북한이탈주민1은 인문치료 과정에서 다양한 말하기, 글쓰기를 통해서 세 차원의 자아정체성을 발현하였고, 스스로, 또는 다른 참여자들의 반응을 통해서 수용하거나 조절하면서 자아정체성을 새롭게 한다.

과거의 경험은 재구성을 통해서 새로운 의미를 부여 받게 된다. 북한이탈주민1은 탈북 도하의 경험을 두 번 반복해서 재구성함으로써, 자신의 일생 가운데 탈북이 가장 잘한 선택이고, 그 과정에서 어려움을 잘 극복한 자신에 대해서 고마움을 표현하는 등 긍정적 자아정체성의 모습을 보여주었다.

가족에 대한 그리움은 파편처럼 집단원들에게 하는 피드백 가운데 반복적으로 나타났다. 언어분석에서 '혼자'와 함께 '가족'이 반복적으로 사용됨을 확인할 수 있었다. 북한이탈주민1의 적극적으로 드러내지 않는 '가족'에 대한 그리움은 도하의 경험이 주는 이중적 의미를 지닌다. 탈북은 인생 최고의 선택이지만, '가족'에 대한 그리움은 표현하기조차 두렵다. 그리움의 감정을 잘 절제하지 않으면,

한국에서의 적응은 어렵게 되니 긴장할 수밖에 없다. 그래서 북한이탈주민1은 예민하고, 잠을 잘 수 없다.

북한이탈주민1의 삶의 이야기에서 독특한 점은 미래에 대한 계획이 구체적이고, 인생의 보물을 미래의 자녀로 설정하고 있다는 것이다. 그리고 그 자녀에게 보내는 편지를 읽고 난 후 말하기를 통해서 자신의 삶이 힘들었음을 고백하는 목소리는 떨렸다. 자신을 다독이고 포기하지 않았던 과거의 자신에 대한 고마움도 잊지 않았다.

반복적인 탈북 도하의 경험, 가족에 대한 그리움, 미래의 계획과 미래의 자녀 이야기를 통해서 북한이탈주민1은 이야기된 자아와 때론 거리두기를 하면서, 때론 동정심을 가지면서, 때론 긴장하면서, 때론 자부심을 느끼면서 이야기하는 자아와 조우하였다.

북한이탈주민의 삶 가운데 자신의 삶의 이야기를 할 기회는 많지 않다. 북한이탈주민이 자기의 목소리로 자유롭게 이야기할 수 있는 공간을 열어주는 것은 자아정체성의 혼란을 겪는 북한이탈주민에게 있어서 자아정체성을 발현할 수 있는 기회를 줄 수 있다.

이 글에서는 북한이탈주민의 언어자료를 회네 & 데퍼만(2006)의 시간적 차원, 사회적 차원, 자기 관련적 차원의 자아정체성으로 분석하였고, 내러티브 구조 분석과 언어 정밀 분석의 방법을 연계하여 북한이탈주민의 자아정체성을 고찰하였다.

자아정체성의 시간적 변화, 사회적 관계, 자기 관련적 진술 등 자아정체성의 다양한 관점을 언어를 통한 정밀 분석을 연계하여 진행하는 것은 연구자의 분석 능력에 따라 달라질 수 있어서, 객관적이고 세밀한 분석을 강조해 두는 바이다.

※ 이 글은 『어문론집』69(2017)에 실린 필자의 논문 「자기 삶 이야기와 자아정체성」을 수정한 것이다.

제3부

소통의 인문치료 사례

북한이탈주민을 위한 인문치료

8장

북한이탈주민의 문화적응 스트레스 완화를 위한 인문치료

북한이탈주민[1])은 1998년 이후부터 증가하여 2006년부터는 2,000여 명이 넘는 수가 매년 입국, 2011년 기준 18,339명에 이르고 있다.[2]) 북한이탈주민은 탈북과정에서 겪는 정신적 고통뿐 아니라, 제3국에서 남한에 입국하는 과정에서 참혹한 충격을 받았고, 북한에서의 생활고를 경험하였다.[3])

또한 북한이탈주민이 남한사회에 적응하는 과정에서 겪게 되는 문화적응 스트레스도 탈북과정에서의 트라우마만큼 고통을 주는 것이다.[1]) 문화적응 스트레스란 문화적응 과정에서 경험하게 되는

---

1) 장명선(2010), 「북한이탈주민여성의 생활실태 및 사회통합을 위한 연구」, 『평화학연구』 제11권 제4호, pp.361-362.
 북한이탈주민이란 북한이탈주민 보호 및 정착에 관한 법률 제2조 제1호에 의해 북한에 주소, 직계가족, 배우자, 직장 등을 두고 있는 자로서 북한을 벗어난 후 외국의 국적을 취득하지 않는 자를 말한다.

2) 같은 책, p.363.

3) 김종군·나지영(2011), 「탈북 트라우마의 양상과 치유 방안」, 『강원대 건국대 공동학술대회 발표집』, pp.38-40.

1) 김현경·전우택(2009), 「북한이탈주민의 삶의 질이 외상 경험 이후 심리적

스트레스[2] 행동의 특정한 경향이다. 남북한사회는 정치, 사회, 문화적으로 차이가 크고, 한국사회에서 자신들의 과거의 정체성과 문화를 유지하기가 어려운 상태여서 남북한 차이에 따른 문화적응 스트레스가 더 클 것으로 예상된다.

북한이탈주민은 문화적, 이념적 차이에 의한 문화적응 스트레스를 받고, 이에 따른 복잡한 정체성을 지니고 있다. 이러한 정체성의 문제는 자존감을 저하시키고 불안, 우울의 정서적 문제를 야기시켜 남한사회에 안정적으로 적응하는 것을 어렵게 한다. 입국기간이 경과되면 트라우마보다는 문화적응 스트레스가 더 정신건강에 큰 영향을 미친다는 점을[3] 고려할 때 문화적응 스트레스를 관리하는 것은 북한이탈주민의 남한사회에 적응하는 데 중요한 점이다.

북한이탈주민의 남한 적응을 돕기 위해 하나원과 하나센터에서는 적응 교육을 진행해 왔다. 하나원에서는 총 12주 420시간 동안, 정서안정 및 건강증진, 우리사회 이해 증진, 진로지도 · 직업기초능력훈련 교육을 실시하고 있다.[4] 또한 지역의 하나센터는 하나원의

성장에 미치는 영향」, 『사회복지연구』 Vol.40(2), pp.367-368.

2) 신행우외 4명(2004), 「이 문화권내 적응과 스트레스 대처양식: 북한이탈주민 남한문화 적응의 관점에서」, 『한국심리학회지: 사회문제』 Vol. 10, 1, 한국심리학회, p.148.

스트레스란 심리학에서 '자신에게 가치 있는 목표가 위협받거나 손실 되었을 때 또는 그 목표를 달성하기 위해 반드시 필요한 환경을 만들 수 없을 때의 정신적인 상태를 의미한다고 하였다.

3) 김현경· 전우택(2009) p.368.

4) 신행우외 4명(2004) p.148.

"국가기관 또는 다른 민간기관에서 행하는 상당한 양의 교육을 받는 것으로 알려지고 있다. 하지만 불행히도 이러한 노력에도 불구하고 남한 사회에 살고 있는 북한 이탈자들은 많은 어려움을 겪고 있는 것으로 조사되고

교육을 이수한 북한이탈주민을 대상으로 지역에 적응하기 위한 초기적응교육을 60시간 이상 진행하고 있다.[5]

그러나 북한이탈주민이 기존의 적응교육을 받았음에도 불구하고 어려움을 겪는다. 남한사회에서 적응에 실패한 경우, 재이민을 가는 북한이탈주민이 나타나고, 재입북[6]하는 사례가 있어서, 효율적인 북한이탈주민의 적응 지원이 보완되어야 한다.

북한이탈주민을 위한 인문치료는 북한이탈주민들이 겪고 있는 심리적이고 문화적인 적응 문제를 고려한 프로그램의 필요성에 따라 문화적응 스트레스를 극복하여 적응의 효율성을 높이는 프로그램으로 구성되었고, 강원서부하나센터의 초기적응교육과 함께 진행되었다.

북한이탈주민을 위한 인문치료 프로그램을 구성하는 데 현실적인 제한점이 있었다. 우선 북한이탈주민을 위한 인문치료의 배정시간이 4시간(2시간/2시간)이므로 북한이탈주민과의 관계형성의 시간이 충분치 않아서 북한이탈주민의 트라우마를 직접적으로 다룰 수 없었다. 북한이탈주민을 위한 인문치료에서는 트라우마를 직접적으로 다루지는 않았지만, 간접적으로 접근하고 지지하는 내용으로 구성하였다.

북한이탈주민을 위한 인문치료는 하나원의 교육 이후에 이루어

있다. 이러한 현실은 지금까지의 북한 이탈자에 대한 교육이 실질적인 효과를 이루지 못하고 있음을 간접적으로 지적해 주고 있다."

5) 김선희(2011), 「북한이탈주민 사회적응의 패러다임 전환의 요청」, 『강원대 건국대 공동학술대회 발표집』, p.59.

6) <탈북 후 재입북 여성>, 동아일보 2012. 6.29. 정치면./<남한 정책했던 탈북자 부부 또 재입북>, 조선일보 2012.11.09. 정치면.

지는 프로그램이므로, 하나원에서 남북한언어의 이질적인 요소에 대한 국어 교육이 충분이 이루어진 상태임을 고려하였다. 북한이탈주민들은 방송, 신문 등 일상어 속에서 이질적인 남한어에 대해 과도한 의식과 부담을 가지고 있어서 북한이탈주민을 위한 인문치료에서는 표면적으로는 남북한언어의 이질적인 요소에 대한 왜곡된 관점을 전환하고 남한어 학습에 따른 스트레스를 감소시키는 데 치료 목적을 두고 있다. 그러나 궁극적인 인문치료의 목표는 북한이탈주민의 적응에 대한 왜곡된 인지를 새로운 인지로 전환해서 초기 적응과정에서 문화적응 스트레스를 완화시키는 데 있다.

1. 북한이탈주민의 문화적응 스트레스 완화를 위한 인문치료의 이론적 배경

북한이탈주민의 문화적응 스트레스 완화를 위한 인문치료는 인문치료 이론을 그 배경으로 한다.

북한이탈주민의 문화적응 스트레스 완화를 위한 인문치료는 심리학에서의 인지모델과 언어학에서의 은유모델을 근거로 한다.

1.1 인지모델

북한이탈주민의 문화적응 스트레스 완화를 위한 인문치료에서는 인지모델을 근거로 한다. 인지모델은 사람들의 감정이나 행동이 어떤 사건에 대한 그들의 지각에 의해서 영향을 받는다고 가정한다.[7] 인지모델에서는 상황 자체가 중요한 것이 아니고 상황을 해석하는 방식이 중요하다.[8] 인지모델을 근거로 하는 인지치료에서는 왜곡된 인지와 연관된 자동적 사고,[9] 감정, 신체적 증상을 살피고 왜곡된 인지개념화에 대한 근거의 합리성을 점검함으로써 새롭게 상황을 인지하게 돕는다.

북한이탈주민의 문화적응 스트레스 완화를 위한 인문치료에서 왜곡된 인지에 대한 새로운 해석을 하게 하는 것은 인지치료와 동일하다. 그러나 이 글의 인문치료는 인지에 대한 근거의 합리성을 점검하는 방법이 아니라, 왜곡된 인지에 대해 새로운 해석을 할 수 있는 기회를 제공하는 것이다.

인지치료에서는 자신의 해석이 잘못된 것임을 알고 교정할 때 감정이 변한다고 하였다.[10] 이 글의 인문치료에서도 인지치료에서와 같이 왜곡된 인지가 새로운 인지로 전환되면 문화적응 과정에서 오는 감정, 신체적 증상을 완화시킬 것으로 전제하였다.

표 8.1 북한이탈주민을 위한 인문치료의 인지모델

북한이탈주민의 문화적응 스트레스 완화를 위한 인문치료 새로운 해석		
왜곡된 인지	⇨	새로운 인지
스트레스 발생		스트레스 완화

---

7) Judith S. Beck, Ph.D. 최영희 · 이정흠 역 (1997), 『인지치료』, 하나의학사, p.26.

8) 같은 책

9) 같은 책, 자동적 사고란 합리적 판단에 의한 사고가 아니라 매우 빠르게 이루어지는 평가적 사고이다. 자동적 사고를 인식하기도 하지만 대부분 자동적 사고에 뒤따르는 감정의 변화를 인식하는 경우가 더 많다.

10) Judith S. Beck, Ph.D., 최영희 · 이정흠 역(1997), p.27.

인지치료에서는 상호협의해서 왜곡된 인지에 대한 합리성을 직접적으로 다루며 치료를 진행한다. 그러나 북한이탈주민의 인문치료에서는 내담자의 문제를 간접적인 접근을 통해 내담자가 자기주도적으로 자신의 문제를 탐색하도록 안내한다. 간접적인 접근이란 내담자의 심리적인 문제를 직접적으로 다루는 것이 아니라 간접적으로 남북한 언어에 대한 문제를 다루면서 궁극적으로는 내담자가 은유적 사고와 인문학적 상상력을 통해 언어의 문제를 자신의 남한 사회의 적응 문제로 확장해서 해석하도록 하는 방법이다.

1.2 은유모델

북한이탈주민을 위한 인문치료에서의 언어는 로고스적이면서도 뮈토스적이다. 로고스가 이성의 언어, 과학의 언어라면 뮈토스는 신화의 언어, 인간의 언어 행위 전체를 가리키는 말이다.[11)] 로고스만

---

11) 송병구(2003), 「뮈토스와 로고스」, 『종교와 문화』, 서울대학교 종교문제연구소, p.163.
"뮈토스는 '로고스'의 대립하는 어휘이다. 그것은 공상과 이성으로 그리고 이야기하는 말과 논증하는 말이 대립한다. 그래서 뮈토스와 로고스는 말의 양면을 이루고 있으며, 양자 다 같이 정신 생활의 기본적 기능이다. 논증으로서의 로고스는 설득을 목표로 하며 듣는 자의 판단을 요구한다. 그러나 로고스는 올바르고 논리적일 경우에는 진실로 판명되지만 오류가 드러날 경우에는 허위가 된다. 그러나 뮈토스는 오로지 뮈토스 외에 아무 목적도 없다. 믿고 안 믿고는 듣는 사람의 자유다. 그것을 믿는 이유가 자신의 감성을 자극하여서든, 이성을 자극하여서든 아니면 아름답거나 혹은 사실처럼 생각되든, 아니면 그저 믿어보고 싶어서 믿는 이야기일 뿐이다. 뮈토스는 인간사의 비합리적인 것을 그 주위에 끌어 모으는 특성이 있어서 성질상 창조적 기능으로 볼 때 예술에 가깝다고 볼 수 있다. 이러한

으로 모든 현상과 사건을 설명할 수 없다. 뮈토스는 로고스보다 범위가 큰 언어로 세상을 묘사하고 감정을 표현하는 언어이다. 인문치료에서의 언어는 합리성 너머를 묘사하고 표현하는 언어를 포함하는 것으로 논리적이지 않아도 가능하다.

뮈토스의 언어인 은유는 인문치료에서 중요한 언어로, 은유적 사고로 확장하여 활용될 수 있다는 장점이 있다. 또한 은유는 표현성과 치유성을 지니고 있다.

은유는 그 사람의 기본적인 사고와 정서를 반영하고 있다. 은유를 통하여 표현된 내담자의 사고, 가치관, 세계관은 내담자의 상태를 진단할 수 있다. 리쾨르는 과학적, 논리적인 언어보다 비논리적인 언어표현인 은유에 의해 인간에 대한 이해를 더 잘할 수 있다고 하였다.[12] 비논리적인 은유 표현은 직선적이고 논리적인 언어표현보다 안정되게 자기를 표현할 수 있다. 은유는 과학적이고, 논리적인 표현이 아니라, 간접적이고 우회적인 표현으로, 문제를 지닌 사람들에게 적합하여, 표현할 수 없었던 것을 표현하게 한다. 은유는 사람의 사고, 세계관, 가치관에 대한 표현을 촉진시키는 역할을 한다.

또한 사람들은 은유를 포함한 언어를 통해 자기의 사고, 가치관, 세계관을 표현할 뿐 아니라, 새로운 변화를 시도한다. 범주화를 깨고 새로운 타당한 범주를 찾아내는 것이 '은유의 힘'이라고 리쾨르는 말한다.[13]

예술적인 특성이 신화로 하여금 다양한 영역에 걸쳐 영향을 미치도록 한 주된 원인이다."

12) 정기철(2002), 『상징, 은유 그리고 이야기』, 문예출판사, p.12.

13) 같은 책, p.72.

상상력은 일상적 담론 대상에 대한 사유의 직접적 지시를 의심하고, 새로운 방식에서 현실을 읽기 위한 모델을 제공한다. 예를 들어 이재무의 시 '국수'에서는 아내와 국수를 연결하여 아내와의 갈등과 화해의 과정을 국수 삶는 과정으로 대신한다. 생산적 상상력으로 국수와 아내 사이에 도식이 세워지고, 상상력이 국수와 아내의 같음과 다름의 상호 작용 속에서 발생하는 의미 발생 영역으로 전환된다.[14] 국수는 이미 국수로서의 직접적 지시 의미만을 지니는 것이 아니라 아내, 아내와의 화해라는 새로운 영역의 의미를 읽을 수 있게 한다.

이 글의 인문치료에서는 기존 범주를 깨고 새로운 타당한 범주를 찾아내는 은유의 힘을 활용하여 남북한언어 문제에서 남한사회의 적응에서 오는 삶의 문제로 새로운 의미를 찾게 함으로써 문화적응 스트레스를 완화시켜주는 것이다.

표 8.2 북한이탈주민을 위한 인문치료의 은유모델

<table>
<tr><td colspan="3">북한이탈주민의 문화적응 스트레스 완화를 위한 인문치료
생산적 상상력</td></tr>
<tr><td>지시적 영역</td><td rowspan="2">⇨</td><td>새로운 의미 영역</td></tr>
<tr><td>남북한 언어문제
스트레스 발생</td><td>새로운 관점 제시
스트레스 완화</td></tr>
</table>

14) 같은 책, p.74.

2. 북한이탈주민의 문화적응 스트레스 완화를 위한 인문치료의 실제

2.1 북한이탈주민의 문화적응 스트레스 완화를 위한 인문치료 내용

2.1.1 치료목적

북한이탈주민을 위한 인문치료의 목표는 첫째 문화적응과정에서의 스트레스를 감소시키는 것이다. 적응 초기에는 남북한어의 이질적인 요소에 부담을 느껴서 우울해 지거나, 과도한 의지를 갖게 됨으로써 문화적응 스트레스를 유발하게 된다. 그러므로 인문치료 활동을 통해서 남북한의 이질적인 언어현상에 대한 바른 인지를 돕고 북한이탈주민의 왜곡된 관점을 변화시킬 필요성이 있다.

문화적응 스트레스를 받으면 남북한의 언어적응문제에 있어서 부정적 사고를 형성하여 부정적인 현상에 더 주목하는 경향성을 보일 것으로 예상된다. 남북한 언어의 차이를 더 주목하는 경향은 과도한 학습의지를 발생시킴으로써, 남북한의 이질적인 언어에 대한 과도한 부담감을 갖게 할 것이다. 이는 적응의지를 약화시켜 좌절하게 함으로써, 우울이나 자존감 상실 등 정신적인 문제를 야기할 것으로 예측된다. 남북한 언어의 이질적인 요소에 대한 왜곡된 관점을 전환하게 하면 남한어 학습에 따른 스트레스를 완화시킬 수 있다.

또한 은유적 사고를 활용해서 언어 문제에서 남한사회에 적응하는 삶의 문제로 확장하여 새롭게 해석함으로써 스트레스를 완화시키게 된다. 문화적응 스트레스 완화는 북한이탈주민이 정서적 안정감을 갖게 하여 남북한사회에 적응할 수 있게 돕게 된다.

2.1.2 내용 구성

북한이탈주민의 문화적응 스트레스 완화를 위한 인문치료의 내용은 치료 목적에 따라 문화적응 스트레스를 완화시키는 것과 의사소통 민감도를 높여서 자신의 감정, 신체적 상태를 인지하고, 자기가 남한사회의 적응에 필요한 자원을 점검하는 것으로 구성하였다. 이 글에서는 이 중에서 문화적응 스트레스 완화 회기를 중심으로 논의하였다.

표 8.3 문화적응 스트레스 완화 내용 구성

<table>
<tr><th>단계</th><th>내 용</th><th>치료방법</th></tr>
<tr><td>도입</td><td>라포형성 및 초점화
기대감 표현하기
자기 별칭 짓기
조 이름 정하기(공동 기대 표현하기)
한국판 희망척도(사전검사)</td><td>표현하기
명명하기
초점화</td></tr>
<tr><td>실행</td><td>모르는 단어, 똑같은 단어, 몰랐던 알게 된 단어(콜라주)</td><td rowspan="3">선택하기
표현하기
지지하기</td></tr>
<tr><td>통합단 계</td><td>콜라주 작업 한 것을 서로 나누기 피드백하기
자기 느낀 점 이야기하기</td></tr>
<tr><td>새방향설정</td><td>나에게 격려하는 글쓰기
피드백하기</td></tr>
</table>

회기의 내용은 각각 도입, 실행, 통합단계, 새 방향 설정으로 구성되었다. 이 네 단계의 구성에서 도입 단계는 관계형성과 상징화의 단계이다. 이 단계에서 집단을 이루는 내담자와 관계 형성을 하며, 여기까지 오게 된 배경, 자기 소개, 현재 감정, 프로그램에 바라는 점 등을 말하므로 자신의 현재 상태를 상징화해서 표현한다. 또한 한국판 희망척도를 통해 사전검사를 한다.

실행단계에서는 실제 치료목적에 부합하는 활동을 진행한다. 이 단계는 활동을 통해서 자신을 표현할 수 있는 단계이다. 말이나 몸짓, 동작, 노래, 그림으로 표현하는 것 자체가 이미 치료적 효과가 시작된 것이다.[15] 이 단계에서는 남북한 어휘 중 동질적인 요소와 이질적인 요소, 교육을 통해서 습득한 남한 어휘 혹은 직접 체득한 남한 어휘를 신문에서 오려 붙이는 콜라주 작업을 하게 한다.

통합단계에서는 많은 모호한 상징들이 구체적인 체험으로 바뀐다. 그러면서 과거를 이해하고 새로운 면을 통찰하기도 한다. 이 단계에서는 상징적인 콜라주 작업의 의미를 탈상징화하는 해석과정을 거쳐서 왜곡된 자신의 사고에 대해 통찰을 하게 한다.[16] 이 단계에서는 콜라주에서 획득한 어휘를 통해 사고 유형에 대해 통찰하게 한다.

새 방향 설정 단계에서는 통합단계를 거친 내담자가 통찰과 사고의 변화에 의한 새로운 국면에 직면한다. 이 단계는 새로운 방향을 설정하도록 유도하는 단계이다.[17] 이 단계에서는 자신에게 편지쓰기를 통해서 문화적응 스테레스가 완화 후 새로운 방향을 설정할 수 있도록 돕는다.

---

15) 변학수(2005), 『문학치료』, 학지사, p. 30.

16) 같은 책, p.32

17) 같은 책, p.30

2.2 북한이탈주민의 문화적응 스트레스 완화를 위한 인문치료 분석

2.2.1 콜라주 해석 방법

여기에서는 두 회기 중에서 문화적응 스트레스 완화 회기에서 이루어진 남북한 언어 콜라주에 대해 해석할 수 있는 방법을 살펴볼 것이다.

단어 콜라주 작업은 북한이탈주민이 초기적응과정에서 이질적인 남한어에 대한 왜곡된 인지로 문화적응 스트레스를 받는 점에 착안, 새로운 인지 변화를 통해 문화적응 스트레스를 완화시키는 작업이다.

단어 콜라주 진행 과정은 <표 8.4>와 같이 신문에서 이질적인 남북한어(잘 모르는 단어), 남북한의 동질적인 어휘, 새로 알게 된 단어를 각각의 종이 위에 오려 붙이게 한다. 단어의 양을 기준으로 한 유형은 <표 8.5>와 같다.

남북한어의 형태를 기준으로 한 이질적 양상을 고려하면, 동질성이 이질성보다 우위하므로 3,4유형이 정상적인 경우라 볼 수 있는

표 8.4 남북한 어휘 콜라주

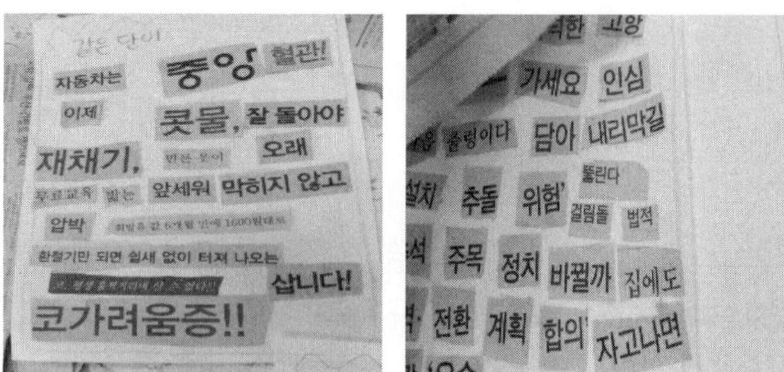

표 8.5 어휘의 양을 기준으로 한 유형

· 1유형: 다른 단어 > 같은 단어 > 새로 알게 된 단어
· 2유형: 다른 단어 > 새로 알게 된 단어 > 같은 단어
· 3유형: 같은 단어 > 다른 단어 > 새로 알게 된 단어
· 4유형: 같은 단어 > 새로 알게 된 단어 > 다른 단어
· 5유형: 새로 알게 된 단어 > 다른 단어 > 같은 단어
· 6유형: 새로 알게 된 단어 > 같은 단어 > 다른 단어

데, 1,2유형처럼 잘 모르는 단어가 많이 선택된 경우는 고취된 적응 의지를 엿볼 수 있는 결과라 볼 수 있다. 그러나 1,2유형은 자신이 지닌 자원(새로 알게 된 단어)이나, 언어적인 자원(동질성)에 대한 긍정적인 면이 부족해서 문화적응 스트레스가 클 것으로 보인다. 5,6유형은 자신이 지닌 자원에 대한 긍정적 시각을 보여 주지만 5유형의 경우는 이질성이 동질성을 앞서 있으므로 왜곡된 인지를 보여 준다.

단어 콜라주 작업에서는 왜곡된 인지를 좀 더 자세하게 살피기 위해 잘 모르는 단어에 대해 몇 가지 질문을 통해 탐색 과정을 갖게 한다. 북한이탈주민이 선택한 잘 모르는 단어는 주로 외래어와 한자어인데, 외래어의 경우는 지나치게 어렵거나, 신조어이거나, 상품명 등 꼭 인지를 하지 않아도 되는 경우가 많음을 이해시킨다. 이를 통해 북한이탈주민은 학습의 부담을 느끼는 어휘 모두를 학습할 필요가 없으며, 남한 사람들도 모르는 단어일 수 있음을 알게 함으로써 이질적인 남한어에 대한 부담을 덜어주게 된다.

현재 자신의 적응도를 보여주는 새로 알게 된 단어에 대해 새롭게 인지하도록 함으로써, 적응과 미래에 대한 희망적인 사고를 할 수 있게 한다. 마지막으로 잘 모르는 단어와 새로 알게 된 단어에 대해 개별적인 차이가 있음을 인지하도록 돕고, 자신이 모르는 단어를 알고 있는 다른 북한이탈주민과의 관계적인 의미를 되새기게 한다.

단어 콜라주 작업을 통해 문화적응 스트레스를 줄이고, 긍정적인 자원인 동질적인 단어에 대해 환기시키며, 새로 알게 된 단어를 통해 현재 자신의 상태를 수용하고, 적응과정을 모르는 단어를 새로 알게 된 단어로 옮기는 것으로 시각화해서 바라봄으로써 왜곡된 인지와 적응 의지를 향상시킬 수 있다. 또한 북한이탈주민 간의 관계적 의미에 대해서도 새롭게 규명할 기회를 제공한다.

2.2.2 콜라주 결과 분석

콜라주 결과를 <표 8.5>의 유형으로 분류하였더니 <표 8.6>과 같다. 6유형 중에서 3유형이 5명으로 가장 많았다. 2, 4유형이 각각 2명, 1, 5유형이 각각 1명, 6유형은 없었다. 3유형은 '같은 단어>다른 단6 유형 중에서 3유형이 5명으로 가장 많았다. 2, 4유형이 각각 2명,

표 8.6 콜라주 결과 유형

유형	인원수
1유형	1
2유형	2
3유형	5
4유형	2
5유형	1
6유형	0
	11[18]

1, 5유형이 각각 1명, 6유형은 없었다. 3유형은 '같은 단어>다른 단어>새로 알게 된 단어' 순으로 남북한 언어의 동질적인 어휘 요소에 더 주목하는 경향을 보이는 것이고, 4유형도 남북한 언어의 동질적 어휘가 앞선 것으로 3, 4유형의 내담자에게는 적응할 수 있는 어휘적 자원을 확인하게 하고 내담자의 긍정적 관점에 대해 지지함으로써 적응 의지를 높혔다.

1, 2유형을 선택한 사람은 남북한의 이질적 어휘에 더 주목하는 경향을 보이는 것으로 지나치다 보면 적응에 따른 스트레스가 크게 발생할 수 있으므로 적응 의지에 대한 부분을 지지하면서 남북한 언어의 동질적인 요소에 대해 관점을 전환할 수 있도록 도와서 유연하게 적응할 수 있도록 했다.

5유형을 선택한 사람은 적응의 현재 시점에 주목하는 경향을 보이는 것으로, 이에 대해 지지해 주면서 이질적인 요소에 주목하는 경향은 남북한 언어의 동질적인 요소에 대해 관점을 전환해서 스트레스를 완화시켰다.

일차적으로 언어에 대한 해석이 종료되면 내담자들에게 언어 문제를 남한사회의 적응 문제로 은유적 사고를 활용하여 해석하였다. 즉 같은 단어, 다른 단어, 새로 알게 된 단어 활동지가 내담자의 사고 중 동질성을 주목하는 관점, 이질성에 주목하는 관점, 적응 자체에 주목하는 관점으로 확대해서 해석하게 했다.

이러한 콜라주 활동은 남한사회에 적응하기 위해 노력하던 자신의 사고를 가시적으로 바라보게 함으로써 적응에 임하는 자신의 태

---

18) 12명 중에서 한 명은 콜라주 작업에 참여하지 못해서 총 11명의 결과를 유형 분류하였다.

도에 대한 통찰의 기회를 제공하게 된다.

콜라주 활동에서 이질적 어휘를 개별적으로 살펴보는 활동도 한다.

(1) ㄱ. 혈전용해제, 국공립대, 불법총기류, 석차, 백분율, 접속
ㄴ. 해운대, 충무로
ㄷ. 아토피, 오픈, 글로벌, 스포츠, 조깅, 히터
ㄹ. 옵티마, 그랜저, 쏘나타, 아반떼, 게보린, 엡손 워크포스 DS-30 휴대용 스캐너
ㅁ. 에누리닷컴, 코레일, 공공원룸텔
ㅂ. 오네긴, 페리채, 르네셀, 코스피, 코스닥, 커넥션

(1)ㄱ은 한자어이고 ㄴ은 고유명사이다. ㄷ-ㅂ은 외래어, 외래어를 포함된 신조어로, ㄷ은 빈도가 높은 외래어이고, ㄹ은 상품명이고, ㅁ은 외래어, 고유어가 혼합된 신조어이다. ㅂ은 그 뜻을 알기 어려운 단어, 구체적인 의미를 이해하기 어려운 어휘이다. ㅂ은 연령, 학력에 따라 남한사람이라 하더라도 단어를 모르는 사람도 많이 있다.

내담자들이 완성한 어휘들을 세부적으로 살피면서 상품명, 신조어, 남한 사람도 이해하기 어려운 외래어들이 많음을 설명함으로써 자신들이 꼭 익혀야 하는 이질적인 어휘 요소 중에서 일부는 몰라도 되거나, 남한 사람도 모르는 단어가 많음을 인지하게 한다. 이를 은유적 사고로 확장하여 적응을 위해 알아야 하는 많은 정보들 중에서 자신이 꼭 알아야 하는 정보는 그 일부에 해당되는 것임을 살펴 보게 함으로써 문화적응 스트레스를 완화시켰다.

2.3 북한이탈주민의 문화적응 스트레스 완화를 위한 인문치료 사전 사후 검사 분석

북한이탈주민을 위한 소통인문치료 사전 사후검사는 Snyder와 동료들(Snyder, Harris et al., 1991)이 희망이론에 근거해서 개발한 12문항의 희망척도를 사용하였다.

희망은 다양한 삶의 영역에서 유능성(예, 학업; Snyder, Cheavens., & Sympson, 1997), 적응적 대처방식의 사용(예, Taylor & Armour, 1996), 유연한 긍정적 사고(Snyder et al., 1996; Snyder & McCullough, 2000), 긍정적 정서(Snyder et al., 1996)와 정적으로 연합된다. 또한 희망이 높은 사람들은 신체적 고통을 더 잘 인내하고(Snyder, Odle, & Hackman, 1999;Snyder, Taylor et al., 2001), 스트레스 반응에 대해서도 더 빠른 회복을 보인다(Ong, Edwards, & Bergeman, 2006)[19)]고 하였다. 그러므로 북한이탈주민을 위한 인문치료 이후에 문화적응 스트레스를 완화할 때 미래에 대해 긍정적인 사고를 갖게 되는데 이를 평가하기 위해 Snyder 외(1991)의 희망척도를 활용하였다. <표 8.7>은 한국판 희망척도의 설문지이다.

북한이탈주민을 위한 소통인문치료에서 사전 사후검사는 2011년 11월부터 적용하였으므로 사전 사후검사를 한 북한이탈주민의 수는 12명이다. 그 결과는 <표 8.8>과 같다. 북한이탈주민을 위한 인문치료 활동 후 희망척도가 증가 사례는 12명 중 7명이고, 유지는 3명, 감소가 2명이다.

---

19) 최유희(2008), 「희망척도의 타당화 연구」, 가톨릭대학교 석사학위논문, p.2.

표 8.7 한국판 희망척도(K-DHS) 설문지

문항	분명히 아니다	거의 아니다	거의 그렇다	분명히 그렇다
B1. 나는 곤경에서 벗어날 많은 방법들을 생각할 수 있다.	1	2	3	4
C2. 나는 원기 왕성하게 목표를 추구한다.	1	2	3	4
D3. 나는 대부분 피로를 느낀다.	1	2	3	4
E4. 어떤 문제라도 길은 많이 있다.	1	2	3	4
F5. 나는 논쟁에서 쉽게 수그러든다.	1	2	3	4
G6. 나는 삶에서 나에게 중요한 것들을 얻을 많은 방법들을 생각할 수 있다.	1	2	3	4
H7. 나는 내 건강을 걱정한다.	1	2	3	4
I8. 다른 사람들은 절망할 때라도 나는 내가 문제를 해결할 방법을 찾을 수 있다는 것을 안다.	1	2	3	4
J9. 나는 과거 경험들로 인해 미래를 잘 준비하게 되었다.	1	2	3	4
K10. 나는 인생에서 꽤 성공적이다.	1	2	3	4
L11. 나는 늘 무엇인가를 걱정하고 있다.	1	2	3	4
M12. 나는 스스로 정한 목표를 따른다.	1	2	3	4

<표 8.8>을 막대그래프로 정리하였다.

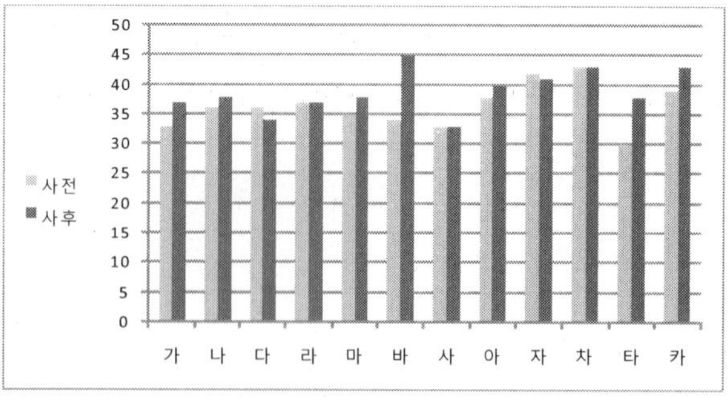

표 8.8 희망척도 사전 사후 검사 총점

조이름	이름	평가점수 (48점)	비고
평화	가(사전)	33	증가
평화	가(사후)	37	
평화	나(사전)	36	증가
평화	나(사후)	38	
추억깊은시간	다(사전)	36	감소
추억깊은시간	다(사후)	34	
추억깊은시간	라(사전)	37	유지
추억깊은시간	라(사후)	37	
만남	마(사전)	35	증가
만남	마(사후)	38	
하나	바(사전)	34	증가
하나	바(사후)	45	
하나	사(사전)	33	유지
하나	사(사후)	33	
하나	아(사전)	38	증가
하나	아(사후)	40	
소중한만남의시간	자(사전)	42	감소
소중한만남의시간	자(사후)	41	
소중한만남의시간	차(사전)	43	유지
소중한만남의시간	차(사후)	43	
미래	타(사전)	30	증가
미래	타(사후)	38	
성공	카(사전)	39	증가
성공	카(사후)	43	

이 중에서 가장 긍정적인 변화를 보인 사례는 '바'와 '카'이다. '바'와 '카'의 사전, 사후 변화를 살펴보았다. 바는 4문항 문제해결 관련 문항에서 극심한 변화를 보여주고 있다. 4번 문항을 제외한 모든 문항은 모두 상승하였다. '카'의 경우는 1-4문항까지는 동일하고, 6, 8-12문항에서 상승하였다.

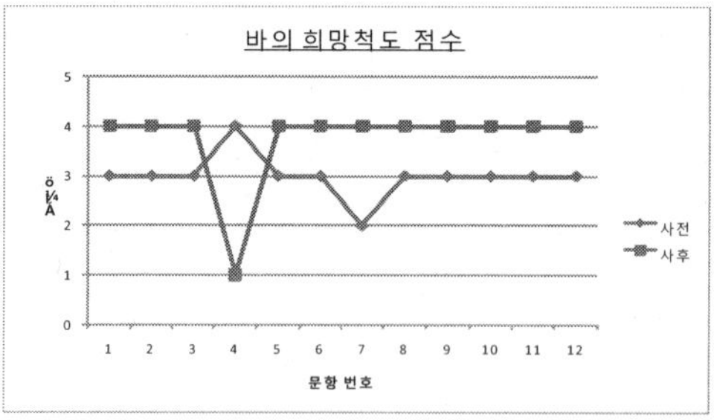

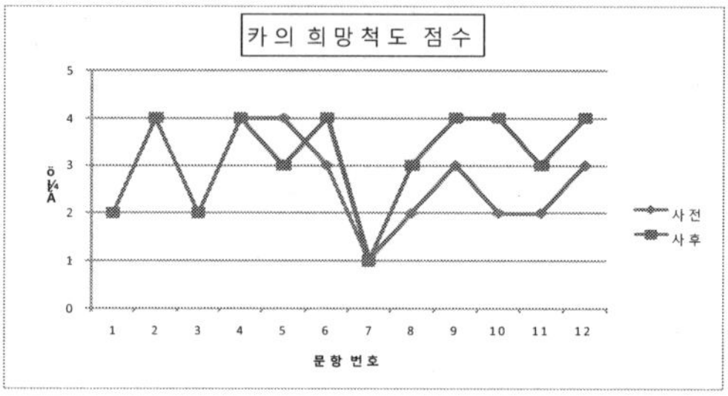

'다'의 감소된 개별 항목은 2, 4문항으로 목표와 문제해결력과 연관된다. '자'의 경우는 부정문항 11에서 감소하였는데, 걱정과 연관된 문항이다. '자'의 경우는 사전, 사후검사 지수가 북한이탈주민을 위한 인문치료의 내담자의 평균보다 높으나, '다'의 경우는 사후검사 지수가 평균보다 낮다. 그 원인은 알 수 없지만, 다른 집단원의 지수도 낮은 편이어서, 집단 내의 영향으로 볼 수도 있다.

이 글의 북한이탈주민을 위한 인문치료는 문화적응 스트레스를 감소시켜서 북한이탈주민의 초기적응을 돕는 것을 목적으로 한다. 문화적응 스트레스 완화를 위한 인문치료는 인지모델과 은유모델을 근거로 구성되었다.

콜라주 활동을 통하여 남북한언어의 이질성에 대한 왜곡된 인지를 수정하여 남북한 언어의 동질성에 대한 인식을 새롭게 하였고, 은유적 접근으로 언어문제에서 남한사회에 적응하는 삶의 문제로 확장하도록 사고를 유도하였다. 그 과정은 도입, 실행, 통합, 새로운 방향 설정 단계로 진행되었다.

콜라주 활동 결과인 어휘를 기준으로 해서 6가지 유형으로 분류하였고, 남북한언어의 이질성과 동질성에 대한 해석을 유도하였다. 또한 잘 모르는 단어에 대한 탐색 과정을 통해 이질적인 남한어 학습에 대한 부담감을 경감시켜 주었다. 또한 새로 알게 된 단어에 대한 탐색을 통해 적응과 미래에 대한 희망적인 사고를 유도할 수 있었다. 마지막으로 모르는 단어와 알게 된 단어가 서로 다름을 통해 내가 모르는 단어를 알고 있는 타인에 대한 의미를 새롭게 해서 관계적 의미를 되새기게 했다. 콜라주 활동은 남한사회의 적응 과정을 가시적으로 바라보게 함으로써 적응에 임하는 자신의 사고에 대한 통찰의 기회를 제공할 수 있었다.

북한이탈주민을 위한 문화적응 스트레스 완화를 위한 인문치료의 사전 사후검사는 희망척도를 활용해서 비교분석했으며, 12명 중 7명이 희망척도지수가 향상되었고, 3명이 유지되었고 2명이 감소하였다. 이 글의 희망척도의 분석은 프로그램 종료 후에 이루어져서 척도수치가 유지 또는 감소된 원인을 규명하지 못한 한계를 지닌다.

※ 이 글은 『어문론집』52(2012)에 실린 필자의 논문 「북한이탈주민의 문화적응 스트레스 완화를 위한 인문치료」를 수정한 것이다.

9장

북한이탈주민의 소통능력 증진을 위한 인문치료

이 글의 목적은 북한이탈주민의 소통능력 증진을 위한 사례 연구를 통해 인문치료의 치유적 효과를 살피는 데 있다.

북한이탈주민은 남한에서 귀순용사, 탈북자, 새터민, 북한이탈자 등 다양한 호칭으로 불려 지고 있다. 북한이탈주민은 북한이탈주민의 보호 및 정착지원에 관한 법률 제2조 1항에서 "북한에 주소 · 직계가족 · 배우자 · 직장 등을 두고 있는 자로서 북한을 벗어난 후, 외국의 국적을 취득하지 아니한 자"를 의미한다고 하였다. 또한 북한이탈주민은 통일부가 국회에 제출한 해설 자료에는 본인의 의지 여부 상관없이 북한지역을 벗어나거나 북한 이외의 지역에 특수 목적을 위해 파견 · 투입되었으나, 북한의 영향력이 미칠 수 없게 된 북한 주민을 통칭하는 표현이라고 하였다(곽해룡, 2001:14).

그러나 북한이탈주민이라는 용어에 대한 부정적 견해도 있다. 남한 사회에서 북한이탈주민이라는 획일적인 용어로 불려 지게 됨으로써 탈북 이전에 다양한 계층이나 다양한 지역적 경험, 혹은 개인적 경험 등은 전혀 상관이 없어진다(최강미, 2013:325). 남한 사회의 정착 과정에서 북한이탈주민들은 과거의 경험과 상처를 회피하거나 과장하면서 상처를 치유하지 못하고, 탈북 과정에서 한국 사회에 걸었던 기대가 좌절되기도 한다. 또한 북한이탈주민은 이중적인 정체성으로 인한 혼란스러운 시간을 보내게 된다(최강미, 2013: 326).

하지만 이 글에서는 북한이탈주민이라는 용어가 현재로서는 가장 공식적이고 법률적인 용어이므로 북한이탈주민이라는 용어를 사용하였다.

북한이탈주민의 삶의 질에 가장 큰 영향력을 미치는 것은 강인성, 실존적 영성, 사회적 지지, 꿈과 목표, 직업 유무 순(김현아 · 이수연 · 김규식, 2011:350)으로 물질적인 것보다는 정신적인 것이다. 그러므로 정신적인 것이 질적인 삶의 행복에 더 중요한 요소이다. 그러나 지금까지의 북한이탈주민의 교육은 현실 적응을 위한 정보위주의 교육이 주가 되었다. 북한이탈의 궁극적인 목적이 더 나은 인간다운 삶을 지향하는 데에 있다고 본다면, 물질적인 지원 이외에 그들의 정신적인 면에 초점을 맞춘 지원 체제가 보완되어야 하며, 이런 측면에서 북한이탈주민을 위한 인문학적 접근이 필요하다(박재인, 2013:293).

특히 북한이탈주민의 남한거주 기간이 경과될수록 우울증이 높아지고(엄태완 · 이기영, 2004:21) 사회적 지지에 대한 부정적인 영향을 받는 것은 북한이탈주민의 사회 부적응의 일면이다(곽정래, 2011:240). 이를 볼 때 지금의 초기 교육도 중요하지만, 지속적인 적응교육이 보완되어야 할 시점이다.[1)]

---

1) ●●●●센터 초기적응 교육에서 진행된 인문치료의 경우는 단기적인 교육이어서 인문치료의 효과를 입증하기에 한계가 있었다.

이 글에서는 남한에 온 지 3년 이상 된 북한이탈주민을 대상으로 인문치료 프로그램을 구성하였다. 인문치료 프로그램은 인문학적 자료를 인문학적 방법에 의해 구조화한 프로그램으로, 총 12회기로 구성되어 있다. 이 글은 그 사례를 중심으로 인문치료가 북한이탈주민의 자신을 이해하고 수용하는 내적소통과 타인과의 대인소통에 미치는 효과를 검토하고자 하였다. 이를 위해서 프로그램을 진행하면서 쓴 참여자의 글쓰기 자료를 분석하고, 사전, 사후검사 도구로 채택한 회복탄력성 지수의 변화를 살펴봄으로써 북한이탈주민의 소통능력 증진을 위한 인문치료의 효과를 살펴보고자 한다.

1. 북한이탈주민의 소통능력 증진을 위한 인문치료의 내용

북한이탈주민을 대상으로 한 인문치료 프로그램의 목표는 첫째 참여자에게 정서적 대화의 중요성을 인식시키고, 행복한 삶에 필요한 정서적 기술을 습득하게 한다. 둘째 참여자에게 행복한 삶을 위한 새로운 관점을 습득하게 한다. 셋째 참여자가 자신의 삶의 의미를 찾게 한다.

북한이탈주민을 위한 인문치료는 주 1회 다양한 인문학을 매개로 한 말하기와 글쓰기를 통해 자신과 자신의 삶에 대해 탐색하게 한 프로그램이다. 집단(A)과 개인(B)으로 구분하여 진행하였는데 집단(A)형은 북한이탈주민들의 집단 속에서 서로의 삶을 나누고, 지지하는 형태로 진행하여 정서적 유대감 속에서 서로의 관계적 의미를 되새기는 기회를 제공하였다. 개인(B)형은 인문치료 진행자와 북한이탈주민이 1:1의 긴밀한 관계를 통해 진행하였다. 프로그램은 전체 12회기이고, 한 회기는 90분으로 구성하였다.

표 9.1 소통능력 증진 인문치료 내용 구성

상반기		제목	텍스트	비고
1	도입단계	마음 풀기	도종환의 「바람이 오면」	자기소개, 바라는 점 Richard Stolzman(음악) 회복탄력성지수검사
2	도입단계	나 만나기	나태주의 「풀꽃」	나의 자랑(콜라주)
3	작업단계	유년의 뜰		시(체베나) 짓기 찰흙 빚기, 음악
4	작업단계	관계 살피기	『장자』의 「바닷새 이야기」	다시쓰기, 관계도(돌)
5	작업단계	외로움과 만나기	<그녀에게>동영상 『까마귀 소년』	감정카드
6	작업단계	불안과 분노 내려놓기	『블랙 독』 『하마의 눈알 찾기』	
7	작업단계	인생의 파노라마	신경림의 「강물을 보며」	그리기
8	통합단계	들어내기와 소통	「코뿔소이야기」 『장자』의 「조삼모사이야기」	
9	통합단계	삶의 희망 찾기	『빨간나무』	
10	통합단계	삶의 징검다리	「징검다리」	고마움 표현하기
11	해결단계	미래를 향한 도전	10년 후 집 그리기, 미래일기	다시쓰기
12	해결단계	성장하기	『장자』의 「대붕이야기」	회복탄력성지수검사

이 프로그램에서는 참여자들이 집단 활동 또는 개인의 친밀한 관계를 통해 신뢰감을 형성하고 삶의 행복감을 증진하게 하였다. 또

한 참여자의 자기성찰과 자존감 향상을 통해 남한사회에서의 삶의 의미를 찾게 하였다. 또한 삶의 어려움에 대한 긍정적 관점을 강화함으로써 당면한 삶의 문제를 해결하는 의지를 강화시키고자 프로그램을 진행하였다.

프로그램에서 활용한 텍스트에는 시 자료로 「바람이 불어오면」,[2)]「풀꽃」,[3)] 「낯선 곳」,[4)] 『장자』 중 「바닷새 이야기」, 「조삼모사」, 「대붕 이야기」, 『성경』 중 「요셉 이야기」, 동화에 「까마귀 소년」,[5)] 「블랙 독」[6)] 등, 영상자료로 <그녀에게>[7)]의 영상을 활용하였다. 프로그램을 활성화하기 위해서 자연물(흙, 돌), 정감 있는 소재(털 뭉치, 촛불)를 활용하기도 하였다. 자연물, 정감 있는 소재들은 연상 작용을 촉진하는 데 도움을 줄 수 있다. 예를 들어 돌을 고르는 활동에서 참여자는 돌을 보면서 북한 집 화분에 있는 돌과 비슷한 것을 선택하고 그와 연관된 이야기를 하였다.

프로그램의 내용은 내적소통과 대인소통으로 구성하였는데 내적소통은 의식과 무의식의 소통을 위해 내가 좋아하는 것 목록 작성하기를 하였고, 감정과의 소통을 위해 감정카드 활동과 동화를 통해서 우울과 두려움의 감정을 살폈다. 내적소통에서 과거의 나와 조우하기 위해 상상기법을 활용해서 과거 나에게 소중했던 물건을

2) 도종환(2007), 『흔들리지 않고 피는 꽃이 어디 있으랴』, 랜덤하우스코리아, p.13.
3) 나태주(2006), 『이야기가 있는 詩集』, 푸른길, p.146.
4) 고은(2008), 『삶이 너에게 해답을 가져다줄 것이다』, 마음의 숲, p.22.
5) 야시마 타로(1996), 윤구병 역, 『까마귀 소년』, 비룡소.
6) 레비 핀폴드(2013), 천미나 역, 『블랙 독』, 북스토리아이.
7) 스페인 감독 페드로 알모도바르의 2003년 영화.

찾아내서 찰흙으로 빚도록 하였다. 또한 미래의 나와의 소통을 위해 20년 뒤의 미래 일기를 쓰도록 하였고 과거, 현재 미래의 총체적인 관점으로 인생을 살펴보는 인생의 징검다리 활동을 하였다. 모든 활동이 끝나면 활동 후의 느낌과 생각을 정리하는 글쓰기를 진행하여서 그때의 자신의 생각과 느낌을 포착할 수 있게 하였다.

대인소통은 돌로 대인관계 표현하기, \대인관계도 그리기, 『장자』의 「바닷새 이야기」, 「조삼모사」를 통하여 대인관계 문제들을 표현하고, 자신이 희망하는 대인관계의 모습, 대인관계의 해결을 위한 방안들에 대해 탐색할 기회를 제공하였다.

이 프로그램에서는 전체적으로 말하기, 글쓰기를 절충한 방법을 활용하였는데, 활용한 기법에는 내가 좋아하는 것 목록 작성하기, 내가 좋아하는 것에 대해 콜라주 활동, 체베나 쓰기, 대화문 쓰기, 편지 쓰기, 이야기 이어서 쓰기이고, 마지막으로 프로그램의 후기를 썼다.

2. 인문치료의 내용 분석

10회기의 핵심적인 활동을 살펴보자. 우선 1회기에서는 첫 만남의 긴장된 관계를 이완시키기 위해 시치료 기법으로 시를 두 번 들려주고 시에서 연상되는 것을 그림으로 그리게 하였다. 그 다음 그 그림에 대해 말하기를 하고, 그 후에 글쓰기를 하도록 하였다.

참여자는 시를 듣고 꽃봉오리가 있는 그림을 그렸는데, 그림의 꽃봉오리가 자신인 것 같다고 하였다. 아직 피지는 않았지만, 바람이 불어도, 그리움이 와도 잘 이겨내는 모습을 상상하였다. 또한 이

창꽃은 고향 마을에 아주 많이 피어 있는 꽃이라고 하였다. 창꽃은 참여자에게 고향을 연상시키는 매개체이기도 하였다. 그림에 그려져 있는 산은 자신이 어렸을 때 올라가서 책도 읽고 하던 산인데, 이 산에 밭이 있어서 그것을 지키면서 거기서 창꽃도 보고 그 꽃을 꺾어다 방 안에 꽂아 두기도 했다고 하였다. 지금 살고 있는 곳에서도 창꽃을 보면 어렸을 때 생각이 많이 나서 걸음을 멈추고 한참을 바라보곤 한다고 하였다. 그리고 친구들과 재미있게 놀던 생각도 난다고 하였다.

참여자는 그림에 대해 이야기하는 과정에서 그림의 창꽃 꽃봉오리가 자신을 표현한 것이라고 하였고, 아직 다 피지 않은 창꽃의 상태가 바람이 불어도, 그리움이 있어도 잘 이겨내는 자신의 상태임을 은유적으로 표현하였다. 또한 그리움의 대상인 창꽃, 창꽃이 많이 피어있는 고향의 산, 친구로 이어지는 그리움의 연상을 살펴볼 수 있었다.

시를 듣고, 그림을 그린 후에 쓴 참여자의 글을 살펴보면 다음과 같다.

> 바람이 불면 두었다가 놓고 가라는 말은 내가 지금 겪는 어려움은 잠시 머물렀다가 간다는 뜻인 것. 그리움이 오면 묻어두면 참 좋을 것 같다. 가끔 고향의 아름다움과 향기도 맛볼 수 있어서. 아픔이 오면 다시 사라진다는 말을 나는 믿고 싶다. 어떤 아픔도 오래가지 못할 것이니까 세월은 계속 가는 것이니까 계속 바뀌고 변하기 때문에. 지금 나의 나이도 작지 않아 걱정이 많고 아픈 데가 너무 많지만 이겨내야 한다는 생각만 든다. <글자료 1>

<글자료 1>에서는 어려움, 아픔은 잠시 머물렀다가 간다는 점에, 그리움은 가슴에 묻어 두고 가끔 고향을 맛볼 수 있다는 점에 대해 긍정적인 생각을 표현하고, 자신의 현실이 좋지는 않지만 이겨낼 거라는 의지를 굳게 하였다.

2회기에서는 의식과 무의식의 소통을 위하여 내가 좋아하는 것을 빠르게 적는 글쓰기를 하였다. 내가 좋아하는 것을 빠르게 쓰는 것은 무의식을 살펴볼 수 있는 글쓰기 기법이다. 자신이 좋아하는 것을 적다 보면 평상시에 자신이 좋아하는 것을 적기도 하지만 의외의 것을 적기도 하고, 반복해서 적기도 한다. 좋아하는 목록을 분석하면서 자신이 좋아하는 것에 대해 생각하다 보면 자신에 대한 새로운 인식을 할 수 있다.

참여자의 경우는 반복한 항목은 없었으며, 특징적인 것으로 사람, 특히 주변의 사람을 좋아하고, 물질적인 것보다는 정신적인 것을 더 선호함을 알 수 있었다. 그리고 참여자는 거창한 것보다는 소박한 것을 좋아하는 것을 확인할 수 있었다.

> 책을 좋아한다./ 라디오 듣기를 좋아한다./ 텔레비전 보기를 좋아한다.
> 잠자기를 좋아한다./ 운동을 좋아한다./ 글쓰기를 좋아한다.

그림그리기를 좋아한다./ ○○이를 좋아한다./ 비빔밥을 좋아한다.
국수를 좋아한다./ 과일을 좋아한다. / 스케이트 타기를 좋아한다.
수영을 좋아한다./ 친구들과 이야기하기 좋아한다./ 봄을 좋아한다.
기러기를 좋아한다./ 장미꽃을 좋아한다./ 아이와 놀아주는 것을 좋아한다.
남편의 마음을 좋아한다./ 가족을 좋아한다./ 선생님을 좋아한다.
혼자 있기를 좋아한다./ 퍼즐 맞추기를 좋아한다./ 깨끗한 것을 좋아한다.
진심을 좋아한다./ 이쁜 사람을 좋아한다./ 하얀 옷을 좋아한다.
검정색을 좋아한다./ 산책을 좋아한다. /오빠를 좋아한다.

〈글자료 2-내가 좋아하는 것〉

내가 좋아하는 것 목록 작성하기 활동을 마친 후 글쓰기를 하였다.

좋아한다는 말이 오늘은 참 의미가 깊게 여겨진다. 왜냐하면 아직까지 글로 내가 좋아하는 것을 적어보기는 처음인 것 같다. 이렇게 좋아하는 것이 많으면서도 한 번도 들여 봐 보지 못한 나이고 바쁘게 살아가는 현실이 너무 가혹하게 느껴질 따름이다.

모든 것을 다 좋아한다고 말하고 싶지만 그렇게 안 되는 현실 참 안타깝고 야속하다. 언제면 내가 좋아하는 것을 일일이 꼽아가면서 하나하나 해보고 맛보는 날이 있을는지…

〈글자료 3〉

<글자료 3>을 통해서 참여자는 자신이 좋아하는 것이 많다는 사실을 새롭게 인지하고, 여유 있게 자신을 살펴보지 못한 현실의 가혹함에 대해 안타깝고 야속하다고 표현하였다. 미래에 자신이 좋아하는 것을 할 수 있을지에 대해서는 확신하지 못하는 모습을 보이기도 하였다.

3회기에서는 과거의 나와 조우하기 위한 활동을 하였다. 상상으로 어린 시절 공간에 가서 가장 소중하게 생각되는 대상을 찾게 하였다. 그 다음 과거의 대상을 찰흙으로 빚는 활동을 하고 글을 쓰게 하였다. 이 활동은 잊고 있었던 과거 자신의 모습을 탐색하고, 현재에 도움이 될 수 있는 좋은 자원을 기억 속으로부터 찾는 활동이다.

참여자는 과거의 공간에서 어린 시절 수학여행에서 자신이 사온 빨간 고춧가루 양념통을 생각해 내고 그것을 찰흙으로 빚었다. 참여자는 양념통을 찰흙으로 빚는 동안 깊이 과거의 공간, 과거의 자신의 모습, 과거에 있었던 사건들을 떠올렸고, 활동한 후 글쓰기에 표현하였다.

빨간색의 고추 가루 양념통을 오늘 찰흙으로 빚었다. 문득 어릴 때 ○○ 앞바다며 ○○도자기공장 ○○박물관이랑 답사를 하던 기억이 난다. 기차를 놓쳐서 울고 겁나던 어릴 때 기억이 난다. 기념품을 엄마한테 줄 때 엄마가 좋아하던 모습. 그 빨간 사과 모양의 고춧가루 양념통이 매일 우리 밥상과 엄마 아빠 우리 가족의 기쁨이고 행복이였던 것 같다. 지금은 온 가족이 둘러앉아 식사할 때가 드물고 ○○ ○○는 아직 북에서 고생을 하고 있다. 오늘 그 양념통을 손으로 직

접 만들어보니 그때의 감회가 새롭게 안겨온다. 〈글자료 4〉

<글자료 4>를 보면 수학여행에서 기차를 놓쳤던 사건, 수학여행에서 사온 양념통에 기뻐하시는 엄마, 매일 밥상에 놓여 있었던 양념통, 양념통이 있었던 따뜻했던 밥상 그리고 밥상에 둘러 앉아 식사하던 가족, 아직 함께 하지 못하는 ●●에 대한 생각을 표현하고 있다. 참여자가 선택한 양념통은 함께 했던 가족의 행복을 상징하는 것이다. 산문 형식의 <글자료 4>를 운문 형식으로 바꿔서 글쓰기를 다시 하였다.

북한의 유명한 ○○도자기 공장
답사로 들러서 산 빨간 고추양념통
그것은 고마운 양념통
엄마에게도 우리 가족의 둘도 없는 기쁨
빨간 고춧가루를 담을 때마다 흐뭇해하는 엄마
한 가족의 둘러앉아 소박한 식탁에서도 유난히 빛나던 양념통
오늘은 그 빨간 사과 고추통을 찰흙으로 내 손으로 빚었네. 〈글자료 5〉

<글자료 4>의 산문과는 다르게 <글자료 5>의 운문에서는 과거와 현재의 내가 조우하는 모습이 뚜렷이 보인다. 이 시는 전체 7행으로 구성된 시[8]인데 1행에서 6행까지는 과거의 빨간 고춧가루 양념통에 대하여 표현하고 있다. 빨간 고춧가루 양념통이 우리집에 있게

8) 7행으로 구성된 시는 체베나이다. 체베나는 핀란드의 전통시로, 1행에는 장소, 2행에는 행위 또는 마음을 표현하고, 3행에는 의문문의 형식을 취하며, 4행에서는 3행을 확장하고, 5행에서는 4행을 확장하고, 6행은 1행을 반복하고, 7행은 2행을 반복한다. 참여자는 체베나 형식에 맞춰서 시를 짓지는 않았다.

된 유래, 양념통 때문에 기뻐하시던 엄마, 그리고 밥상에 둘러앉은 가족들에 대하여 쓰고 있다. 7행에서는 지금 현재를 나타내는 '오늘', 주체적인 인식을 보여주는 '내 손으로' 그 빨간 사과 모양의 양념통을 빚고 있음을 표현하였다. 참여자는 찰흙 빚기와 글쓰기를 통해 잊고 지내왔던 과거의 소중한 가족, 행복한 집의 분위기 등에 대한 기억을 활성화할 수 있었다.

4회기에서는 타인과의 관계를 조명해 보기 위해 돌로 대인관계 표현하기 활동과 관계도 그리기 활동, 『장자』의 「바닷새 이야기」를 듣고 다시 쓰는 활동을 하였다.

참여자는 돌로 대인관계 표현하기 활동을 하였는데, 첫 번째는 돌로 옹기종기 모여 있는 모습을 표현하였다. 두 번째는 돌들을 모두 합쳐서 하나의 큰 원으로 표현하였다. 참여자는 북한이탈주민들이 서로 반목하는 모습이 안타깝고 서로 이해하면서 잘 지냈으면 좋겠다는 바람을 이야기하였다. 그러나 참여자는 현실은 그렇지 않아서 남한 사람 앞에서 자존심이 상한다고도 하였다.

대인관계를 구체적으로 살펴보기 위해서 대인관계도를 그리고 이야기를 하는 활동을 하였다. 참여자는 대인관계도에 대해 이야기하면서 가족들, 남한에 있는 친척들, 남한에 와서 도움을 주었던 많은 사람들을 언급하였고, 현재 갈등이 있는 사람에 대해서도 긍정적인 면을 이야기하고 감사를 표현하기도 하였다. 대인관계도에서 종교 생활을 같이 했던 사람들이 누락된 사실을 발견하고, 누락된 이유에 대해서는 그 사람들의 기대에 부응하지 못하기 때문인 것 같다고 하였다. 대인관계도를 통해 자신의 대인관계에 대한 새로운 인식을 하였다.

대인관계의 문제와 해결책을 생각해 보기 위해서 『장자』의 「바닷새 이야기」를 듣고 다시쓰기 활동을 하였다.

> 새는 노나라 왕의 귀한 대접에도 불구하고 죽어버렸다. 그것은 새는 자기가 사는 바다가에서 살아야하고 또 갇혀 있으므로 죽고 만 것으로 생각한다. 바다가를 훨훨 날아다녀야 할 바다새가 노나라 왕의 미련한 욕심 생각 때문에 숨져 버린 것이다.
>
> 바다새야 넌 넘 가엽고 불쌍하다. 못된 노나라 왕의 손에 걸려 목숨을 잃은 너의 넋은 너의 후손들에게도 우리에게도 고향을 사랑하는 귀중한 진리를 안겨주었어. 잘가. <글자료 6>

참여자는 노나라 왕의 미련한 욕심 때문에 관계가 단절된 것으로 보고 있고, 바닷새에게는 훨훨 날아다닐 수 있는 바닷가가 고향이고 바닷새의 비극이 고향을 귀중하게 여기는 진리를 깨닫게 했다고 표현하고 있다. 바닷새와 자신을 동일시하는 것을 볼 수 있다. 활동 후 말하기에서는 노나라 왕에 대한 어리석음을 자신은 인정하고 싶지 않지만 자신도 자녀들에게 노나라 왕처럼 하고 있다는 것을 새롭게 인지하였다.

5회기는 내적소통 중 감정과의 소통을 위한 회기이다. 이 회기에서는 동화 「까마귀 소년」을 듣고 주인공이 가장 외롭게 생각되는 장면을 상상해서 그림으로 그린 후에 이야기를 하고, 글을 쓰도록 하였다. 참여자가 그린 그림은 동화 속 주인공이 학교와 집을 오가는 과정에서 들었던 까마귀 소리를 표현하였다.

그림을 그리고, 그림에 대해 이야기 한 후에 글쓰기를 하였다.

> 먼저 외로움 떨쳐 버리기 위해서는 먼저 다른 친구들에게 다가가서 이야기하는 것. 또한 자기만의 재능을 보여줄 수 있는 기회를 얻어야 하며 친구들에게 보여 주어야 한다. 또한 친구들이 뭘 좋아하는지를 알고 무엇을 요구하는지를 파악하는 것이 중요하다. 〈글자료 7〉

참여자는 까마귀 소년이 외로움을 이겨내기 위한 방법에 대하여 글을 썼다. 참여자는 이 활동을 통해서 외로움의 감정에 압도당하지 않고, 잘 조절할 수 있는 방법을 탐색하였다.

6회기에서는 불안과 분노의 감정을 탐색하는 회기이다. 동화 「블랙독」, 「하마의 눈알 찾기」를 통해 불안과 분노 감정이 일 때의 자신의 모습을 탐색하고 해결 방안을 생각해 보는 기회를 가졌다. 참여자는 블랙독으로 상징화 되어 나타나는 두려움, 불안이 자신에게는 안 나타날 것이라고 하였고, 만약 블랙독이 온다면 쫓아 버릴 것이라고 하였다. 참여자는 「하마의 눈알 찾기」에서 눈알의 의미를 자신에게 가장 소중한 것이라고 생각하고, 만약 눈알을 잃게 된다면 이성을 잃은 것 같이 행동하다가 천천히 받아들일 것 같다고 하였다. 참여자는 흙탕물을 가라앉히는 좋은 방법으로는 긍정적으로 생각하고 한 가지 일에 너무 집착하지 않는 것을 이야기하였다. 이런 생각에 대해 글쓰기에서도 반복하여 표현하였다.

> 오늘 나에게 소중한 것일수록 너무 집착하지 말고 내려놓는 것도 중요함을 느낀다. 그래야만 내 자신이 힘들지 않고 계속 앞으로 나갈 수 있다는 것을 새삼스럽게 느꼈다. 그리고 이제는 나도 내 인생을 살아야하겠다는 나를 위해서 너무 아이를 위해서 쓰지 말아야겠다는 것. 등을 느낄 수 있었다. 천천히 그리고 좀 더 깊이 있게 자신의 일상을 돌이켜보는 좋은 시간인 것 같았다. 〈글자료 8〉

<글자료 8>를 보면 참여자는 소중한 것을 유지하기 위한 방법으로 집착하지 않는 방법을 찾아내고, 천천히, 깊이 있게 자신의 일상을 돌아보는 것의 유익을 이야기하였다.

7회기는 삶을 총체적 관점으로 살펴보는 회기이다. 자신이 나무라고 상상하고 자신의 삶을 상징적인 그림으로 표현하는 활동을 하고, 활동 후 글쓰기를 하였다.

> 나는 갓 태어나서는 정말 행복하고 천진하게 자랐다. 부모들의 영향과 함께 그런데 10대 중반에서는 학교에서도 집에서 많은 사회가 낳은 악순환과 모순에 대해서 알게 되었고 소심하고 침묵적이고 무뚝뚝한 성격이 되어버렸다.
>
> 지금 나에게 물어본다면 나의 중학교 시절이 가장 그립다. 뜀뛰기, 널뛰기, 책 읽고 아이들에게 들려주는 그 기쁨과 즐거움 자신감이 넘쳐나던 시기였다.

그리고 많은 친구들도 생각하면 보고 싶다 그리고 그립다. 그들이 지금 어떻게 지내고들 있는지 궁금하다. 오늘 그림을 그려 보면서 스쳐 지나는 생각들 중의 하나가 바로 내가 제일 곡절을 겪던 20대 초반 직장상사들과의 만남이고 낙패(?)를 알게 된 것이다. 내가 만약 중국에 안 나왔으면 북한에서 어떤 모습으로 있었을까 하는 생각이 든다. 〈글자료 9〉

나의 희망 나의 꿈
○○여자 중학에서 시작되었던가.
친구들과 함께 웃고 떠들던 그때의 나.
자만에 넘쳐 있었던 나.
지금은 과연 그들을 만나볼 수 있을까?
나의 희망 나의 꿈
○○여자 중학에서 시작되었던가. 〈글자료 10〉

<글자료 9>에서는 행복했던 어린 시절, 가장 그리운 시절인 중학교 시절, 어려움이 많았던 20대 직장 생활, 중국에서의 삶 등에 대하여 쓰고 있다. 특히 가장 자신감과 즐거움이 넘쳐나던 중학교 시절에 대한 그리움을 표현하였고, 이를 시로 다시 형상화하였다. 중학생 시절 자신의 모습과 친구들에 대한 그리움을 표현하였고, 자신의 삶의 희망, 꿈이 시작된 시절이 중학교 시절이었다고 표현하였다. 참여자는 자신의 삶을 전체적인 관점에서 탐색해 봄으로써, 자신의 삶 가운데 행복하고 자신감 넘치던 중학교 때의 기억을 활성화할 수 있었다. 과거의 좋은 기억들은 현재의 자신에 대한 새로운 인식을 돕고, 문제를 해결하는 데 도움이 될 수 있는 정신적 자원이다.

8회기는 대인관계의 기법에 대한 회기이다. 자기고백과 질문하기

등 대인소통에서 친밀한 관계를 촉진시킬 수 있는 기법을 활용하였다. 『장자』의 「조삼모사」 이야기를 활용한 활동을 하였고 활동 후 글쓰기를 하였다.

> 오늘 조삼모사 활동을 통해서 저는 남의 의사를 묻는 것이 소통을 하는 첫 시작임을 알게 되었다. 또한 '싫어'하는 말은 쉽게 하지만 상대방의 입장과 감정을 생각하면서 그런 말은 될수록 피하고 '좋아'라는 말로 바꾸는 것도 하나의 상대방을 이해하는 좋은 방법인 것 같다라는 생각이 든다. 그리고 모든 사람들을 낙인을 찍어서 생각하기보다 그 사람의 입장에서 생각해 보는 것도 하나의 좋은 소통을 여는 길이라고 생각한다. 〈글자료 11〉

참여자는 조삼모사 활동을 통하여 타인에게 의사를 묻는 것, 거절 당하는 사람의 입장에서 상대방을 이해하려고 하였다. 즉 참여자는 고정관념에서 벗어나 새로운 관점으로 타인을 이해하는 방법을 찾을 수 있었다.

9회기에서는 삶의 문제 속에서도 희망 요소를 찾는 회기이다. 9회기에서는 치료자가 『성경』의 「요셉 이야기」를 들려주고, 참여자가 요셉이 가장 어려웠을 장면을 그리고, 그린 후에 글쓰기를 하였다.

> 오늘 요셉에 대한 이야기를 통해서 어려움에 처해도 자기 주체를 잃지 않고 있으면 꼭 좋은 날이 오고 밝은 미래가 있다는 것을 느끼게 되었습니다. 그리고 사람은 누구나 어려운 고비에서도 자기 자신을 이겨내고 지혜를 찾아낸다면 언제든지 물리칠 수 있다는 것을 알게 되었다.
>
> 그리고 정약용의 소설도 나에게 어둡지만 초심을 잃지 않고 모든 걸 이겨낸다면, 괴로웠던 모든 것도 즐거움을 마련하면 하나의 뿌리로 간주하게 된다는 것도 알게 해 준 것 같다. 〈글자료 12〉

참여자는 <글자료 12>를 통해서 삶의 문제 가운데서도 삶의 주체로서의 자신의 모습과 밝은 미래에 대한 긍정적 관점, 괴로움에 대한 새로운 관점을 인지하고 있음을 보여준다.

10회기는 지금까지의 삶 가운데 긍정적인 영향을 주었던 대상에 대해 생각해 보는 회기이다. 「징검다리」라는 번역시를 듣고 자신의 삶 가운데 징검다리 역할을 해 준 대상에 대해 이야기를 하고 그 중 한 대상에게 편지 쓰기를 하였다. 참여자는 그 대상으로 ●●을 선택하였다.

> 사랑하는 ●●에게
>
> 우리가 좋은 인연으로 만나지는 않았어도 오늘까지 오기는 같이 했었고 당신과 그리고 나의 노력도 많았어. 그러니 자꾸 혼자 간다는 생각을 버리고 나를 끝까지 잡고 놓아주지 말았으면 좋겠어. 그래서 우리가 향유하는 목적은 같지 않아도 목적지까지는 같이 가고 싶어. 노력하자! 글은 배우면 되는 거구. 의지만 있으면 그 어디들 꼭 같이 갈 수 있다고 믿어. 당신 ○○이 사랑하고 아이들 사랑하는 마음이 나랑 똑같지 않아! 그러니 꼭 함께 끝까지 갈 수 있을 거야. 파이팅해.
>
> 〈글자료 13〉

참여자는 <글자료 13>을 통해서 ●●에게 지금까지 오는 동안 함께 노력한 점을 이야기하면서 현재 겪고 있는 언어 문제를 같이 잘 극복해 가기를 바라는 마음과 극복해 가고자 하는 자신의 의지를 표현하고 있다.

11회기에서는 미래의 나와 소통하는 회기로, 미래 시점에서 자신의 삶을 예측해 봄으로써 미래의 삶에 대한 바람을 통해 새로운 삶의 목표와 계획을 세울 수 있게 된다. 20년 후 살고 싶은 집을 그리게 한 후 20년 후의 미래일기를 쓰는 활동을 하였다.

행운

나의 꿈이 오늘 현실로 되었다.

나의 소박하고 안온한 생각이 오늘 현실로 되기까지는 참 많은 어려움과 힘든 나날들이 있었다. 아이들에게 그때 나의 이 소박한 꿈을 이야기했었을 때 천진한 우리 아이들의 말은 나를 충격에 빠뜨렸다. "엄마 우리랑 같이 바닷가에서 살자! 나도 바닷가에서 살고 싶어. 고기 잡으면서 내가 잡은 고기를 엄마가 먹는 게 난 좋을 것 같아!"

나는 그 이후로 단 한번도 바다에서 살고 싶은 이야기를 꺼내지 않았다. 내 자식들에게는 어부가 되라는 말을 하기 싫었던 것이다. 20년 후 갈매기 떼가 춤추는 하늘을 올려다보며 백사장에서 책을 보며 나의 시원한 마음을 열 수 있고 바다와 속삭일 수 있는 것이 얼마나 다행이고 행운인지... 그 누구도 몰랐다. 바다 물결은 나의 마음을 알아주는 것마냥 세차게 파도가 친다. <글자료 14>

참여자는 미래일기에서 바닷가에 집을 짓고 소박하면서 평온한 삶에 대한 바람을 표현하였다. 자신의 바람과 자신의 소박한 꿈이 자녀들의 꿈을 제한할지도 모른다고 걱정하면서 자녀들을 잘 키우고 난 후 자신의 꿈대로 바닷가에 집을 짓고 책을 읽으며, 자신의

마음을 공감해 주는 바다를 바라보는 미래의 삶에 대해 표현하기도 하였다. 미래일기를 통해 참여자의 소박하지만 평온한 바닷가의 삶과 자식들이 잘되기를 바라는 바람을 알 수 있었다. 그러나 참여자는 자신의 이상적인 삶과는 달리 자녀의 삶은 성공적인 삶이기를 희망하였다. 자신의 삶과 자녀의 삶의 이상적인 모습을 달리 생각하는 모습을 볼 수 있었다.

12회기는 전체 회기를 정리하는 회기로 프로그램을 통해서 얻게 된 것을 회고해 보는 회기이다. '프로그램을 통해서 나는'으로 시작되는 글쓰기와 프로그램을 마치며 버리고 갈 것과 가져갈 것에 대해 이야기하는 활동을 하였다.

> 나는 참 다양하고 광범위한 인간의 성격 향상과 우리나라 고유의 문화에 대해서 배웠다.
> 첫째 나의 조급함과 피해의식에서 조금 벗어나게 되었다.
> 둘째 인간이 참 지혜롭고 위대하다는 것, 사람은 마음만 먹고 노력하면 못할 것이 없다는 것도 느꼈다.
> 셋째 행복이란 누가 가져다 주는 것이 아니라 자신이 만들어 가는 것임을 느꼈다.
> 넷째 우리가 사는 사회의 한 사람 한 사람이 배려하는 마음을 가질 때 비로소 사회가 아름다운 사회가 되므로 나 자신부터 변화시켜야 한다는 생각
> 다섯째 그림과 같은 활동을 통해서 잠시나마 고향과 꿈을 그릴 수 있었던 것 같다.
> 여섯째 시와 노래를 통해서 자신의 마음 속에서 아름다운 미감과 감정이 숨어 있다는 것을 발견할 수 있었던 것 같다.
> 일곱째 ●●●의 정열적인 지지와 말씀이 없었다면 나 자신을 변화시키기 힘들었을 것 같아요. <글자료 15>

참여자는 '프로그램을 통해서 나는'의 글쓰기에서 감성적 측면에서 그림, 시, 노래 등을 통해 고향과 꿈을 그릴 수 있었고 자신도 인지하지 못했던 미감과 감정이 자신에게 숨어 있음을 발견하는 기회를 가졌다. 인지적 측면에서서는 인간이 참 지혜롭고 위대하고, 마음먹기에 따라 변화할 수 있다는 것, 행복은 자신이 만들어 가는 것, 배려하는 마음이 좋은 관계를 형성하게 한다는 것을 새롭게 생각하였다. 자신에 대해서도 조급함과 피해의식에서 조금 벗어날 수 있다고 하였다. 또한 타인에 대해서도 감사함을 표현하기도 하였다.

> 버릴 것-허황한 욕심
> 가져갈 것-이 시간을 통해서 저는 소중한 꿈은 꼭 이루어진다는 것을 가지고 갈 것이다. <글자료 16>

참여자는 <글자료 16>에서 프로그램을 마치고 버리고 갈 것으로 '허황된 욕심'을, 가져갈 것으로 소중한 꿈을 이룰 수 있다는 '긍정적 생각'을 가져가겠다고 하였다. 참여자는 남한에서의 이룰 수 있다고 생각했던 자신의 꿈을 현실적으로 잘 조절하고, 소박하지만 소중한 자신의 꿈을 이룰 의지를 새롭게 하였다.

3. 인문치료의 치유적 효과

인문치료를 실시한 후 사전, 사후검사로 회복탄력성 검사를 하였다. 북한이탈주민을 위한 인문치료 프로그램이 참여인의 회복탄력성 향상에 효과가 있는가를 알아보기 위한 것이다. 사전, 사후 회복탄력성 지수[9]는 KRQ-53으로 검사하였다.

표 9.2 참여자의 회복탄력성 지수 사전, 사후 검사 결과

	회복탄력성지수 (1-53)	자기조절능력 (1-18)	대인관계능력 (19-36)	긍정성 (37-53)
사전	172	52	58	62
사후	195	62	66	67
	향상	향상	향상	향상

한국 사람들의 회복탄력성 지수 평균 점수는 195점이다. 참여자는 사전 회복탄력성 지수가 180점 이하이므로 참여자는 부정적인 사건에도 쉽게 영향을 받는 나약한 상태라고 볼 수 있다. 그런데 참여자의 사후 회복탄력성 지수가 195점으로, 이는 남한 사람의 평균 점수이다. 사후 점수는 사전 점수와 비교해 보면 23점 대폭 상승하였다. 인문치료가 회복탄력성 지수 향상에 유의미한 결과를 준 것으로 볼 수 있다.

표 9.3 참여자의 자기조절 지수 사전, 사후 검사 결과

	자기조절	감정조절력	충동통제력	원인분석력
사전	52	11	23	18
사후	62	22	21	19
	향상	향상	감소	향상

한국 사람의 자기조절능력 평균 점수는 63.5점이다. 참여자의 자

9) 회복탄력성이란 자신에게 닥치는 온갖 역경과 어려움을 오히려 도약의 발판으로 삼는 힘이다. 회복탄력성은 자기조절능력, 대인관계능력, 긍정성으로 크게 세 부분으로 나눈다(대분류). 소분류에서 다시 자기조절능력은 감정조절력, 충동통제력, 원인분석력으로, 대인관계능력은 소통능력, 공감능력, 자아확장력으로, 긍정성은 자아낙관성, 생활만족도, 감사하기로 나눈다(소분류).

기조절능력 지수는 62점이어서 평균에서 1.5점 부족하지만, 사전의 자기조절능력 점수보다는 10점 대폭 상승하였다. 이는 인문치료가 자기조절능력 향상에 유의미한 영향을 준 것으로 볼 수 있다.

표 9.4 참여자의 대인관계 지수 사전, 사후 검사 결과

	대인관계	소통능력	공감능력	자아확장력
사전	58	18	21	19
사후	66	19	25	22
	향상	향상	향상	향상

한국 사람의 대인관계능력 평균 점수는 67.8점인데 참여자의 대인관계능력 지수는 66점으로 평균에서 1.8점 부족하다. 그러나 사전의 대인관계능력 점수와 비교하면 사후에 8점 대폭 상승하였으므로 인문치료가 대인관계능력 향상에 유의미한 영향을 준 것으로 볼 수 있다.

표 9.5 참여자의 긍정성 지수 사전, 사후 검사 결과

	긍정성	자아낙관성	생활만족도	감사하기
사전	62	20	15	27
사후	67	21	17	29
	향상	향상	향상	향상

한국 사람의 긍정성 평균 점수는 63.4점이다. 참여자의 긍정성 지수가 사전 62점에서 사후 67점으로 상승하였다. 사후의 긍정성 지수가 평균 점수보다 3.6점 향상되었다.

북한이탈주민을 위한 인문치료 프로그램을 전후로 실시한 회복

탄력성 검사에서 참여자는 자기조절의 충동통제력을 제외한 모든 항목에서 향상된 결과를 보여 주었다. 이는 인문치료 프로그램이 참여자의 자기조절과 대인관계, 긍정적 사고 향상에 긍정적 효과가 있었음을 보여준다.

이 글에서는 북한이탈주민의 소통능력 증진을 위한 인문치료의 이론인 의사소통 이론과 글쓰기치료에 대해서 살펴보고, 인문치료의 사례 내용 분석과 회복탄력성 지수와의 연관성을 통해 인문치료의 효과를 검토해 보았다.

의사소통 이론과 글쓰기치료의 방법을 토대로 구조화된 인문치료 프로그램을 통해 참여자는 16개의 글쓰기를 하였고, 글쓰기 자료의 내용 분석을 통해 참여자의 내적소통과 대인소통의 긍정적 자원과 부정적 문제들을 확인할 수 있었다.

글쓰기에서 참여자 자신에 대한 표현 중에 창꽃이 있었다. 창꽃 봉오리가 바람 앞에서도 잘 견뎌내는 것처럼 자신도 삶의 문제를 잘 이겨냄을 은유적으로 표현하였다. 참여자는 좋아하는 목록 작성을 통해 자신이 물질적인 것보다 정신적인 것, 거창한 것보다 소박한 것을 좋아함을 새롭게 인지하였다.

참여자는 자신의 감정과의 소통에서는 의지적으로 이겨내려는 강인함을 보여 주었다. 외로움, 불안, 두려움에 대해 이성적인 대처 방법들을 정리하였다. 소중한 것을 유지하기 위한 방법으로 집착하지 않는 것이 계속 유지할 수 있는 길임을 새롭게 인지하였다. 천천히, 깊이 있게 자신의 일상을 돌아보는 것의 유익을 이야기하였다. 그러나 참여자는 문득 문득 고향에 대한 그리움, 고향에 있는 친구들에 대한 그리움을 반복적으로 표현하기도 하였다.

참여자는 과거, 미래, 삶의 총체적 관점에 대한 탐색에서 과거 가족이 행복했던 시절을 떠올리고, 소중한 가족, 행복한 집의 분위기 등에 대한 기억을 활성화하였고, 삶을 전체적으로 살피는 활동에서는 자신의 삶 가운데 행복하고 자신감 넘치던 중학교 때의 행복했던 기억을 활성화하였다. 미래 관점에서는 자신의 소박하지만 평온한 바닷가의 삶과 자식들이 잘되기를 바라는 바람을 새롭게 인지하였다. 그러나 자신의 이상적인 삶과 자녀의 이상적인 삶에 대한 모순된 모습을 보이기도 하였다. 또한 참여자는 자기가 좋아하는 것을 생각하지 못할 정도로 여유 없었던 현실의 가혹함에 대해 안타깝고 야속하다고 표현하였다. 자신이 좋아하는 것을 할 수 있는 미래에 대해서도 확신하지 못하는 모습을 보이기도 하였다.

글쓰기 내용 분석에 나타난 대인관계에 대해 살펴보자. 참여자는 북한이탈주민들이 서로 반목하는 모습을 안타깝게 생각하고, 다양한 사람을 수용하면서 잘 지냈으면 좋겠다는 바람을 표현하였다. 또 그렇지 않은 현실 앞에서 남한 사람 앞에서 자존심이 상한다고도 하였다.

참여자는 대인관계도를 통해 가족들, 남한에 있는 친척들, 남한에 와서 도움을 주었던 많은 사람들을 언급하였고, 현재 갈등에 있는 사람에 대해서도 감사한 부분을 언급하는 성숙한 면을 보이기도 하였다. 대인관계도를 통해 종교생활을 같이 하는 사람들에게 부담을 갖고 있음을 새롭게 인식하였다.

참여자는 거절당하는 사람의 입장에서 상대방을 이해하려는 태도, 고정관념에서 벗어나 새로운 관점으로 타인을 이해하는 방법에 대하여 자신의 생각을 정리하였다. 타인을 이해하는 면에 대하여 자신이 자녀들에게 왕처럼 군림하려고 하는 점을 새롭게 인식하였고, 자기 인생의 동반자로 ●●을 생각하고 있으며 지금의 문제들을 잘 극복해 가기를 바라는 마음과 극복해 가고자 하는 자신의 의지를 ●●에게 표현하고자 하였다.

또한 이 프로그램의 사전 사후에 실시한 회복탄력성 검사 결과를 살펴보았다. 참여자는 자기조절의 충동통제력을 제외한 모든 항목에서 향상된 결과를 보였으므로 인문치료 프로그램이 참여자의 자기조절과 대인관계, 긍정적 사고 향상에 긍정적 효과가 있었음을 보여주었다.

※ 이 글은 『다문화콘텐츠연구』16(2014)에 실린 필자의 논문 「북한이탈주민의 소통능력 증진을 위한 인문치료」를 수정한 것이다.

참고문헌

머리말 · 제1부 » 1장

강원대학교 편(2011). 『인문치료의 이론과 원리』. 도서출판 산책.

김성수(2013). 「글쓰기는 생각쓰기이자 삶쓰기-삶을 가꾸는 글쓰기교육의 이상과 현실」. 『우리말교육현장』 제7집 2호. pp.7-38.

김익진(2010). 「소통의 모델에 기초한 인문치료의 이론 모형」. 『인문과학연구』 25. pp.347-367.

김정탁(2005). 『禮와 藝 한국인의 의사소통 사상을 찾아서』. 도서출판 한울.

김주환(2011). 『회복탄력성』. 위즈덤하우스.

김준희(2010). 「글쓰기의 치유 과정에 관한 연구」. 『한말연구』 제26호. pp.63-86.

나탈리 로저스. 이정명 · 전미향 · 전태옥 역(2007). 『인간중심 표현예술치료-창조적 연결』. 시그마프레스.

로제마이어. 박여명 역(2010). 『나를 일깨우는 글쓰기』. 시아.

박문호(2013). 『그림으로 읽는 뇌과학의 모든 것』. 휴머니스트.

박영근 · 천정미(2003). 「John Dewey의 반성적 사고와 창의성 교육」. 『교육사상연구』 13집. pp.1-12.

박종민 · 이창환(2011). 「한국어 분석 프로그램(KLIWC)을 이용한 남북한 방송극의 언어문화 구조 차이분석」.『방송과 커뮤니케이션』 제12권 3호.

벌코 외. 이찬규 역(2003). 『언어 커뮤니케이션』. 한국문화사.

셰퍼드 코미나스. 임옥희 역(2008). 『치유의 글쓰기』. 홍익출판사.

신인아 외 6(2007). 『한국인과 문화간 커뮤니케이션』. 커뮤니케이션북스.

이경우 · 김경희(2006). 『커뮤니케이션과 대인관계』. 보고사.

이봉희(2014). 「문학치료에서 활용되는 글쓰기의 치유적 힘에 대한 고찰과 문학치료사례」. 『교양교육연구』 8집1호.

이승환(2011). 「성(聖): 유교전통에서 본 '소통'의 리더십」, 『2011인문치료 학술대회 발표집』. 강원대학교 인문과학연구소.

이아라(2008). 「글쓰기의 새로운 인지모형 제안-쓰기의 원리와 '유기적 글쓰기 모형'」. 『국어국문학』 148. pp.209-241.

이의철(1967). 「연상-심리학적 고찰」. 『논문집』. 서울대학교. pp.47-184.

이재승(2007). 「과정 중심 글쓰기 교육의 허점과 보완」. 『한국초등국어교육』 33. pp.144-168.

이재승(2010). 「표현주의 쓰기 이론의 비판적 검토」. 『청람어문교육』 41. pp.269-290.

이재승(2014). 『글쓰기 교육의 원리와 방법-과정 중심 접근』. 교육과학사.

이정모 외(2013). 『인지심리학』. 학지사.

이창환 · 심정미 · 윤애선(2005). 「언어적 특성을 이용한 '심리학적 한국어 글분석 프로그램(KLIWC)' 개발 과정에 대한 고찰」. 『인지과학』 16권 제2호. pp.93-121.

인문과학연구소 편(2009). 『인문치료』. 강원대학교출판부.

정성미(2011). 「여성결혼이민자의 치유의 글쓰기: 인문치료사례연구」. 『다문화콘텐츠연구』 10.

정성미(2014). 「북한이탈주민의 소통능력 증진을 위한 인문치료」. 『다문화콘텐츠연구』 제16집. pp.157-189.

정운채(2010). 「프랭스의 서사이론과 문학치료학의 서사이론」. 『문학치료연구』 제17집. pp.191-206.

제임스 페니베이커. 이봉희 역(2007). 『글쓰기치료』. 학지사.

조동일(1996). 「최한기의 글쓰기 이론」. 『한국의 문학사와 철학사』. 지식산업사.

채연숙(2010). 『글쓰기치료-이론과 실제』. 경북대학교출판부.

최숙기(2007). 「자기 표현적 글쓰기(expressive writing)의 교육적 함의」. 『작문연구』 5. pp.205-239.

캐서린 아담스. 강은주 · 이봉희 역(2006). 『저널치료』. 학지사.

페니베이커 J. W.. 김종한 · 박광배 역(1999). 『털어놓기와 건강』. 학지사.

Allport, G. W.(1961). *Pattern and growth in personality.* New York: Holt, Rinehart and Winston.

Applebee, A. N.(1981). *Writing in the secondary school.* Urbana, IL : NCTE.

Bereiter Carl & Scardamalia Marlene(1987). *The Psychology of written composition.* NJ: Lawrence Erlbaum Associates, Publishers.

Britton, James N(1970). *Language and Learning*, Coral Gables. FL : University of Miami Press.

Britton. J., Burgess. T., Martin. N., McLeod, A. & Rosen. H.(1975). *The development of writing abilities.* London : Macmillan.

Cooper C. & Holzman M.(1989). *Writing as social action.* NH: Boynton/Cook.

Emig Janet(1971). *The composing processes of twelfth graders.*National Council of Teachers of English.

Flower L. S & Hayes J. R.(1977). Problem solving strategies and the writing process. *College English 39.*

Flower L. S & Hayes J. R.(1980). Identifying the organization of writing process. In L. W. Gregg & E. R. Steinberg(eds), *Cognitive Process in writing*, NJ: Lawrence Erlbaum Associates.

Flower L. S & Hayes J. R.(1981). Cognitive process theory of writing. *College Composition and Communication*, 32.

Graves(1975). An examination of the writing processes of seven-year-old children, *Research of teaching English 9.*

Hayes J. R.(2000). A new framework for understanding cognition and affect in writing, In Indrisano R. & Squire J. R.(eds), *Perspectives on writing*, IRA.

Pennebaker, J.W. & Anna Graybeal. Patterns of Natural Language Use: Disclosure, Personality, and Social Integration. *Current Directions in Psychological Science.* 10. 2001. pp.90-93.

Pennebaker, J.W. & King. L.A. Linguistic styles: Language use an individual difference. *Journal of Personality and Social Psychology.* 77. 1999. pp.1296-1312.

Pennebaker, J.W., Mehl, M. R. & Niederhoffer. K. G. Psychological aspects of natural language use: our word, our selves. *Annual Review of psychology.* 54. 2003. pp.547-577

Pennebaker, J.W., & Mayne Tracy J & Francis. M. E. Linguistic predictors of adaptive bereavement. *Journal of Personality and Social Psychology*. 72. 1997. pp.863-871.

V. Satir. *The New People Making. Mountain View: Science and Behavior Books. Inc. 1972*

http://www.journaltherapy.com

http://www.poetrytherapy.org

제1부 » 제2장

공성숙(2004). 「Gottman의 이론을 바탕으로 한 부부관계증진 집단상담 프로그램 개발 및 효과성 연구」. 『한국가족치료학회지』 12(2). p.141.

구현정(2013). 「드라마 대화에 반영된 갈등 표현 양상」. 『화법연구』 27(3). pp.13-22.

김해연(2009). 「문학작품 대화문의 대화분석적 접근」. 『언어연구』. 27(3). pp.539-541.

김혜정(2007). 「갈등대화의 개념과 구조」. 『우리말연구』 20. pp.227-258.

박용익(1999). 「드라마 분석을 위한 언어학적 대화분석의 응용 가능성-막스 프리쉬의 『안도라』를 예로-」. 『텍스트언어학』 7. pp.234-235.

박용익(2001). 『대화분석론』. 역락. pp.19-287.

손달임(2008). 「갈등적 대화의 원리와 구조 연구-TV 드라마에 등장하는 남녀의 대화를 중심으로-」. 『이화어문논집』 26. pp.77-83.

옥선화 · 정민자 · 고선주(2005). 『결혼과 가족』. 도서출판 하우. pp.131-133.

이두원(2002). 「부부간 커뮤니케이션 행위에 대한 대화분석 연구: 의사소통 문제의 유형과 해결방안을 중심으로」. 『커뮤니케이션학 연구』 10(2). p.7.

이창덕(1998). 「국어교육과 대화분석」. 『한국초등국어교육』 14(1). pp. 39-64.

이화자 · 김순옥(2010). 「경험적 부부집단치료 프로그램의 개발과 효과성 검증-Satir성장모델과 비폭력대화(NVC)모델의 통합」. 『상담학연구』 11(2). p.832.

정혜정(2011). 「가족치료 연구를 위한 대화분석 방법의 이해와 적용」. 『한국가족치료학회지』 19(1). pp.1-22.

조용길 · 유명이 · 박태영(2008). 「가족치료 대화의 구조와 기능에 대한 대화분석적 연구」. 『한국사회복지학』 60(4). pp.253-276.

통계청(2014). 『2014년 혼인 이혼 통계』. pp.1-43.

한숙자(2006). 「부부갈등 처리유형과 대화유형에 관한 이론적 고찰」. 『한영논총』 10호. pp.208-213.

Burton, Deirdre(1980). *Dialogue and Discourse: A Sociolinguistic Approach to Modern Drama Dialogue and Naturally Occurring Conversation.* London: Routledge & Kegan Paul.

Chafe, Wallace(1994). *Discourse, Consciousness, and Time: The Flow and Displacement of Consciousness Experience in Speaking and Writing*. Chicago: University of Chicago Press.

Coulthard, Malcolm(1985). *An Introduction to Discourse Analysis*, Second edition, London and New York: Longman.

Coutuer, S. J., and W. Sotherland(2006). Giving advice on advice-giving: A conversation analysis of Karl Tomm's practice, *Journal of Marital and Family Therapy* 32. pp.329-344.

Friedlander, M. L., L. Heatherington, and A. Marrs(2000). Responding to blame in family therapy: A constructivist/narrative perspective. *The American Journal of Family Therapy* 28. pp. 133-146.

Gladding, S. T(2002). *Family therapy: History, theory, and practice. Upper Saddle River.* New York.

Gottman. J. M(1999). *The marriage clinic: A scientifically-based marital therapy.* New York: Noton.

Haley, J(1976). *Problem-solving therapy.* San francisco: Jossey-Bass Publishers.

Hoey, Michael(1983). *On the Surface of Discourse.* London: George Allen and Unwin.

Hundsnurscher, F., Dialog-Typologie(1994). *In Handbuch der Dialoganalyse.* edited by Gerd Fritz and Hundsnurscher(Hrg.) Tübingen: Niemeyer, pp.203-239.

Ratliff, D. A., K. S. Wampler, and G. H. Morris(2000). Lack of consensus in supervision. *Journal of Marital and Family Therapy* 26(3). pp. 373-384.

Strong, T(2003). Engaging reflection: A training exercise using conversation and discourse analysis. *Counselor Education and Supervision* 43(1). pp.65-77.

▌제1부 » 제3장

김수업(1992).「듣기에 관한 하나의 조사」.『배달말교육』 제10권 1호. 배달말교육학회. pp.103-138.

김영애(2008).『의사소통 방법론』. 김영애가족치료연구소.

래리 바커 · 키티 왓슨. 윤정숙 역(2006).『마음을 사로잡는 경청의 힘』. 이아소.

문금현(2003).「듣기 교육에 대한 일고찰」.『숙명어문논집』 No.5. 숙명여자대학교. pp.68-108.

변학수(2007).『문학치료』. 학지사.

이경우 · 김경희(2006).『커뮤니케이션과 대인관계』. 보고사.

전영우(1993).「듣기 능력 향상에 대하여」.『새국어교육』 48 · 49. 한국국어교육학회. pp.1-19.

홍경자(2008).『의사소통의 심리학』. 학지사.

Berko · Wolvin · Wolvin. 이찬규 역(2003).『언어 커뮤니케이션』. 한국문화사.

▌제2부 » 4장

강원대학교 인문과학연구소(2009).『인문치료』. 춘천:강원대학교출판부.

김욱동(1999).『은유와 환유』. 민음사. pp.82-90.

김정규(2009).『게슈탈트 심리치료』. 학지사.

나익주 역(2003).『마음의 시학』. 한국문화사. pp.268-345.

민경환외 4 역(2009).『정서심리학』. 시그마프레스.

박영순(2000).『한국어 은유 연구』. 고려대학교출판부. pp.1-241.

배선윤(2007).「은유치료-문학치료에 대한 은유적 접근」. 경북대석사학위논문. pp.1-69.

변학수(2007).『문학치료』. 학지사. pp.13-17.

언어와 생활 교재편집위원회 편(1991).「언어의 여섯 가지 기능」.『언어와 생활』. 서울: 청문각.

염선모(1987). 『국어의미론』. 서울: 형성출판사.

윤평현(2008). 『국어의미론』. 역락. pp.88-89.

이윤주 · 양정국(2007). 『밀턴 에릭슨 상담의 핵심 -은유와 최면』. 학지사. pp.13-106.

임지룡(2007). 『인지의미론』. 탑출판사. pp.164-188.

정성미(2008). 「신체어 감정 관용 표현의 서술어 의미 연구」. 『한국어 의미학』 27. 한국어의미학회.

정성미(2009). 「직업어에서의 은유」. 『강동엽선생퇴임기념논총』. pp. 691-712.

정성미(2009). 「은유의 치료적 활용」. 『어문논집』 제42집. 서울: 중앙어문학회.

한국사회언어학회 역(2002). Language, Culture, and Communication. 한국문화사.

Black, M.(1962). *Models and Metaphors: Studies in Language and Philosophy*. New York: Cornell University Press. 1962.

Goatly, Andrew(1997). *The Language of Metaphors*. London: Routledge.

Grice, H. P.(1975). *Speech Acts*. NewYork : Academic Press.

Lakoff & Johnson(1980). 노양진 · 나익주 역(2008). 『삶으로서의 은유(수정판)』 박이정. pp.21-52.

Saeed, John I.(1997). *Semantics*. Cambridge : Blackwell Pub. pp.302 -307.

Searle, R, John.(1969). *Speech Act*. Cambridge Univ. Press.

Zoltan Kővecses. 김동환 역(2009). 『은유와 문화의 만남』. 연세대학교 출판부. pp.47-126.

Zoltan Kővecses, 이정화외 3 역(2003). 『은유』. 한국문화사. pp.1-68.

제2부 » 5장

강소영(2010).「남성다움의 연상어휘들이 갖는 의미체계 연구」.『탈경계인문학』 제3권 1호. pp.153-183.

강소영(2010).「성별 대상어의 의미와 성별 분포와의 상관관계-남성다움과 여성다움의 연상어휘를 중심으로-」.『여성학논집』 제27집 1호. pp.37-72.

김정인 · 도경수 · 이재호(2003).「성과 성폭력사건 개념의 인지적 표상 -연상어휘 및 태도를 통한 구조분석-」.『청소년상담연구』 Vol11.No.1 pp.56-67.

박선옥(2008).「한국인과 중국인의 단어 연상의미 조사 분석과 단어 연상을 활용한 한국어 어휘 교육 방법」.『한국어의미학』. 25. 한국어의미학회. pp.71-98.

박현순(2005).「한국형 단어연상검사 사례연구」.『人間理解』 제26집. 서강대학교 학생생활상담연구소.

손봉기(1979).「한국 농촌주민의 연상검사에 대한 예비적 연구」.『신경정신의학』 Vol.18 No.1. 대한신경정신의학회. pp.22-37.

이부영 · 서국희(1995).「C.G. Jung 단어 연상검사와 한국형 축약수정안 제작을 위한 연구」.『심성연구』 10. pp.1-102.

이수철 · 이부영(1982).「精神分裂症 患者의 聯想檢査」.『신경정신의학』 Vol.21 No.3. 대한신경정신의학회. pp.426-438.

이유미 · 이찬규(2007).「家族 單語의 聯想意味 硏究」.『國語學』 제50집. pp.296-386.

이인섭(1981).「聯想語彙의 意味構造(1)」.『선청어문』 Vol.11 No.1. pp. 387-395.

이인섭(1984).「언어와 사고의 연상구조에 관한 연구(1)」.『서울여자대학교논문집』 제13호. pp.201-228.

이인섭(1985).「聯想語彙의 意味構造(2)-엄마, 아빠, 여자, 남자의 연상어 연구」.『어문논집』 vol.24,25 No.1. 안암어문학회.

이재혁(2007).「연상 조사를 통한 일정 어휘의 한-러 언어-문화 소 비교

분석」. 『동북아 문화연구』. 제13집. pp.47-61.
이찬규(2002). 「단어 연상에 관한 조사 연구2」. 『한국어 의미학』 11. pp.49-78.
이철 · 이부영(1976). 「韓國大學生에 대한 聯想檢査의 豫備的 硏究」. 『신경정신의학』 Vol.15. No.1. 대한신경정신의학회. pp.65-76.

▌제2부 » 6장

김수이(2010a). 「우울증에 따른 자살 예방을 위한 한국문학 콘텐츠 구축의 필요성과 방안-최인훈 소설 <웃음소리>를 중심으로」. 『한국언어문화』 Vol.42. 한국언어문화학회. pp.135-160.
김수이(2010b). 「김수영 시에 나타난 우울증의 양상과 치유기제- 현대성을 기원으로 하는 우울증의 세 차원을 중심으로」. 『한국시학연구』 28. 한국시학회. pp.205-236.
김승희(2008). 「전후 시의 언술 특성 : 애도의 언어와 우울증의 언어」. 『한국시학연구』 제23호. 한국시학회. pp.123-152.
김홍근(2010). 「발달적 애도를 통한 변형적 내면화 과정」. 『신학과 실천』 Vol.24 No.2. 한국실천신학회. pp.109-142.
박완서(1994). 『한 말씀만 하소서』. 서울: 솔출판사.
박완서 외(2002). 『우리시대의 소설가 박완서를 찾아서』. 서울: 웅진닷컴.
박완서(2003). 『꼴찌에게 보내는 갈채』. 서울: 세계사.
유인순(2007). 「김유정의 우울증」. 『현대소설연구』 35. 한국현대소설학회. pp.121-138.
이규호(1993). 『말의 힘』. 서울: 제일출판사.
장선영(2008). 「'햄릿'의 애도와 우울증 분석-프로이드와 라캉을 경유해서」. 『세익스피어비평』 Vol.44 No.3. 한국세익스피어학회. pp. 517-543.
정성미 외 12(2010). 『인문치료』. 춘천: 강원대출판부.
Boris Cyrulnik. 임희근 역(2006). 『불행의 놀라운 치유력』. 파주: 북하우스.
Anderson, Herbert & Mitchell, Kenneth R. 김형준 · 윤혜원 역(2005). 『상실과 슬픔의 치유』. 서울: 상담과 치유.
Kalat, James W. & Shiota, Michelle N. 민경환 외 역(2009). 『정서심리학』. 서울: 시그마프레스.
Pennebaker, James W. 김종한 · 박광배 역(2008). 『털어놓기와 건강』. 서울: 학지사.
Kristeva, Julia. 김인환 역(2004). 『검은 태양 - 우울증과 멜랑콜리』. 서울: 동문선.
Freud, Sigmund. 윤희기 · 박찬부 역(1997). 「슬픔과 우울증」, 『정신분석학의 근본개념』. 서울: 열린책들. pp.239-268.
Kast, Verena. 채기화 역(1982). 『애도』. 서울: 궁리출판.

제2부 » 7장

가브리엘레 루치우스-회네 · 아르눌프 데퍼만. 박용익 역(2006). 『이야기 분석』. 역락.
김성경(2011). 「북한이탈주민 일상연구와 이주연구 패러다임 신고찰」. 『아태연구』 18(3). pp.1-21.
김성원(2015). 「원가족의 정서적 건강성이 중학생의 자아정체성과 의사소통 및 대인관계에 미치는 영향」. 백석대 기독교상담학 박사학위논문.
김애령(2012). 「다른 목소리 듣기: 말하는 주체와 들리지 않는 이방성」. 『한국여성철학』 17. pp.35-60.
김애순 · 윤진(1997). 『청년기 갈등과 자기이해』. 중앙적성 출판사.
김태희 · 김종백(2016). 「내러티브 정체성을 통해 본 대학생의 자아정체감」. 『교육심리연구』 30(1). 한국교육심리학회.
박아청(1996). 「한국형 자아정체감검사의 타당도연구」. 『교육심리연구』 10(3). pp.67-83.

박아청(1999).「인간이해를 위한 개념들: 콤플렉스와 아이덴티티」.『사회과학논총』 18(1). 계명대학교 사회과학연구소. pp.49-62.

박아청(2000).「성인기의 자아 정체감 형성에 관한 일고찰」.『사회과학논총』 제19권 2호. pp.47-61.

박아청 · 이승국(1998).「청소년의 자아정체감과 신뢰감과의 관계」.『아동교육』 제7권 제1호. pp.217-229.

박진우(2015).「다문화가정 청소년의 자아정체성 형성경험에 관한 연구」. 중앙대 박사학위논문.

배상식(2012).「다문화교육에서의 아동의 자아정체성 문제」.『대한철학회 논문집』 122. pp.162-189.

신종임(2010).「대학생의 부모지지와 자아정체감이 진로미결정에 미치는 영향」. 홍익대학교 대학원 박사학위논문.

오경희(2014).「'중국 조선족' 이주 담론에 나타난 디아스포라의 삶과 정체성」.『다문화사회연구』 7(1). pp.35-61.

유영주(2001).『건강가족연구』. 서울: 교문사..

이규민(2001).「청소년기 회심과 자아정체성 형성의 상호역동성에 관한 연구」.『종교연구』 23. pp.117-148.

이정은(2014).「생애 이야기의 선택적 구성과 내러티브 정체성 연구」.『언어사실과 관점』 33. pp.55-86.

이희정(2001).「품행장애 청소년의 도덕적 정서와 자아 정체성」. 연세대학교 박사학위논문.

정성미(2014).「북한이탈주민의 소통능력 증진을 위한 인문치료」.『다문화콘텐츠연구』 제16집. pp.157-189.

정성미(2015).「북한이탈주민의 언어표현과 치유-'북한이탈주민의 인문학교실' 사례를 중심으로」.『우리말교육현장연구』 제9권 제1호. pp.121-150.

한상철(2005).『청소년학. 청소년이해와 지도』. 서울: 학지사.

Erikson, E. H.(1956). *Childhood and society*. New York : Norton.

McAdams, D. P.(1995). What do we know when we know a person?.

Journal of Personality. 63(3). pp.365-396.
McAdams, D. P.(1998). The role of defense in the life story, *Journal of Personality*. 66(6). pp.1125-1146.
McAdams, D. P.(2001). The Psychology of Life Stories. *Review of General Psychology*. 5(2). pp.100-122.
Ricoeur, P.(1991). Narrative identity. *Philosophy today*. 35(1). pp.72-81.

제3부 » 8장

강원대학교 편(2011). 『인문치료의 이론과 원리』. 산책.
곽정래(2011). 「북한이탈주민의 커뮤니케이션 활동이 사회적 가치 수용과 삶의 질 평가에 미치는 영향에 관한 연구」. 『한국언어학보』 55권 3호. pp. 219-247.
김선희(2011). 「북한이탈주민 사회적응의 패러다임 전환의 요청」. 『강원대 건국대 공동학술대회 발표집』. pp.53-66.
김성민·박영균(2010). 「분단의 트라우마에 관한 시론적 성찰」. 『시대와 철학』 제21권 2호. pp.16-49.
김종군·나지영(2011). 「탈북 트라우마의 양상과 치유 방안」. 『강원대 건국대 공동학술대회 발표집』. pp.34-52.
김현경·전우택(2009). 「북한이탈주민의 삶의 질이 외상 경험 이후 심리적 성장에 미치는 영향」. 『사회복지연구』 Vol.40(2). pp.363-397.
송병구(2003). 「뮈토스와 로고스」. 『종교와 문화』. 서울대학교 종교문제연구소. pp.163-178.
신행우 외 4(2004). 「이 문화권내 적응과 스트레스 대처양식: 북한이탈주민 남한문화 적응의 관점에서」. 『한국심리학회지: 사회문제』 Vol. 10. 1. 한국심리학회. pp.147-163.
이동형·임정섭(1997). 「한국판 희망 척도의 개발 및 타당도 연구」. 『학생생활연구』 제24집. 충남대학교 학생생활연구소. pp.85-108.
장명선(2010).「북한이탈주민여성의 생활실태 및 사회통합을 위한 연구」.『평화학연구』 제11권 제4호. pp.361-362.
정기철(2002.『상징, 은유 그리고 이야기』. 문예출판사.
최유희(2008).「희망척도의 타당화 연구」. 가톨릭대학교석사학위논문.
Judith S. Beck, Ph.D. 최영희 · 이정흠 역(1997).『인지치료』. 하나의학사.
Lakoff & Johnson(1980). 노양진 · 나익주 역(2008).『삶으로서의 은유(수정판)』. 박이정.
Snyder, C. R., Harris, C., Anderson, J. R., Holleran, S., Irving, L., Sigmon, S., Yoshinobu, L., Gibb, J., Langelle, C., & Harney, P.(1991). The will and the ways: development and validation of an individual difference measure of hope. *Journal of Personality and Social Psychology.* 60. 570-585.

제3부 » 9장

곽정래(2011).「북한이탈주민의 커뮤니케이션 활동이 사회적 가치 수용과 삶의 질 평가에 미치는 영향에 관한 연구」.『한국언론학보』 55(3). pp.219-247.
곽해룡(2001).「북한이탈주민 현황과 문제에 관한 연구: 인권적 차원에서의 지원 방안을 중심으로」. 명지대 박사학위논문.
권정윤 · 조혜영 · 김미경(2013).「북한이탈주미 어머니의 심리적 특성 및 양육 특성이 자녀의 문제행동에 미치는 영향」.『유아교육학논집』 17(4). pp.275-296.
김주환(2011).『회복탄력성』. 위즈덤하우스.
김현아 · 이수연 · 김규식(2011).「적응유연성이 삶의 질에 미치는 영향: 해외 이주민과 북한이탈주민을 중심으로」.『상담학연구』 12(1). pp.333-354.
박재인(2013).「탈북여성 B의 구비설화에 대한 이해 방식과 자기서사」.

『고전문학과 교육』 26. pp.291-324.

변학수(2005). 『문학치료』. 학지사.

엄태완 · 이기영(2004). 「북한이탈주민의 우울과 사회적 문제해결능력 및 사회적 지지의 관계」. 『정신보건과 사회사업』 18. pp.5-32.

정성미 외 13(2011). 『인문치료의 이론과 원리』. 도서출판 산책.

정성미(2012). 「북한이탈주민의 문화적응 스트레스 완화를 위한 인문치료」. 『어문론집』 52. pp.125-146.

정운채(2005). 「인간관계의 발달 과정에 따른 기초서사의 네 영역과 <구운몽> 분석시론」. 『문학치료연구』 3. pp.7-36.

제임스 페니베이커. 이봉희 역(2007). 『글쓰기치료』. 학지사.

채연숙(2010). 『글쓰기치료-이론과 실제』. 경북대학교출판부.

최강미(2013). 「북한이탈주민의 자기규정 양상에 대한 소고 자기민족지적 텍스트로서 <금희의 여행> 분석」. 『민족문학사연구』 52. pp.32-354.

Berko · Wolvin · Wolvin.이찬규 역(2003). 『언어 커뮤니케이션』. 한국문화사.

찾아보기

ㄱ

ㄹ

ㅁ

ㅂ

ㅊ

ㅋ

기타

소통의 인문치료

지은이 정성미
펴낸이 조승식
펴낸곳 (주) 도서출판 북스힐
등록 제22-457호
주소 142-877 서울시 강북구 한천로 153길 17
www.bookshill.com
E-mail bookshill@bookshill.com
전화 02-994-0071
팩스 02-994-0073

2017년 8월 15일 1판 1쇄 인쇄

2017년 8월 20일 1판 1쇄 발행

값 15,000원

ISBN : 979-11-5971-082-7